U0679183

大循环背景下的物流研究

黄春荣　著

北京工业大学出版社

图书在版编目（CIP）数据

大循环背景下的物流研究 / 黄春荣著 . — 北京：
北京工业大学出版社，2021.9（2022.10 重印）

ISBN 978-7-5639-8091-8

Ⅰ．①大… Ⅱ．①黄… Ⅲ．①物流－经济发展－研究
－中国 Ⅳ．① F259.22

中国版本图书馆 CIP 数据核字（2021）第 197604 号

大循环背景下的物流研究
DA XUNHUAN BEIJING XIA DE WULIU YANJIU

著　者：黄春荣

责任编辑：张　娇

封面设计：知更壹点

出版发行：北京工业大学出版社

　　　　　　（北京市朝阳区平乐园 100 号　邮编：100124）

　　　　　　010-67391722（传真）　bgdcbs@sina.com

经销单位：全国各地新华书店

承印单位：三河市元兴印务有限公司

开　本：710 毫米 ×1000 毫米　1/16

印　张：15.25

字　数：305 千字

版　次：2021 年 9 月第 1 版

印　次：2022 年 10 月第 2 次印刷

标准书号：ISBN 978-7-5639-8091-8

定　价：68.00 元

版权所有　翻印必究

（如发现印装质量问题，请寄本社发行部调换 010-67391106）

作 者 简 介

　　黄春荣，男，1987年11月出生，毕业于英国伍斯特大学，硕士研究生学历，现就职于广西物资学校，任教学副校长。主要研究方向为管理学。

前　言

面对以国内大循环为主体、国内国际双循环相互促进的发展新格局，物流行业正迎来新一轮大发展。以国家物流枢纽建设为标志，构建物流大通道，建设现代物流体系，正成为引领新一轮经济增长的重要引擎。双循环新格局将会改变内陆地区物流势能，带动一批对内对外双开放的物流枢纽崛起，在区域产业链中发挥引领作用。

当今，我们的生产和生活每时每刻都离不开物流。社会越发展，生产技术和信息通信技术就越进步。在当今电子商务时代，全球物流产业有了新的发展趋势。现代物流服务的核心目标是在物流全过程中以最小的综合成本来满足顾客的需求。电子商务的不断发展使物流行业迅速崛起，物流公司提供的仓储、分拨、运输、设施、电子跟踪和其他具有附加值的服务日益增加，物流服务商正在变为客户服务中心、加工与维修中心、信息处理中心和金融中心，并且不断地根据顾客的需要增加新的服务。因此，对现代物流的研究与学习是培养物流人才的当务之急。

物流作为一门综合性学科，从以运输、仓储管理等服务为主要功能的传统物流阶段，通过物流组织和管理体制创新、信息技术应用，进入以综合化、网络化、集成化、系统化为特征的现代物流阶段，物流服务的功能不断得到发展、完善和提升。现代物流业迅速成为世界范围内具有巨大潜力和发展空间的新兴服务产业。

由于物流相关知识理论在不断更新，加之作者学识有限，书中难免出现不足之处，希望广大读者批评指正。

目　录

第一章 大循环背景下物流系统概述

建设循环型社会，是发展循环物流系统理论的现实需求，而循环物流系统理论的建立，则是物流学、系统论、生态学、经济学、可持续发展理论等多学科交叉的结果。研究循环物流系统理论，必须以这些学科为理论基础。其中：物流学提供了基本概念、方法与范围；系统论提供了循环物流系统的思维方法和逻辑；生态学和经济学提供了实现循环物流系统的基本理论与规律，循环物流系统的资源配置与主体利益协调服从生态学和经济学的假设、原理和规律；可持续发展理论与循环经济思想提供了新的认识视角。

第一节 物流学

一、物流学是循环物流系统的直接理论基础

物流是物品从供应地向接收地的实体流动过程。物流学是以物流活动的全过程为对象，研究物品实体流动过程中的概念、规律、范围、技术和方法的学科，是循环物流系统的直接理论基础。

（一）物流学是循环物流系统的概念基础

物流学规定了以物流系统为核心的概念体系，循环物流系统和物流系统是特殊与一般的关系，循环物流系统首先具备物流系统的一般性质，进而具备自身的特殊性质。研究循环物流系统，必须遵从物流系统的一般性质和一般规律，并在此基础上分析其特殊的性质和规律。

（二）物流学为循环物流系统规定了基本研究方法

物流学的发展过程中，形成了相对独立的研究方法与研究思路。研究循环物

流系统，首先也必须基于物流学自身的特点，遵循物流学的通用研究方法与研究思路，进而再借鉴其他学科的必要研究方法与手段。

（三）物流学为循环物流系统界定了研究范围

物流学的基本研究内容主要包括：①经济协调与物流系统的相互关系，如物流的产生与发展、物流在经济发展中的地位与作用等；②物流系统的分析、构建、优化以及各要素相互之间的协调等；③解决现实物流问题，提高物流效率和效益的方法等。循环物流系统的研究也应符合物流学的研究范围，解决相关的理论与现实问题。

二、物流学的特点

（一）综合性

从研究对象看，物流学包括物、车、库、信息等。物是指流动的物的性质、规模、流量、方向、生成与分布规模、起终点及径路（流程）；车是指实现物流位移的车辆等运载工具或搬运工具等；库是指储存物的设备的容量、管理与控制等；信息是指物流活动全过程中所产生的各种数据、表格、文件的电子处理与传输模式、自动化与网络化的模式等。从研究内容看，物流学主要包含发展战略规划、设施规划与设计、组织模式与经营策略制定、管理控制、成本效益分析等。可见，物流学是一门兼有自然科学、社会科学、工程科学等多重属性的综合性学科，这也决定了循环物流系统的研究也具有多学科交叉、综合的特性。

（二）系统性

物流活动是一个复杂的大系统，从原材料的采购、生产，直至消费终点的全过程中，物资、设施与设备、信息等要在人的组织协调下，完成物品在时间、空间上的移动，以实现物品的使用价值和价值。这个大系统又包含若干子系统，每个子系统都有目标、层次与序列。子系统之间相互影响，相互作用，存在着"效益背反"关系，系统内部之间以及内部与环境之间有信息、物质的交换。物流活动的运行全过程符合系统的整体性原则、层次性原则、开放性原则及目的性原则等，这也决定了循环物流系统的研究必须全面、系统地协调各子系统的关系，以实现全局优化为目标。

表 1-1　物流学的发展阶段及特点

	社会发展特点	经济发展特点	物流发展特点	物流学科发展特点
20 世纪初～20 世纪 50 年代	工业化时期，大多数欧美国家陆续进入工业化社会	制造业发展迅速，社会分工不断细化	物流发展规模小，渠道不畅，成本不高，其作用未受到应有的重视	从经济学角度建立了物流学科（PD）；"二战"时期，从技术角度确立了物流学科的地位
20 世纪 60～20 世纪 90 年代	世界各国大都采用了"大量生产—大量销售—大量消费—大量废弃"的社会发展模式	制造业的大规模化与零售业的大规模化并举	物流产业逐步形成和壮大，多品种、少批量的配送成为这一阶段主要的物流形式	各国对物流的认识开始由 PD 转向 Logistics，第三方物流理论的出现确立了物流产业
20 世纪 90 年代～21 世纪初	网络化时代到来	经济全球化、一体化，知识经济初露端倪	发展到供应链管理阶段	初步形成理论体系，综合性的物流学科正在发展
当前	世界各国普遍开始构建循环型社会	循环经济理念的提出、发展与实践	综合考虑资源与环境问题	循环物流、逆向物流、绿色物流、闭环供应链等概念产生和发展

（三）动态性

物流是处于动态发展过程中的。从物流的定义上分析，物流的定义清楚地描述了主体是从起点到终点的物的移动。因而物流活动中的主体是运动的，表现在物流的性质上，其流量、流向、流程、流动特性是实时变化的，涉及的物流活动与管理是动态的，相应研究的方法和支持物流活动的技术和手段也都是变化的、不同的。

（四）实用性

物流学是一门应用学科，其研究问题来自于社会生产和生活的时机需要，其研究成果注重对生产和生活过程中的物流活动进行指导，具有鲜明的实际应用价值。物流概念的产生与发展是同社会经济发展紧密相联的。各个阶段物流的发展特点是与同期社会经济发展的特点相适应的。在循环物流系统的研究中，也应该注意分析社会经济发展对物流发展的影响及物流在社会经济发展中的作用。

物流学的特点，决定了循环物流系统的研究特点。在对循环物流系统进行研究时，要立足于综合性、系统性、动态性、实用性等特点。

二、物流系统的含义及特点

（一）物流系统的含义

物流系统随着工业化发展的进程，从手工物流系统、机械化物流系统、自动化物流系统、集成化物流系统到智能化物流系统逐步发展起来。目前随着生产的现代化水平不断提高，物流系统也被赋予了新的含义，即将正确的物品，在正确的时刻，以正确的顺序，送到正确的地点。从这个含义不难看出，现代物流系统已经发展成为与生产活动密不可分的包括工艺、设备、控制、管理在内的一个复杂系统。

物流系统的目是实现物资的空间效益和时间效益，在保证社会再生产顺利进行的前提下，实现各种物流环节的合理衔接，并取得最佳的经济效益。物流系统是社会经济大系统的一个子系统或组成部分。

（二）物流系统的特点

物流系统和一般系统一样，具有输入、转换及输出三大功能，通过输入和输出功能与社会环境进行交换，并相互依存。

物流系统具有一般系统所共有的特点，即整体性、相关性、目的性、环境适应性，同时还具有规模庞大、结构复杂、目标众多等大系统所具有的特征。

1. 物流系统是一个"人机系统"

物流系统一般由人和形成劳动手段的设备、工具所组成。它表现为物流劳动者运用运输设备、装卸搬运机械、仓库、港口、车站等设施，作用于物资的一系列生产活动。在这一系列的生产活动中，人是系统的主体。因此，在研究物流系统各个方面的问题时，应把人和物有机地结合起来，作为不可分割的整体加以考察和分析，并且始终要把如何发挥人的主观能动作用放在首位。

2. 物流系统是一个大跨度系统

这体现在两个方面：一是地域跨度大；二是时间跨度大。在现代经济社会中，企业间的物流经常会跨越不同地域，国际物流的地域跨度更大。人们通常采取储存的方式解决产需之间的时间矛盾，这样时间跨度往往也很大，大跨度系统带来的问题主要是管理难度较大，对信息的依赖程度较高。

3. 物流是一个可分系统

作为物流系统无论其规模多么庞大，都可以分解成若干个相互联系的子系统。这些子系统的多少和层次的阶数，是随着人们对物流的认识和研究的深入而不断扩充的。系统与子系统之间，子系统与子系统之间，存在着时间和空间上及资源利用方面的联系；也存在总的目标、总的费用及总的运行结果等方面的相互联系。

物流系统根据运行环节可分为物资包装系统、物资装卸系统、物资运输系统、物资储存系统、物资流通加工系统、物资回收复用系统、物资情报系统等。

物流系统虽然本身是一个复杂的社会系统，但同时处在国民经济这个更大、更复杂的大系统之中，是国民经济系统之中的一个子系统，而且是一个非常庞大、非常复杂的子系统，它对整个国民经济系统的运行起着特别重要的作用。对物流系统的分析，既要从宏观方面去研究物流系统运行的全过程，也要从微观方面对物流系统的某一环节（或子系统）加以分析。

4. 物流系统是一个动态系统

一般的物流系统总是联结多个生产企业和用户，随需求、供应、渠道、价格的变化，系统内的要素及系统的运行也经常发生变化。这就是说，社会物资的生产状况，社会物资的需求变化、资源变化，企业间的合作关系，都随时随地地影响着物流，物流受到社会生产和社会需求的广泛制约。物流系统是一个动态系统，为了满足社会需要、适应经常变化的社会环境，人们必须对物流系统的各组成部分不断地进行修改、完善，这就要求物流系统具有足够的灵活性与可改变性。在有较大社会变化的情况下，物流系统要重新进行系统设计。

5. 物流系统是一个复杂系统

物流系统运行对象——"物"遍及全部社会物质资源，资源的大量化和多样化带来了物流的复杂化。这主要表现在以下四方面：从物资资源来看，品种成千上万，数量极大；从从事物流活动的人员来看，需要数以百万计的庞大队伍；从资金占用来看，占用着大量的流动资金；从物资供应点来看，遍及全国城乡各地。这些人力、物力、财力资源的组织和合理利用，是一个非常复杂的问题。

在物流活动的全过程中，始终贯穿着大量的物流信息。物流系统要通过这些信息把这些子系统有机地联系起来。如何把信息收集全、处理好，并使之指导物流活动，也是一件非常复杂的事情。

物流系统的边界是广阔的，其范围横跨生产、流通、消费三大领域。这一庞大的范围，给物流系统带来了很大的困难，而且随着科学技术的进步、生产的发展及物流技术的提高，物流系统的边界范围还将不断地向内深化、向外扩张。

6.物流系统是一个多目标系统

物流系统的总目标是实现宏观和微观的经济效益。但是，系统要素间有着非常强的"背反"现象，常称之为"交替背反"或"效益背反"现象，在处理时稍有不慎就会出现总体恶化的结果。通常，对物流数量，希望最大；对物流时间，希望最短；对服务质量，希望最好；对物流成本，希望最低。显然，要满足上述所有要求是很难办到的。这些相互矛盾的问题，在物流系统中广泛存在。而物流系统又恰恰要求在这些矛盾中运行，要使物流系统在各方面满足人们的要求，显然需要建立物流多目标函数，并在多目标函数中求得物流的最佳效果。

三、物流学的研究方法

物流学的研究方法集经济学、管理学、工学、理学的研究方法之大成，具体研究方法依研究的内容而定。与物流学相关的学科采用的方法可能各有侧重，比如，经济学和管理学的研究方法偏重实证分析、规范分析、案例分析、图表分析、经济计量、系统分析等，而工学和理学的研究方法则偏重采用模拟、试验、观察与观测、公式、定理等。

物流过程是经济社会系统中的有机组成部分。它客观上具有多样化的外部联系，多层次的内部结构，存在着一系列运动发展的客观规律和趋势，对微观经济实体和宏观经济管理有着不同的客观要求。要认识和把握物流过程，大体上可以从两个角度进行切入：

第一，按商品类别划分。所谓按商品类别划分就是以特定商品作为研究对象来分析物流问题，从商品的特性出发研究其物流过程的特点和规律，如以生产资料和生活资料的角度分别研究其物流问题。

第二，按体制划分。所谓按体制划分就是按照构成流通的社会结构的体制，即批发、零售、运输、仓储等，以此进行说明和分析，并以其为主线，建立物流理论体系。

在物流学具体研究过程中，主要应用以下研究方法：

1.现场调查法

现场调查法是一种根据既定的调查目的，划分调查范围、确定预期成果，采用实地访谈、发放调查问卷等形式收集原始数据，并对原始数据进行整理、计算、汇总，进而得到研究所需资料的方法。

2. 统计分析法

社会经济统计数据反映了社会经济现象总体的数量层面，并可以通过数量关系来表现社会经济现象的规模、水平、结构、比例和速度等，说明国民经济和社会发展在一定的时间、地点、条件下的状况。在对社会经济统计数据进行分析时，必须与现象的本质密切结合，研究在一定本质规定性下的具体内涵，而不是抽象的数量表现。

统计学是以研究随机现象和随机变量及其变化规律的数学科学——概率论为理论基础，专门研究数据的搜集、整理、分析和推断的一门科学。它主要利用归纳推理，通过样本来估计总体的某些特性。

3. 流程分析法

流程分析法是一种根据环境的变化而优化或重新设计流程的方法，即对流程中不提供价值的环节进行改造的方法。企业通过对物流流程的集成与优化，使之更加贴近顾客，可以创造更多的"消费者剩余"，实现成本和效率的整体优化，增强竞争能力。

4. 价值链分析法

价值链分析方法以企业的服务传递（服务提供）过程为主线，将企业的活动分为主要活动和支撑活动，企业的各类活动以向客户提供服务、获得利润为目的。

第二节　系统论

一、系统论是循环物流系统的方法论基础

系统论是"系统科学"的习惯说法，是研究各种系统的共同特点和本质的综合性科学，考察整体和各个部分的属性、功能，并在变动中调节整体和部分的关系，选取各个部分的最佳结合方式，借以达到整体上的最佳目标，是适应现代化管理需要，建立在现代科学技术基础上的综合性理论。系统论反映了现代科学发展的趋势，反映了现代社会化大生产的特点，反映了现代社会生活的复杂性，因此它的理论和方法能够得到广泛的应用。系统论不仅为现代科学的发展提供了理论和方法，而且也为解决现代社会中各种复杂问题提供了方法论的基础，系统观念正渗透到每个领域。

循环物流系统作为一类特殊形式的物流系统，在研究其构建和运行的过程中，应遵循系统科学的方法论，也就是要遵循系统论提供的思维方法和逻辑过程。

第一，系统论为循环物流系统的研究提供了分析基础。系统论形成了以系统为核心概念的概念体系，包括系统的结构、形态、演化、价值等。

第二，系统论为循环物流系统的研究提供了建模与方法基础。循环物流系统的构建和运行，应该基于系统论关于人工系统构建的基本方法、原则、过程。

第三，系统论为循环物流系统的研究提供了明确的研究方向。系统论主要研究四个方面的问题：一是系统的组成和结构问题，即系统是由什么构成和怎样构成的；二是系统的形态问题，即系统在整体上有哪些新属性、新功能和新特点；三是系统的演化发展问题，即系统以什么样的规律运动完成其创生、发展、衰亡的生命周期；四是系统的整体价值与价值实现问题，即从实际需求出发，探索系统价值的实现问题。循环物流系统的研究，也应该从这四个方面入手，解决这些问题。

二、系统论的特点

（一）基础性

所谓基础性，是指它能为其他学科提供一般的研究思路、理论、观点和方法，成为研究的出发点和理论基础。系统科学把事物的整体性作为自己的研究对象，而世界上所有的事物无不具有自己的整体性，这样一来，世界上所有的事物就都成了系统科学研究的对象。它的理论、观点、思路和方法就成了所有学科，特别是应用学科的基础和出发点。

（二）前沿性

首先，系统科学的前沿性可以从它研究的问题，即学科的内容中看出。今天的系统科学以复杂的社会经济系统、生命系统和智能系统为自己的研究重点，这些问题大多是以往科学没有涉及或难以回答的，比如要研究复杂系统的演化规律，就要"动用"许多最新、最难、最复杂的数学和理论工具。

其次，系统科学的前沿性可以从它被人们关注的程度、发表论文的比例，以及第一流科学家参加的人数，获奖的级别、人次等方面看出。近半个世纪以来，系统科学一直吸引了大量当代第一流的科学家，他们的工作有些被授予了科学中的最高奖——诺贝尔奖和其他世界级奖，系统科学每年发表的论文在科研论文总数中占有很大的比例，这些都是众所周知的。

最后，系统科学的前沿性可以从它与当代最新成果和研究"热点"的密切关系中看出：近年来科学中出现了像混沌、分形、孤立子、湍流、复杂图形等当代科学的大热门，这些大多可以与系统的非线性相关和复杂性联系起来。

（三）综合性

系统科学的综合性有三层含义：一是指系统科学不是一个单一的学科，是由多门学科所组成的。现代系统科学从 20 世纪 40 年代开始创立，经过半个世纪的发展，这个新的学科群本身已基本形成了一个相对完整的体系，随着其理论的发展，它的应用领域也在日益扩大。

二是每门学科都有自己特长的领域，系统科学也有自己最擅长的方面，那就是研究复杂的自然与社会系统，系统越复杂，系统科学的功效也就越大。由于系统科学是以自然界、人类社会和思维领域的复杂现象和复杂系统为主要研究对象，因而必须动用各种"武器"，采用多学科联合作战的方式，发挥综合的优势，才能有效地解决问题，也就是说，它要求学科群中的各分支学科相互配合，形成一个有机的整体。

三是系统科学在研究内容上的横断性。就研究的对象和内容而言，可以把现有的学科分为纵向学科和横向学科，纵向学科以自然界或社会中的某类事物为研究对象，横向学科以所有事物的某个共同方面或性质为研究对象。系统科学研究的是一切事物所具有的整体性，或者说，一切与整体属性有关的问题，如事物（系统）整体的组成、结构、属性、演化、价值等，都是系统科学研究的对象。

（四）实用性

系统科学的实用性来自它对整体价值的关注，这也是系统科学的特色之一。从这个意义上来讲，系统科学不再是以单纯认识世界为目的、"不计功利的纯探索性"的学科了。它总是要追求实效，过问价值，求得最优。系统科学的实用性还表现在它对方法、方法论的特殊关注。众所周知，方法的不同就会带来效果的不同，因此，可以把系统科学看成一门关于方法和方法论的学科。

实用性在经济学上是与价值、目的密切联系在一起的。有应用效果就有经济价值，就有"性能价格比"，这些都是非常实际的东西。为了研究具有实用价值的人造系统和系统价值实现的具体途径，系统科学中有一个专门的应用层次——系统工程。系统工程几十年的发展早已证明，它对解决实际的、复杂的"人为或人造事物"问题具有特殊的功效。在众多现代科学的门类中，系统科学通过自己强大的实用功能，不仅把自己的科研与社会实践紧密地联系起来，而且为其他门类的自然科学与社会科学提供了一条通向实践的桥梁。

三、系统的概念和分类

（一）系统的概念

系统科学的核心概念是"系统"，并在此基础上衍生出一个概念体系。

1. 系统的概念的要点

一般而言，系统的概念主要包括以下要点：

①系统是一个由各种元素或部件组成的有机整体；

②系统内部各要素间具有相对稳定的关联或结构；

③系统处在不断发展变化之中；

④系统具有自己特定的属性、功能和价值。

2. 相关概念

与系统的概念密切相关的基本概念有四个：结构、性态、演化、价值。

相关的主要概念有多个，例如：

①与结构有关的有组分、关联、构形、层次等；

②与性态有关的有整体性、复杂性、非线性、不完全性、稳定性等；

③与演化有关的有他组织、自组织、不可逆性、创生、发展、消亡等；

④与价值有关的有目的、效用、成本、功效等。

系统科学中普通概念更多，包括元素、要素、关联性、关联度、关联数、空间结构、时间结构、功能结构等。

系统的概念体系，可以为建立循环物流系统的概念体系提供理论依据。

（二）系统的分类

按照系统的特征、系统与其他系统之间的差异，可以从不同角度进行系统的分类。

1. 自然系统和人造系统

自然系统是自然物等形成的系统。它的特点是自然形成。自然系统一般表现为环境系统，如海洋系统、矿藏系统、生态系统、大气系统等。人造系统是人类为达到所需要的目的，由人类设计和建造的系统，如工程技术系统、经营管理系统、科学技术系统等。

实际上，多数系统是自然系统与人造系统相结合的复合系统，因为许多系统是由人运用科学力量认识和改造的自然系统。例如，社会系统看起来是一个人造系统，但是它的产生和发展是不以人们的意志为转移的，而是有其内在规律的。随着科学技术的发展，越来越多的人造系统将会出现。

2. 实体系统和概念系统

实体系统是指由矿物、生物、能源、机械等实体组成的系统，也就是说，它的组成要素是具有实体的物质，如人机系统、机械系统、电力系统等。实体系统是以硬件为主体，以静态系统的形式来表现的。概念系统是指由概念、原理、方法、制度、程序等观念性的非物质实体所组成的系统，它是以软件为主体，依附于动态系统的形式来表现的，如科技体制系统、教育系统、法律系统、程序系统等。

3. 封闭系统与开放系统

封闭系统是指与外界环境不发生任何形式交换的系统，不向外界环境输出，也不从外界环境输入。一般情况下它是专为研究系统目的而设定的，如存储的设备、仪器以及其他尚未使用的技术系统等。开放系统是指系统内部与外部环境有一定物质和信息交换的系统，它从环境输入，并向环境输出，而系统状态直接受到环境变化的影响。大部分人造系统属于这一类，如社会系统、经营管理系统等。

4. 静态系统和动态系统

静态系统是指固有状态参数不随时间变化的系统。它没有既定的相对输入与输出，其模型中的变量不随时间的变化而变化，如车间平面布置系统、城市规划布局等。静态系统属于实体系统。动态系统是指系统状态变量随时间而改变的系统，它有输入和输出及转换过程，因此有人的行为因素，如生产系统、服务系统、开发系统、社会系统等。

5. 对象系统和行为系统

对象系统是指按照具体研究对象进行区分而产生的系统，如企业的经营计划系统、生产系统、库存系统等。行为系统是指由行为组成的系统。所谓行为是指为达到某一确定目的而做出的外在举动，这种举动对外部环境能产生一定的效用。行为系统的区别是根据行为特征的内容加以区别的，也就是说，尽管有些系统组成部分及其有关内容是相同的，但如果其行为特征不同，那么它们就不能是同类的系统。行为系统一般需要通过组织体系来体现，如社会系统、经济系统、管理系统等。

6. 控制系统和因果系统

控制系统是指具有控制功能和手段的系统。当控制系统由控制装置自动进行控制时，这类控制系统又叫作自动控制系统。因果系统是指输出完全决定于输入的系统，其输出与结果具有一致性。这类系统一般为测试系统，如信号系统、记录系统、测量系统等。因果系统必须是开放系统。

7. 可逆系统与不可逆系统

可逆与不可逆不能单纯理解为是否可以反过来，或向相反方向运动。物理学对可逆运动有着严格的定义，它不仅是指可以恢复到原来的状态，更重要的是在回复过程中不产生新的后果。热力学第二定律认为，所有宏观的事物，可逆是一种理想的或极限的情况，实际的过程都是不可逆的。系统论把系统不可逆的运动定义为演化，而演化正是复杂系统的一个基本特征。

8. 连续系统与离散系统

连续和离散通常是相对时间而言的，但扩大来讲也可以相对于其他的参量，是连续还是离散反映在在数学上就是系统状态或控制参量是否连续和可微。连续系统的状态变化通常用微分方程来描述，而离散系统则用差分方程来描述。

9. 复杂系统与简单系统

这是按照系统自身的复杂程度以及人们对系统描述与研究中的复杂程度来进行划分的。一般按照系统包含元素的多少，还可具体划分为简单系统、简单巨系统和复杂巨系统。

本节通过探讨系统的分类，有利于帮助人们分析不同类型系统的不同特性。另外，在循环物流系统的研究过程中，要明确循环物流系统所属的类别。

四、系统论的研究方法——系统工程方法

（一）系统工程的定义

引用中国航天事业的奠基人钱学森院士的说法，"系统工程是组织管理系统的规划、研究、设计、制造、试验和使用的科学方法"，也就是说系统工程是按系统科学的思想方法，用计算机为工具对复杂的人造系统的规划、研究、分析、设计、制造、试验和使用进行组织管理的工程技术。

系统工程的核心是为处理复杂事务，实现某个特定的目标提供一整套工作程序、逻辑思路、行为规范、组织方法和决策原则。它属于软科学的范畴，在某种意义上也许可以将它形象地比作人的聪明才智、龙的眼睛、菜中的盐和味精。尽管它不能单独完成某项工程，但对所有复杂的工程都具有很强的指导作用。

作为一种方法论，系统工程的软方法可以和各种硬工程结合起来，成为不同的专业系统工程，如人们常常提到的系统工程有工程系统工程、教育系统工程、科研系统工程、社会系统工程、企业系统工程、军事系统工程、经济系统工程、农业系统工程、环境系统工程、法制系统工程、信息系统工程、计量系统工程等。

（二）系统工程方法论

系统工程的方法论，是指运用系统工程研究问题的一套程序化方法，也就是为了达到系统的预期目标，运用系统工程思想及其技术内容解决问题的工作步骤。系统工程方法论的特点，是从系统思想和观点出发，将系统工程所要解决的问题放在系统形式中加以考察，始终围绕着系统的预期目的，从整体与部分、部分与部分和整体与外部环境的相互联系、相互作用、相互矛盾、相互制约的关系中综合地考察对象，以达到最优地处理问题的效果。它是一种立足整体、统筹全局的科学方法体系。

近年来，人们通过社会实践，对系统工程的基本工作思路进行了大量的研究和探讨。人们普通认为系统工程的理论基础是系统理论，系统工程方法论的基本原则应以系统理论的原则为依据。

1. 系统整体性原则

世界上的一切事物、现象和过程，几乎都是自成系统而又互成系统。系统整体性原则要满足下列要求：

①不能从系统局部的信息得出有关系统整体的结论；

②分系统的目标必须服从于系统整体的目标；

③从优化系统出发开展系统之间的活动；

④根据整体协调的需要来确定最佳方案。

2. 系统有序相关原则

凡是系统都是有序的。系统的有序性是系统有机联系的反映，系统的任何联系都是按一定等级和层次进行的，都是秩序井然、有条不紊的。在系统层次上表现出来的整体特性是由要素或分系统组成的系统，由于内部组织管理方式的不同，即结构方式、有序程度的不同，系统的整体功能表现出极大的差异性。各要素（分系统）之间的相互关系越走向有序，系统的整体功能就越强，因此，为获得预期的整体功能，应把注意力集中在系统内部要素之间，以及各分系统之间的相互联系上，抓好系统内部的组织管理工作。

3. 系统最优化原则

最优化的观念贯穿系统工程的始终，它是系统工程的指导思想和追求目标。对于每个具体系统工程项目来讲，它的开发、设计、制作和运用，各个阶段的管理控制和决策，都是最优化的目标和要求，在系统工程中普遍运用最优化原则，就能使系统取得满意效果和最佳效益。

4. 系统动态性原则

系统工程往往是大型复杂的实践过程，研究对象内部复杂的相互作用和外部的环境多变性，使系统工程本身呈现出动态特性。因此，应把实施对象看作一个动态过程，分析系统内外的变化，掌握变化的性质、方向和趋势，采取相应的措施和手段，改进工作方法，调整规划和设计，在动态变化中求得系统整体优化。

5. 系统分解综合原则

分解是将具有密切关系的要素进行分组。对系统来说就是归纳出相对独立、层次不同的分系统。综合则是完成新系统的筹建过程，即选择性能好、适用性强的分系统，设计出它们的相互关系，形成具有更广泛价值的系统，以达到预定的目的。

系统分解综合原则是系统工程方法论的重要原则之一。因为要筹建出新的系统，就必须分析现有的系统，而现有的系统又是经过前人分解后的系统综合，正如马克思主义哲学中的整体与部分的辩证关系。可以说，不论多复杂的系统，只要分解为几个适当的分系统，就能用人们以往的经验和知识去处理。如果能将这些分系统的特征和性质标准化，编成程序存于计算机内，对新系统的筹建就极为有利。

分解的方法是多种多样的，一般可按结构要素、功能要素、时间序列、空间状态等进行分解。分解的原则既要满足于系统的筹建要求，又要便于论证、实施和管理。

6. 系统创造思维原则

系统创造思维的基本原则有两条。一是把陌生的事物看作熟悉的东西，用已有的知识加以辨识和解决。从这条原则出发，不只是对新的事物给予旧的解释，还可能给予新的解释，从而创造出新的理论。二是把熟悉的事物看作陌生的东西，用新的方法、新的原则加以研究，从而创造出新的理论、新的技术。这往往是被人们忽视的原则。创造性思维活动极为复杂，它的形式多种多样，并且常常是多种形式互相重叠交错在一起。掌握这条原则，不但可以克服思维过程中的障碍，而且可通过训练提高创造能力，增强系统分析人员的素质。

第三节　生态学与环境工程学

一、生态学与环境工程学是循环物流系统的原理基础

生态学是一门研究生物生存条件、生物及其群体与环境相互作用的过程及其规律的科学，其目的是指导人与生物圈（自然、资源与环境）的协调发展。环境工程学是应用环境科学、工程学和有关学科方法，研究保护和合理利用自然资源、控制和防治环境污染，以改善环境质量的一门学科。生态学和环境工程学从以下方面为循环物流系统理论提供了原理基础。

第一，生态学研究和探讨物质循环的基本原理与规律，是循环物流系统的理论基础。

第二，环境工程学从工程角度为循环物流系统的研究提供了方法基础。生态学与环境工程学是可持续发展理论的理论基础，而循环物流系统的构建与运行均应以可持续发展为目标。循环物流系统本质上是一种人为的复杂系统，环境效益与社会效益是循环物流系统构建与运行过程中需要研究和探讨的重要问题。因此，必须应用环境工程学的理论、方法，分析循环物流系统与生态环境的相互影响，测度循环物流系统的环境效益与社会效益。

二、生态学的特点

人类在与自然长期的交往及生产实践中，逐渐积累了丰富的生态学知识，并形成了朦胧的生态学思想。

进入 20 世纪 60 年代，人类已处于一个转折点。人类再也不能无限制地消耗自然资源，生态系统已经不能再继续忍受污染和人类的破坏。一些生态系统的问题已超越了国界，并影响到几代人的生活，这对生态系统是一个严峻挑战，也促进了生态学的发展。生态学具有以下三个显著的特点：

（一）以研究生态系统服务、促进生态系统健康为特点

生态系统是人类生存的基础，给人类提供全方位、综合性的服务。可是，人们没能正确对待，使得大大小小的生态系统遭受损害和破坏，出现了全球性生态危机。为此，应全面研究和正确评价生态系统服务，在此基础上，确定目标，调整人与生态系统的关系，维护和促进生态系统的健康。

（二）加强以结构与功能为主的基础性研究

应加强对不同地区的不同生态系统，如森林、草原、湿地、荒漠等生态系统的研究，探索不同生态系统稳定性的规律，同时也要对脆弱生态系统（如黄土高原水土流失区，西南石灰岩发育区）恢复机理及开发中的石油、煤炭、矿山土地生产力的恢复、重建问题加以研究，从整体上进行整治，以提高环境质量。

（三）采用建模与实验研究相结合的方法

针对生态系统的研究，我们可以建立多种模型，通过对模拟结果与实验数据的分析、检验、考察，运用模型进行生态系统变化和发展趋势的预测。

要在系统水平上，建立生态系统实验定位站以便进行长期同步观测。要注意区域与全球的结合。区域与全球是相通的，全球性因素必然对区域构成深远影响；而区域性问题可能发展成全球性问题。未来工作的重点是在高层次上运用多种时空尺度对各方面的结果进行综合分析，以获取特定时空内高分辨率的新数据和概念，使认识达到新的高度。

生态学的研究特点，可以为循环物流系统的研究所借鉴。

三、生态系统的概念与特征

一般而言，生态系统是指生命系统和环境系统在特定空间的组合。在生态系统中，各种生物彼此间及生物与非生物的环境因素之间互相作用，关系密切，而且不断地进行着物质和能量的流动。目前，人类生活的生物圈内有无数大小不同的生态系统。

生态系统具有如下重要特征：

（一）以生物为主体，具有整体性特征

生态系统通常与一定空间范围相联系，以生物为主体，生物多样性与生命支持系统的物理状况有关。一般而言，一个具有复杂垂直结构的环境能维持多个物

种。例如，森林生态系统比草原生态系统包含了更多的物种。同样，热带生态系统要比温带或寒带生态系统展示出更大的多样性。各要素稳定的网络式联系，保证了系统的整体性。

（二）是一个复杂、有序的层级系统

自然界中生物的多样性和相互关系的复杂性，决定了生态系统是一个极为复杂的、多要素、多变量构成的层级系统。较高的层级系统以大尺度、大基粒、低频率和缓慢速度为特征，它们被更大系统、更缓慢作用所控制。

（三）是一个开放的、远离平衡态的热力学系统

任何一个生态系统都是开放的，有输入和输出，而输入的变化总会引起输出的变化。虽然输出并不是立即变化，有时它们可能落在后面，但它们不会赶在输入之前，这是因为输出是输入的结果，而输入是原因，是源。从这一观点看，没有输入也就没有输出。维持生态系统需要能量，当生态系统变得更大更复杂时，需要用更多的能量去维持。生态系统的演化经历着从混沌到有序，到新的混沌，再到新的有序的发展过程。

（四）具有明确功能和公益服务性能

生态系统是一个功能单元，例如能量的流动，绿色植物通过光合作用把太阳能转变为化学能贮藏在植物体内，然后再转给其他动物，这样营养物质就从一个取食类群转移到另一个取食类群，最后由分解者重新释放到环境中。又如在生态系统内部生物与生物之间、生物与环境之间不断进行着复杂而有规律的物质交换。这种物质交换是周而复始不断进行着的，对生态系统产生了深刻的影响。自然界元素运动的人为改变，往往会引起严重的后果。

生态系统就是在多种生态过程中完成了维护着人类生存的"任务"：为人类提供了必不可少的粮食、药物和工农业原料等，并提供人类生存的环境条件，还有大量的间接性公益服务。

（五）受到环境的深刻影响

环境的变化和波动形成了环境压力，最初是通过敏感物种的种群来表现的。自然选择可以发生在多个水平上。当压力增加到可在生态系统水平上检出时，整个系统的"健康"就出现危险的苗头。生态系统对气候变化和其他因素的变化表现出长期的适应性。

（六）具有自维持、自调控功能

一个自然生态系统中的生物与其环境条件是经过长期进化适应，逐渐建立起相互协调关系的。生态系统自动调控机能主要表现在以下三方面：一是同种生物的种群密度的调控，这是在有限空间内比较普遍存在的种群变化规律；二是异种生物种群之间的数量调控，多出于植物与动物、动物与动物之间，常有食物链关系；三是生物与环境之间相互适应的调控。生物经常不断地从所在的生态环境中摄取所需的物质，环境亦需要对其输出进行及时的补偿，两者进行着输入与输出之间的供需调控。生态系统对干扰具有抵抗和恢复的能力，甚至面临季节、年际或长期的气候变化的动态，生态系统也能保持相对的稳定。生态系统调控功能主要靠反馈的作用，通过正、负反馈相互作用和转化，使系统达到一定的稳态。

（七）具有一定的负荷力

生态系统负荷力是涉及个体数量和每一个体使用强度的二维概念。这二者之间保持互补关系，当每一个体使用强度增加时，一定资源所能维持的个体数量就会减少。认识到这一特点，在实践中可将有益生物种群保持在一个环境条件允许的最大种群数量，此时，种群繁殖速率最快。对环境保护工作而言，在人类生存和生态系统不受损害的前提下，一个生态系统所能容纳的污染物可维持在最大承载量，即环境容量。任一生态系统，它的环境容量越大，可接纳的污染物就越多，反之则越少。污染物的排放，必须与环境容量相适应。

（八）具有动态的、生命的特征

生态系统也和自然界许多事物一样，具有发生、形成和发展的过程。生态系统可分为幼年期、成长期和成熟期，表现出鲜明的历史性特点，生态系统具有自身特有的整体演化规律。换言之，任何一个自然生态系统都是经过长期发展形成的。生态系统这一特性为预测未来提供了重要的科学依据。

（九）具有健康、可持续发展特性

自然生态系统为人类提供了经济发展的物质基础和良好的生存环境。然而长期以来掠夺式的开采方式给生态系统健康造成了极大的威胁。可持续发展观要求人们转变思想，对生态系统加强管理，保持生态系统健康和可持续发展特性，在时间、空间上实现全面发展。

四、生态学基本原理

（一）相互依存与相互制约规律

相互依存与相互制约，反映了生物间的协调关系，是构成生物群落的基础。生物间的这种协调关系，主要分两类。

1.普遍的依存与制约，亦称"物物相关"规律

有相同生理、生态特性的生物，占据与之相适宜的小生态环境，构成生物群落或生态系统。系统中不仅同种生物相互依存、相互制约，异种生物（系统内各部分）间也存在相互依存与制约的关系；不同群落或系统之间，同样存在依存与制约关系，亦可以说彼此影响。这种影响有些是直接的，有些是间接的，有些是立即表现出来的，有些需滞后一段时间才显现出来。一言以蔽之，生物间的相互依存与制约关系，无论在动物、植物和微生物中，或在它们之间，都是普遍存在的。因此，在生产建设中，特别是在需要排放废弃物、施用农药化肥、采伐森林、开垦荒地、猎捕动物、修建大型水利工程及其他重要建设项目时，务必注意调查研究，查清自然界诸事物之间的相互关系，统筹兼顾，即要对与某事物有关的其他事物加以认真、通盘的考虑，包括考虑此种生产活动可能会产生的影响（短期的和长期的，明显的和潜在的），从而做出全面安排。

2.通过"食物"而相互联系与制约的协调关系，亦称"相生相克"规律

具体形式就是食物链与食物网，即每一种生物在食物链或食物网中，都占据一定的位置，并具有特定的作用。各生物物种之间相互依赖、彼此制约、协同进化。被食者为捕食者提供生存条件，同时又为捕食者控制；反过来，捕食者又受制于被食者，彼此相生相克，使整个体系（或群落）成为协调的整体，或者说，体系中各种生物个体都建立在一定数量的基础上，即它们的大小和数量都存在一定的比例关系。生物体间的这种相生相克作用，使生物保持数量上的相对稳定，这是生态平衡的一个重要方面。当向一个生物群落（或生态系统）引进其他群落的生物物种时，往往会由于该群落缺乏能控制它的物种（天敌）存在，使该生物种群暴发起来，从而造成灾害。

（二）物质循环转化与再生规律

在生态系统中，植物、动物、微生物和非生物成分，借助能量的不停流动，一方面不断地从自然界摄取物质并合成新的物质，另一方面又随时分解为原来的

简单物质，即所谓"再生"，重新被植物所吸收，进行着不停顿的物质循环。因此要严格防止有毒物质进入生态系统，以免有毒物质经过多次循环后富集到危及人类的程度。至于流经自然生态系统中的能量，通常只能通过系统一次，它沿食物链转移时，每经过一个营养级，就有大部分能量转化为热量散失掉，无法加以回收利用。因此，为了充分利用能量，必须设计出能量利用率高的系统。例如，在农业生产中，应防止食物链过早断裂，过早转入细菌分解，不让农业废弃物（如树叶、杂草、秸秆、农产品加工下脚料及牲畜粪便等）直接作为肥料被细菌分解，使能量以热的形式散失掉，而是应该经过适当处理，如先作为饲料，以便能更有效地利用能量。

（三）物质输入输出的动态平衡规律

当一个自然生态系统不受人类活动干扰时，生物与环境之间的输入与输出，是相互对立的关系，生物体进行输入时，环境必然进行输出，反之亦然。

生物体一方面从周围环境摄取物质，另一方面又向环境排放物质，以补偿环境的损失（这里的物质输入与输出，包含着量和质两个指标）。也就是说，对于一个稳定的生态系统，无论对生物、对环境，还是对整个生态系统，物质的输入与输出总是相平衡的。

当生物体的输入不足时，例如农田肥料不足，或虽然肥料（养分）足够，但未能分解而不可利用，或施肥的时间不当而不能很好地利用，结果作物必然生长不好，产量下降。

同样，在质的方面，也存在输入大于输出的情况。例如，人工合成的难降解的农药和塑料或重金属元素，生物体吸收的量虽然很少，也会产生中毒的现象。即使数量极微，暂时看不到影响，但它也会积累并逐渐造成危害。

另外，对环境系统而言，如果营养物质输入过多，环境自身吸收不了，打破了原来的输入输出平衡，就会出现富营养化现象，如果这种情况继续下去，势必毁掉原来的生态系统。

（四）相互适应与补偿的协同进化规律

生物与环境之间，存在着作用与反作用的过程。或者说，生物给环境以影响，反过来环境也会影响生物。植物从环境吸收水和营养元素，这与环境的特点，如土壤的性质、可溶性营养元素的量及环境可以提供的水量等紧密相关。同时，生物体则以其排泄物和尸体把相当数量的水和营养元素归还给环境，最后获得协同进化的结果。例如，最初生长在岩石表面的地衣，由于没有多少土壤可供着"根"，当然所得的水和营养元素就十分少。但是，地衣生长过程中的分泌物和尸体的分解，不但把等量的水和营养元素归还给环境，而且还生成不同性质的物质，能促进岩石风化而变成土壤。这样环境保存水分的能力增强了，可提供的营养元素也增多了，从而为高一级的植物苔藓创造了生长的条件。如此递进，以后便逐步出现了草本植物、灌木和乔木。生物与环境就是如此反复地相互适应和补偿。生物从无到有，从只有植物或动物到动物、植物并存，从低级向高级发展，而环境则从光秃秃的岩土，向具有相当厚度的、适于高等植物和各种动物生存的环境演变。可是，如果因为某种原因，损害了生物与环境相互补偿与适应的关系，例如某种生物过度繁殖，则环境就会因物质供应不足而造成生物的饥饿死亡，从而对生物进行报复。

（五）环境资源的有效极限规律

任何生态系统中作为生物赖以生存的各种环境资源，在质量、数量、空间和时间等方面，都有其一定的限度，不能无限制地供给，因而其生物生产力通常都有一个大致的上限。因此，每一个生态系统对任何的外来干扰都有一定的忍耐极限；当外来干扰超过此极限时，生态系统就会被损伤、破坏，甚至瓦解。所以，放牧强度不应超过草场的允许承载量；采伐森林、捕鱼狩猎和采集药材时不应超过能使各种资源永续利用的产量；保护某一物种时，必须要留有足够使它生存、繁衍的空间；排污时，必须使排污量不超过环境的自净能力。

五、物质代谢理论

物质代谢理论是生态学方法在人工生态系统研究中的应用。循环物流系统是一种人工生态系统，在研究其构建与运行的过程中，可以应用物质代谢理论进行分析。

从工业生态学的角度研究物质代谢，最主要的问题是整个区域的物质吞吐量和能量吞吐量，即社会吞进物质/能量（投入）和吐出物质/能量（排放）的规模。吞吐量的平衡遵守质量守恒定律，即区域系统内输入物质的总量等于输出物质的总量与系统内增量之和。物质代谢过程中吞进的物质越多，吐出的排泄物必定也越多。因此，生态问题从源头上找答案，便是减少代谢所吞进的物质数量。如果社会代谢（人为干预的代谢）的吞吐量与自然生态系统的再生能力一致，物质处于循环利用之中，此时称为基本代谢。如果社会代谢的吞吐量规模必须借助圈外的"非再生资源"来维持，比如需要地质圈的化石燃料（石油、天然气、煤）、铁和其他矿物，此时称为外延性代谢。物质代谢的极限是可持续发展的根本问题。

（一）MFA 的计算准则

1. 质量守恒定律

质量守恒适用于一切层次上的物质流分析。任何物质流无论其形态如何变化，其总质量守恒，即：

物质的流入量 = 物质的流出量 + 物质存量的净变化

社会的物质代谢所定义的物质存量通常是指道路、建筑、水坝、运输工具（船舶、飞机、汽车）、机械设备等人造资本和消费性耐用商品，如冰箱、电视等家电。年末与年初的物质存量变化称为存量净变化。人口的增加，人类总体重的变化也应视为存量的变动。

有些研究把牲畜数及其重量的变化作为投入量计算，这是有待探讨的，因为在人类的社会经济圈中，牲畜同人一样，是代谢的主体部分，它们吃草吃料而排出粪便，吸入新鲜空气而排出废气。因此，牲畜的重量应作为存量处理。

2. 代谢主体的基本认定

所谓代谢主体是指社会经济圈内"吞""吐"物质的可独立处理的基本物质单位。例如，人和牲畜摄入营养物、空气和水，排出粪便和污物；再如，许多人造资本，诸如机器，它们"吞进"原料，同时"吐出"废气、废物。

植物则不宜看作代谢主体，并非它们没有代谢作用，而是计算比较困难。植物吞吐的物质层次属于矿物质，与人、牲畜、人造资本吞吐的物质层次不同，统计上很难找到数据。

3. 物质流的组成

进出社会经济圈的物质流分为空气、水和固体物质三大部分，人和牲畜的呼吸需要空气，燃料燃烧也需要空气中的氧。水是人畜维持生命所必需的，生产制造也离不开水。

投入的固体物质分为生物物质（谷物、木材、牧草等）及非生物性燃料、金属与非金属矿物及各种半制成品。所谓固体物质其实是一种笼统的名称，并不排除固体物质既可能含有空气也可能含有水的成分。代谢排泄的物质分类与投入相同，也是三大组成部分：空气、水和固体物质。物质流核算的单位是重量。

4.直接物质投入、隐藏性物质投入及总物质投入

欧洲习惯将物质投入三分法：直接投入、隐藏性物质投入及总物质投入。直接物质投入是指直接进入生产过程所消耗的固体物料及由国外输入（进口）的固体物料。没有进入市场和生产过程的固体物料称为隐藏性物质投入，又被德国人称为生态包袱。例如为了生产钢铁，直接投入铁矿石，为了采掘铁矿石有可能开挖许多井下的巷道以及剥离表土，后者的消耗并未直接进入生产过程，故为隐藏性物质投入。

5.引入平衡项

有些计算项目虽然最终并未视为环境指标，可是却对物质投入与排出的总平衡具有重要作用，这些项目可称为平衡项。为使污染空气与燃料之间的计算平衡，必须在投入面考虑平衡项"氧"，因为燃烧是氧化过程，燃料燃烧的结果是废气与水蒸气及其他固体残余。

人类、动物新陈代谢和某些技术过程所消耗的氧气，以及人类、动物体的水蒸发（燃料中的水成分和燃料中的氢氧成分）以及人和动物代谢过程中的水蒸发也应列入平衡项。

（二）物质流核算的系统边界

物质流核算所要考虑的基本点包括：多少物质由自然环境流入经济圈，最后又有多少物质作为废弃物排放到自然环境中。

人类从大自然中获得原料、矿石、能源、水、空气及农林生物和鱼类，经济圈吞入这些投入物后，把废弃的物质排放到大自然之中，被开挖的表土和灌溉排放的水由投入面转到排出面。

物质流的系统边缘从两方面界定，一方面是自然界所开挖的基本物质（原生的未被加工的物质和材料），另一方面是排泄到大自然的物质（污物、污水、污气）。由进口带来，由出口带走，而进出到地质、水文、气象等大自然圈的流动则不考虑。

六、可持续发展理论

（一）可持续发展的定义

可持续发展是当今人类关于自身前途和命运的正确抉择，目前"可持续发展"

几乎成为一个家喻户晓的名词，已广泛地应用于各行各业，如农业可持续发展、林业可持续发展、工业可持续发展、城市可持续发展等。近年来，全球范围对可持续发展问题展开了热烈讨论，不同的学者从不同角度对可持续发展概念进行了研究和理性思考。其中，最有代表性、最有影响力的可持续发展的定义可概括为以下几方面。

1. 从自然属性定义可持续发展

可持续发展即"生态持续性"。它主要指自然资源及其开发利用程度间的平衡。世界自然保护同盟（IUCN）1991 年对可持续性的定义是"可持续地使用，是指在其可再生能力(速度)的范围内使用一种有机生态系统或其他可再生资源"。同年，国际生态学联合会（INTECOL）和国际生物科学联合会（IUBS）进一步探讨了可持续发展的自然属性。他们将可持续发展定义为"保护和加强环境系统的生产更新能力"，即可持续发展是不超越环境系统再生能力的发展。此外，从自然属性方面定义的另一类代表是从生物圈概念出发，即认为可持续发展是寻求一种最佳的生态系统以支持生态的完整性和人类愿望的实现，使人类的生存环境得以持续。

2. 从社会属性定义可持续发展

1991 年，由世界自然保护同盟、联合国环境规划署（UNEP）和世界自然基金会（WWF）共同发表了《保护地球——可持续生存战略》，其中提出的可持续发展定义是"在生存不超出维持生态系统涵容能力的情况下，提高人类的生活质量"，并进而提出了可持续生存的 9 条基本原则。这 9 条基本原则既强调了人类的生产方式与生活方式要与地球承载能力保持平衡，保护地球的生命力和生物多样性，又提出了可持续发展的价值观和 130 个行动方案。报告还重论述了可持续发展的最终目标是人类社会的进步，即改善人类生活质量，创造美好的生活环境。报告认为，各国可以根据自己的国情制定各自的发展目标。但是，真正的发展必须包括提高人类健康水平，改善人类生活质量，合理开发、利用自然资源，必须创造一个保障人们平等、自由、人权的发展环境。

3. 从经济属性定义可持续发展

这类定义均把可持续发展的核心看成经济发展。当然，这里的经济发展已不是传统意义上的以牺牲资源和环境为代价的经济发展，而是不降低环境质量和不破坏世界自然资源基础的经济发展。

4. 从科技属性定义可持续发展

这主要是从技术选择的角度扩展了可持续发展的定义，倾向这一定义的学者认为："可持续发展就是转向更清洁、更有效的技术，尽可能接近'零排放'或'密闭式'的工艺方法，尽可能减少能源和其他自然资源的消耗。"还有的学者提出："可持续发展就是建立极少产生废料和污染物的工艺或技术系统。"他们认为污染并不是工业活动不可避免的结果，而是技术水平差、效率低的表现。他们主张发达国家与发展中国家之间进行技术合作，缩短技术差距，提高发展中国家的经济生产能力。

（二）可持续发展战略的基本思想

可持续发展是一个涉及经济、社会、文化、技术及自然环境的综合概念。它是一种立足于环境和自然资源角度提出的关于人类长期发展的战略和模式。这并不是一般意义上所指的在时间和空间上的连续，而是特别强调环境承载能力和资源的永续利用对发展进程的重要性和必要性，它的基本思想主要包括三个方面，即经济持续、环境持续、社会持续。

1. 可持续发展鼓励经济增长

它强调经济增长的必要性，必须通过经济增长提高当代人福利水平，增强国家实力和社会财富。但可持续发展不仅要重视经济增长的数量，更要追求经济增长的质量。这就是说经济发展包括数量增长和质量提高两部分。数量的增长是有限的，而依靠科学技术进步，提高经济活动中的效益和质量，采取科学的经济增长方式才是可持续的。因此，可持续发展要求重新审视如何实现经济增长。要达到具有可持续意义的经济增长，必须审计使用能源和原料的方式，改变传统的以"高投入、高消耗、高污染"为特征的生产模式和消费模式，实施清洁生产和文明消费，从而减少每单位经济活动造成的环境压力。环境退化的原因产生于经济活动，其解决的办法也必须依靠经济过程。

2. 可持续发展的标志是资源的永续利用和良好的生态环境

经济和社会发展不能超越资源和环境的承载能力。可持续发展以自然资源为基础，同生态环境相协调。它要求在严格控制人口增长、提高人口素质和保护环境、资源永续利用的条件下，进行经济建设、保证以可持续的方式使用自然资源和环境成本，使人类的发展控制在地球的承载力之内。可持续发展强调发展是有限制条件的，没有限制就没有可持续发展。要实现可持续发展，必须使自然资源的耗竭速率低于资源的再生速率，必须通过转变发展模式，从根本上解决环境问题。如果经济决策中能够将环境影响全面系统地考虑进去，这一目的是能够达到的。但如果处理不当，环境退化和资源破坏的成本就非常巨大，甚至会抵消经济增长的成果而适得其反。

3. 可持续发展的目标是谋求社会的全面进步

发展不仅仅是经济问题，单纯追求产值的经济增长不能体现发展的内涵。可持续发展的观念认为，世界各国的发展阶段和发展目标可以不同，但发展的本质应当包括改善人类生活质量，提高人类健康水平，创造一个保障人们平等、自由、教育和免受暴力的社会环境。这就是说，在人类可持续发展系统中，经济发展是基础，自然生态保护是条件，社会进步才是目的。而这三者又是一个相互影响的综合体，只要社会在每一个时间段内都能保持经济、资源和环境的协调，这个社会就符合可持续发展的要求。显然，在 21 世纪，人类共同追求的目标，是以人为本的自然－经济－社会复合系统的持续、稳定、健康的发展。

（三）可持续发展的原则

可持续发展内涵所体现基本原则如下。

1. 公平性原则

可持续发展强调两种公平，即代际公平和当代人之间的公平，代际公平是指现代人的发展不能影响后代人的发展，当代人之间的公平是指当代人之间对自然资源开发利用和社会经济产品有同等的分享权利。也就是说，在空间上，区域和区域之间有公平的发展机会；在时间上，当代人和后代人有公平的发展机会。由于同后代人相比，当代人在资源开发利用方面处于主宰地位，因此，可持续发展要求当代人在考虑自己的需求和消费的同时，也要对未来各代人的需求和消费负起历史责任，必须将近期效益与长期效益兼顾。

2. 可持续性原则

可持续性原则要求人类根据生态系统持续性条件和限制因子，调整自己的生活方式和对资源的需求，在生态系统可以保持相对稳定的范围内确定自己的消耗标准，把资源视为财富，而不是获得财富的手段。

3. 共同性原则

共同性原则要求人们对可持续发展的价值观念和道德准则形成普遍认同，要求打破民族和国家、种族和行业的界限，根据合理的要求对资源的利用进行全面的衡量和协调；要求在国际间和行业间开展广泛合作与统一行动。

4. 发展性原则

可持续发展以经济发展为中心，如果经济搞不上去，社会发展、环境保护和资源持续利用也就不可能实现。可持续发展并不意味着要求降低经济增长的速度，而是意味着更有效、更适度地消耗资源，意味着节约以后治理环境和改善生态的费用。可持续发展的目的是发展，关键是可持续。

5. 和谐性原则

可持续发展的思想要达到的理想境界是人和人之间及人和自然之间的和谐，这就要求每个人在考虑和安排自己的行动时也要考虑自己的行动对他人、后代及生态环境的影响，从而在人类内部及人类和自然之间建立起一种互惠共生的和谐关系。

6. 协调性原则

根据可持续发展的思想，良好的生态环境是可持续发展的基础，经济的发展是可持续发展的条件，稳定的人口是可持续发展的要求，科技进步是可持续发展的动力，社会发展是可持续发展的目的，因而，经济、环境、人口、社会、科技应协调发展。

7. 需求性原则

传统发展模式以传统经济学为支柱，所追求的目标是经济的增长（主要是通过国民生产总值 GNP 来反映）。它忽视了资源的代际配置，根据市场信息来刺激当代人的生产活动。这种发展模式使世界资源环境承受着前所未有的压力而不断恶化，尽管如此，人类的一些基本物质需要仍然不能得到满足。而可持续发展坚持公平性和长期的可持续性，要满足所有人的基本要求，向所有人提供实现美好生活愿望的机会。

8. 安全性原则

安全是人类社会最基本、最起码的目标之一，是可持续发展的根本前提。小至个人，大至国家与世界，都离不开安全。从某种意义上讲，安全是一个民族与国家的命运。可持续发展的社会，必须有可靠的安全保障。安全的内容包括国家的独立、领土的完整、民族的统一、社会的安定、人民的团结、生态安全与食物安全等。

9. 高效性原则

可持续发展的公平性原则、可持续性原则、和谐性原则和需求性原则实际上已经隐含了高效性原则。事实上，上述四项原则已经成为可持续发展高效性原则的基础。不同于传统经济学，这里的高效性不仅根据其经济生产率来衡量，更重要的是根据人们的基本需求得到满足的程度来衡量。

10. 参与性原则

实施可持续发展是一场变革，是世界观、价值观和道德观的深刻变革，因此，可持续发展的实施必须得到社会各方的积极参与。

第四节　经济学与社会学

一、经济学与社会学是循环物流系统的工具基础

经济学是一门研究资源配置的学科，它提供了一系列研究工具与方法，研究人和社会在使用或不使用货币的情况下如何选择使用稀缺性资源生产商品的方式和时机，并把商品分配给社会的各个成员或集团，以供消费之用。它主要用于分析改善资源配置形式所需的代价和可能得到的利益。

社会学是以人类的社会生活及其发展为研究对象，它用科学的态度、实际社会调查的各种方法对社会现象、社会生活、社会关系和各种社会问题进行观察、分析和研究，从而揭示出人类各个历史阶段的各种社会形态、社会结构和社会发展的过程和规律，为人们积累认识社会和安排社会生活的科学知识，为有关社会部门正确处理社会问题提供参考资料和科学依据。

循环物流系统是一种复杂的社会经济系统，在研究其构建和运行的过程中，应遵循经济规律，应用经济学与社会学的方法和工具，分析循环物流系统中资源配置与主体利益协调等问题。

第一，分析工具。经济学与社会学均以人类社会自身为研究对象，研究经济行为和社会行为的内在规律。循环物流系统作为一种社会经济系统，在其构建和运行过程中，必然受到经济规律与社会规律的制约。因此，在研究循环物流系统的过程中，应该运用经济学与社会学的分析方法，探讨其中的规律性。

第二，建模工具。经济学与社会学的基本假设与基本观点，是循环物流系统

建模的理论基础。只有从经济学与社会学的基本观点出发，才能从复杂的社会经济现象中建立起利于分析的理论模型。

第三，评价工具。循环物流系统的构建与运行是否科学、合理，除了应用生态学标准进行检验外，还应对其进行经济评价。

第四，政策工具。循环物流系统的构建与运行，必须依赖于政策推动才能真正实现。而政策的制定过程，必须基于经济学与社会学的理论与方法。

二、相关研究内容

经济学与社会学都具有十分庞大的学科体系，其中，与循环物流系统的研究相关的分支主要有以下学科。

（一）产业经济学

产业经济学，也称产业组织理论，是一门研究生产相同或具有高度替代性产品的企业之间的垄断、竞争关系，或者可以理解为研究某产业内企业之间不完全竞争关系（包括市场结构、市场行为、市场绩效等方面及其相互关系）的学科，它是一门以微观经济学为基础的应用经济学。在循环物流系统的构建过程中，尤其是产业层面的循环物流系统构建，需要应用产业经济学的原理与方法。

（二）发展经济学

发展经济学是 20 世纪 40 年代后期，在西方国家逐步形成的一门综合性经济学分支学科，它以发展中国家的经济发展为主要研究对象。第二次世界大战后，世界上出现了众多的发展中国家。于是在一些发展中国家出现了对发展问题较有研究的经济学家，发达国家也有一些激进经济学家试图去解释发展中国家的经济问题，这就产生了发展经济学。发展经济学的主流是以马歇尔为代表的新古典学派的思想。他们认为发展是渐进的、连续的、累积的过程，这种过程是通过边际调节来实现的；发展是和谐的、平稳的过程，是以自动的均衡机制为基础的；继续发展是可能的，其前景是令人乐观的。循环物流系统理论以可持续发展为目标，在具体研究过程中，需要应用发展经济学的理论与观点，分析系统发展的状况、问题等。

（三）新制度经济学

新制度经济学，就是用主流经济学的方法分析制度的经济学。迄今为止，新制度经济学的发展初具规模，已形成交易费用经济学、产权经济学、委托－代理理论、公共选择理论、新经济史学等几个支流。新制度经济学包括四个基本理论：

1. 交易费用理论

交易费用是新制度经济学最基本的概念。交易费用思想是新制度经济学的创始人科斯在他 1937 年发表的论文《企业的性质》中提出的，科斯认为，交易费用应包括度量、界定和保障产权的费用，发现交易对象和交易价格的费用，讨价还价、订立合同的费用，督促契约条款严格履行的费用，等等。

2. 产权理论

新制度经济学家一般都认为，产权是一种权利，是一种社会关系，是规定人们相互行为关系的一种规则，并且是社会的基础性规则。产权是一个权利束，是一个复数概念，包括所有权、使用权、收益权、处置权等。当一种交易在市场中发生时，就发生了两束权利的交换。交易中的产权所包含的内容影响物品的交换价值，这是新制度经济学的基本观点之一。产权实质上是一套激励与约束机制。影响和激励行为，是产权的一个基本功能。新制度经济学认为，产权安排直接影响资源配置效率，一个社会的经济绩效如何，最终取决于产权安排对个人行为所提供的激励。

3. 企业理论

市场机制是一种配置资源的手段，企业也是一种配置资源的手段，二者是可以相互替代的。在科斯看来，市场机制的运行是有成本的，通过形成一个组织，并允许某个权威（企业家）来支配资源，就能节约某些市场运行成本。交易费用的节省是企业产生、存在及替代市场机制的唯一动力。

4. 制度变迁理论

制度变迁理论是新制度经济学的一个重要内容。技术的革新固然为经济增长注入了活力，但人们如果没有制度创新和制度变迁的冲动，并通过一系列制度（包括产权制度、法律制度等）的构建把技术创新的成果巩固下来，那么人类社会长期经济增长和社会发展是不可想象的。总之，科斯认为，在决定一个国家经济增长和社会发展方面，制度具有决定性的作用。

制度变迁的原因之一就是相对节约交易费用，即降低制度成本，提高制度效益。所以，制度变迁可以理解为一种收益更高的制度对另一种收益较低的制度的替代过程。产权理论、国家理论和意识形态理论构成制度变迁理论的三块基石。

制度变迁理论涉及制度变迁的原因或制度的起源问题、制度变迁的动力、制度变迁的过程、制度变迁的形式、制度移植、路径依赖等。

循环物流系统的构建与运行，需要制定与之相符合的政策体系，在政策的制定与实施过程中，需要应用新制度经济学的理论与方法。

（四）博弈论

博弈论又称对策论、竞赛论，是用于分析竞争形势下各主体策略选择的分析方法。在存在利益冲突的竞争及斗争中，竞争的结果不仅依赖于某个参与者的抉择、决策和机会，而且也依赖于竞争对手或其他参与者的抉择。由于竞争结果依赖于所有局内人的抉择，每个局内人都企图预测其他人的可能抉择，以确定自己的最佳对策。循环物流系统的构建与运行，需要多主体的参与，各主体之间同样存在利益的冲突，如何对各主体的利益进行协调，并使社会的利益最大化，需要应用博弈论的方法进行分析。

（五）社会责任理论

企业的社会责任，又称企业的伦理责任，即企业在追求利润最大化的同时，还应当承担更广泛的社会责任。企业的生存和发展有赖于一定的社会环境，回应社会的要求是企业理性的表现。企业承担的社会责任分为两个方面：从企业内部看，就是要保障员工的尊严和福利，从企业外部看，企业的社会责任可分为经济责任、文化责任、教育责任、环境责任等几方面。循环物流系统的构建与运行，依赖于相关企业主动承担促进资源循环型社会构建的社会责任。在推动循环物流系统构建的过程中，需要应用社会学的方法，引导和支撑企业自觉承担相关的社会责任。

三、相关研究方法

从研究方法的角度看，经济学与社会学分为实证研究和规范研究两大类。实证研究讨论"是什么""会怎么样"一类的问题，解释经济与社会是如何运行的；而规范研究探讨"应该怎样"或"对不对"等问题。实证研究对客观事实加以解释，是描述性分析，不涉及人的（或社会的）价值观念问题，没有好或不好的区别；而规范研究的应该与否、对与不对都存在判别标准问题，标准因人（集团、阶级）而异，这里我们无法回避价值标准问题。

经济理论是在对现实的经济事物的主要特征和内在联系进行概括和抽象的基础上，对现实的经济事物进行的系统描述。社会科学包括经济学的认识规律，与自然科学是基本一致的，所不同的是，比起自然界，社会经济的发展变化由于人在其中所起的作用，表现得更为复杂，因此各种理论包含着更大程度的相对意义。现代经济学的发展，比以往更加注重模型或假说的作用。现代经济学首先要对所研究的经济变量的含义做出明确的规定，然后在一定前提条件下提出模型，并根据这一模型对现实加以说明并对未来进行预测，最后用经验事实来验证结论或预测。如果结论或预测是对的，这一模型就是正确的理论；反之，这种模型就要被否定，或要进行修改，以形成正确的理论。因此，每一种经济理论都是以模型或假说的形式出现的，或者说经济理论的发展形式是模型或假说。这种理论的形成方式与自然科学显然是大体相同的。

经济现象不但错综复杂，而且无法像自然科学那样在实验室内进行试验。所以，在研究每一个经济事物时，往往要舍弃一些非基本的因素，只就经济事物的基本因素及其相互之间的联系进行研究，从而使得经济理论能够说明经济事物的特征和相关的基本因素之间的因果关系。每一种经济理论或模型都要包括一组假设前提或条件，在讨论问题和运用这些经济理论或模型时，必须注意它们的前提条件，不能滥用，否则就会得出错误的结论。

如经济学主流学派的"新古典理论"，事实上就是以不存在交易成本、市场主体所需要的信息是完全的、制度以及技术不变等一系列原先并未加以说明的严格假设为基础建立起来的。这些假设条件对于使用简明抽象并且高度概括的模型进行的经济分析是非常重要的，实际上也正是这些假设条件保证了"新古典理论"能够对市场经济得出一系列十分理想化的结论。然而，过于严格的假设前提虽然有助于理论结局的圆满，但也不可避免地会使理论偏离现实。结果是，如何修改过去已有理论或模型的假设前提，使之逐渐与实际生活贴近，就成为现实对经济学继续发展与进步的强烈需要和严峻挑战，而通过成功地修改或放宽其中某些重要前提条件，进而改变部分已有结论，甚至对整个经济学的理论基础或研究方法产生重大的革命性影响，就成为经济学近期获得发展的一种主要途径。一些表现出极强解释能力因而具有强大生命力的新经济理论或学派，如交易成本理论、博弈论与信息经济学、公共选择理论、新制度经济学等也因此产生和发展起来。

经济分析十分注意研究范围的界定。能够通过模型从内部判定相互之间影响程度的变量，在经济学中被称为内生变量；而模型本身无法从内部决定，只能人为地事前规定或作为模型的既有环境予以接受的变量，则被称为外生变量。显然，内生变量是某项经济分析范围之内的研究对象，而外生变量是该范围以外无需分析或暂时无法分析的事物。只有先把范围界定清楚才有助于把问题分析清楚。

第二章 大循环背景下物流系统基本特征

第一节 循环物流系统目标

一、物流系统的基本目标

物流系统是社会经济系统的一个重要组成部分，其目标便是获得宏观和微观两个效益。

物流的宏观经济效益是指一个物流系统的建立对社会经济效益的影响，其直接表现形式是这一物流系统如果作为一个子系统来看待，就是其对整个社会流通及全部国民经济效益的影响。物流系统本身虽已很庞大，但它不过是更大系统中的一部分，因此，必然属于更大系统之中。如果一个物流系统的建立，破坏了母系统的功能及效益，那么，这一物流系统尽管功能理想，但也是不成功的，因为它未能实现其根本目的。物流系统不仅会对宏观的经济效益发生影响，而且会对社会其他方面发生影响，例如，物流设施的建立会影响当地人的生活、工作，物流的污染、噪声会对人和环境带来伤害等。因此，物流系统的建立，还必须考虑这些因素，要以社会发展和人民幸福为大前提。

物流系统的微观经济效益是指该系统本身在运行后所获得的企业效益，其直接表现形式是这一物流系统通过组织"物"的流动，实现本身所耗与所得之比。当物流系统基本稳定运行，投入的劳动基本稳定之后，这一效益主要表现在利润上。在社会主义市场经济条件下，企业作为独立的经济实体，必须根据价值规律及供求规律，按最大经济效益办事。因此，必然存在微观经济效益。一个物流系统的建立，如果只将自己作为子系统，完全从母系统要求出发，不考虑本身的经济效益，这在大部分情况下是行不通的。应该说，一个物流系统的建立，需要有宏观及微观两个方面的推动力，二者缺一不可。我们建立和运行物流系统时，要有意识地以两个效益为目的。具体来讲，物流系统要实现以下 5 个目标：

（一）服务（Service）

物流系统直接联结着生产与再生产、生产与消费，因此要求有很强的服务性。这种服务性表现在本身有一定从属性，要以用户为中心，树立"用户第一"观念。其利润的本质是"让渡"性的，不一定是以"利润为中心"的系统。物流系统采取的送货、配送等形式，就是其服务目标的体现。在技术方面，近年来出现的"准时供应方式""柔性供货方式"等，也是其服务目标的体现。

（二）快速、及时（Speed）

及时性是服务性的延伸，是用户的要求，也是社会发展进步的要求。整个社会再生产的循环，取决于每一个环节，社会再生产不断循环进步推动社会的进步。马克思从资本角度论述了流通的快速、及时目标，指出流通的时间越短，速度越快，"资本的职能就越大"（《马克思恩格斯全集》第 24 卷，第 142 页），并要求"力求用时间去消灭空间"，"把商品从一个地方转移到另一个地方所花费的时间缩短到最低限度"（《马克思恩格斯全集》第 46 卷下册，第 33 页）。快速、及时既是一个传统目标，更是一个现代目标。在物流领域采取的诸如直达物流、联合一贯运输、高速公路、时间表系统等管理方法和技术，就是快速、及时这一目标的体现。

（三）节约（Saving）

节约是经济领域的重要议题，在物流领域中除流通时间的节约外，由于流通过程消耗大而又基本上不增加或不提高商品的使用价值，所以依靠节约来降低投入，是提高相对产出的重要手段。物流过程作为"第三利润源泉"而言，这一利润的挖掘主要依靠节约。在物流领域推行的集约化方式，提高物流的能力，采取的各种节约、省力、降耗措施，也是节约这一目标的体现。

（四）规模优化（Scale Optimization）

将物流规模作为物流系统的目标，以此来追求"规模效益"。生产领域的规模生产是早已为社会所承认的。但在流通领域，似乎不那么明显了。实际上，规模效益问题在流通领域也异常突出，只是由于物流系统比生产系统的稳定性差，因而难于形成标准的规模化模式。在物流领域以分散或集中等不同方式建立物流系统，研究物流集约化的程度，就是规模优化这一目标的体现。

（五）库存控制（Stock Control）

库存控制是及时性的延伸，也是物流系统本身的要求，涉及物流系统的效益。物流系统通过本身的库存，起到对千百家生产企业和消费者的需求保证作用，从而创造一个良好的社会外部环境。同时，物流系统又是国家进行资源配置的重要一环，系统的建立必须考虑国家进行资源配置、宏观调控的需要。在物流领域中正确确定库存方式、库存数量、库存结构、库存分布就是库存控制这一目标的体现。

物流系统的基本目标简称为"5S"，要发挥以上物流系统的效果，就要进行研究，把从生产到消费过程的货物量作为一贯流动的物流量看待，依靠缩短物流路线，使物流作业合理化、现代化，从而降低其总成本。

二、循环物流系统的目标

正向物流系统的目标侧重于将原材料、在制品、产成品等由供应地向消费地高效、低成本地进行储存和流动，更多地追求经济效益。逆向物流系统的目标则侧重于最大量地回收处理随时产生的固体废物，更多地追求环境效益。

循环物流系统是正向物流和逆向物流的有效整合，其目标兼顾经济效益和环境效益。循环物流系统的目标在追求将原材料、在制品、产成品等由始发地向消费地高效、低成本地进行储存和流动的同时，还追求最大限度利用进入系统的物质和能量，使内部相互交流的物质流远远大于出入系统的物质流，从而实现经济、社会、生态的可持续发展。

循环物流系统需要获得经济效益与环境效益的整体优化，具体表现为：循环物流系统除了实现物品的空间效用和时间效用，实现各种物流环节的合理衔接，并取得最佳经济效益的目标外，还包括促进资源在时间、空间、数量上的优化布局与充分利用，推动整个经济系统实现"低开采、高利用、低排放"的循环型发展目标。

循环物流系统除了实现物品的空间效用和时间效用，实现各种物流环节的合理衔接，并取得最佳经济效益等目标外，还包括实现资源消耗和废物排放量的最小化及保障经济社会可持续发展的目标。因此，循环物流系统具有系统目标多元化的特征。

第二节　循环物流系统原则

循环物流系统的构建主要应依据循环经济的 3R 原则，即减量化、再利用、再循环三个原则。此外，循环物流系统的构建还应依据逆向物流与正向物流整合、市场调节与政府调控结合等原则。本节下面将分析在循环物流系统的构建中如何应用这些原则。

一、3R 原则

（一）减量化原则

减量化原则主要针对的是循环物流系统的输入端——资源，目的是减少进入生产和消费过程中的物流量。

在生产过程中，制造厂商可以通过减少每个产品的原料使用量、通过重新设计制造工艺来节约资源和减少排放。例如，通过制造轻型汽车来替代重型汽车，既可节约金属资源，又可节省能源，仍可满足消费者乘车的安全标准和出行要求。

在消费中，人们应选择包装物较少的物品，购买耐用的可循环使用的物品而不是一次性物品，以减少垃圾的产生。

（二）再利用原则

再利用原则主要针对的是循环物流系统的过程——产品，目的是延长产品和服务的时间强度。也就是说，尽可能多次或以多种方式使用物品，避免物品过早废弃。

在生产过程中，制造商可以使用标准尺寸进行设计，如使用标准尺寸设计可以使计算机、电视和其他电子装置非常容易和便捷地进行升级换代，而不必更换整个产品。

在消费过程中，人们可以将可维修的物品返回市场体系供别人使用或捐献自己不再需要的物品。

（三）再循环原则

再循环原则主要针对的是循环物流系统的输出端——再生资源，再循环原则有两层含义：

1. 生命周期再循环

生命周期再循环是指材料在生命周期的循环利用，即材料在消费后，经回收、再处理，基本保持原有材料的性能，被重新投入生产体系中。这是循环物流系统的理想模式，如金属材料、塑料、玻璃、丝棉制品、橡胶和纸张等都能实现这种生命周期再循环。

2. 降级使用再循环

一些材料回收利用后，如果仍用于制造同类产品其性能较差，如某些橡胶制品、纸类等；而另一些材料在消费后，基本不具有其原有性能，如煤炭、化工原料等，只能通过寻找其他途径来减少这些废弃物的排放，如将废橡胶制成胶粉、掺入沥青中用于铺路，或用煤灰烧制水泥等。

降级使用再循环尽管没有实现这种材料本身的闭合循环，但是将其保留在循环物流系统中运行，仍然可以起到节约其他材料的投入并减少废弃输出的作用。

循环物流系统的再循环原则首先考虑生命周期再循环，其次是降级使用再循环。

二、逆向物流与正向物流整合原则

对于可被生产商循环再利用的产品，在很多情况下应由原产品生产厂商负责回收和复用；销售、使用阶段出现的退货或报废品经过回收中心的修复、改制或原料再循环的处理过程后，应重新进入产品的产业链；另外，零部件制造、产品组装过程中出现的废次品，也应该直接进入再制造过程。

为此，企业有必要将逆向物流与正向物流进行有机整合，以保证产业链上、中、下游的紧密衔接和高效运作，降低整体成本，增强产业链的竞争优势。

逆向物流与正向物流整合原则要求在构建循环物流系统的过程中，正确识别逆向物流渠道与正向物流渠道之间的交叉点，并选择最有效的衔接方式，使逆向物流过程与正向物流过程之间发生冲突的风险降至最低。

三、市场调节与政府调控结合原则

一方面，循环物流系统的构建应该以市场调节为主。市场调节原则主要包括两个层次的含义：一是在循环物流产业结构的确立和相关企业的配置上，应当让市场机制发挥主要作用，即应由市场进行调节；二是在整个循环物流产业的生存和发展过程中，应当重视市场规律，不应当使循环物流系统的构建成为社会的负担，即应在市场上有循环物流产业和企业生存的合理性。

另一方面，在循环物流系统的构建过程中，由于我国循环经济发展的现状和现实国情，政府在产业结构、企业配置和引导行业发展等方面可以发挥难以替代的作用。政府调控原则是指对于政府来说，应该加快建立促进循环经济发展的法律法规，营造发展循环经济的政策环境，并通过税收、贷款等经济手段，调动社会各个层面共同构建循环物流系统。

第三节　循环物流系统范围

一、循环物流系统要素

物流系统具有五大流动要素，即流体、流向、载体、流量、流程，本节据此论述循环物流系统的要素。

（一）循环物流系统的流体

循环物流系统的流体有两种：一是原材料、在制品、产成品等以服务消费为目标的流体；二是消费过程完成后可以回收利用的物品。单向物流系统的流体仅包括其中的一种。

（二）循环物流系统的流向

循环物流系统有两种流向：一是流体通过生产—流通—消费的途径，满足消费者的需要，这是物流流向的主渠道；二是合理处置可回收利用物品所产生的物流流向渠道，其流动的方向与前者相反。单向物流系统的流向仅包括其中的一种。

（三）循环物流系统的载体

单向物流系统一般侧重于研究承载原材料、在制品、产成品等物品的载体，如汽车、商品仓库等，而循环物流系统的载体除此之外，还包括运输废弃物的专用车辆、针对回收品功能进行测试的专用设备等。因此，循环物流系统的载体范围更广。

（四）循环物流系统的流量

流量即通过载体的流体在一定流向上的数量表现。流量与流向是不可分割的，每一种流向都有一种流量与之相对应。因为循环物流系统有两种流向渠道，所以其流量的范围也比单向物流系统要大，这也增加了循环物流系统流量计算的难度。

（五）循环物流系统的流程

流程即通过载体的流体在一定流向上行驶路径的数量表现。流程与流向、流量一起构成了物流向量的三个数量特征，三者相互对应。因为循环物流系统流向、流量的范围比单向物流系统要广，所以循环物流系统流程的范围也相应较广。

从循环物流系统的流动要素可以看出，循环物流系统的边界与单向物流系统相比有很大的延伸，这在一定程度上增加了循环物流系统的研究与构建难度。

二、循环物流系统类型

循环经济理论认为，循环经济具体体现在经济活动的企业、区域和社会三个重要层面上，以实现三个层面的物质闭环流动为首要目标。在企业层面上，实现污染物排放的最小量化；在区域层面上，形成企业间的工业代谢和共生关系，建立工业生态园区；在社会层面上，通过废旧物品的再生利用，实现消费过程中和消费过程后物质和能量的循环。据此，并考虑循环物流系统的自身特点，本节认为，循环物流系统包括企业、产业链、社会三个层次的类型。

（一）企业类型的循环物流系统

企业类型的循环物流系统是由供应物流、生产物流、销售物流和回收物流组成的闭环系统，如图 2-1 所示。

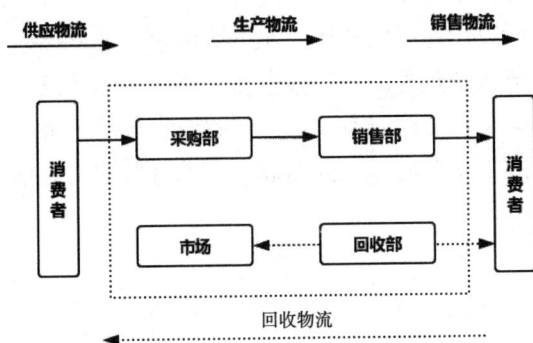

图 2-1　企业类型的循环物流系统

传统的企业物流系统一般是从原料采购开始，终止于消费者手中，企业输出生产品，副产品作为废料处理。而企业类型的循环物流系统要求企业物流管理延伸到废料的回收领域。

企业类型的循环物流系统主要包括单个企业集团经营的物料循环体系。组织企业内部物料循环是循环物流系统在企业层面的基本表现。一般来说，企业内部物料循环包括下列三种情况：

①将流失的物料回收后作为原料返回原来的工序中；

②将生产过程中生成的废料经适当处理后作为原料或原料替代物返回原生产流程中；

③将生产过程中生成的废料适当处理后作为原料返用于厂内其他生产过程中。

企业类型的循环物流系统的优点在于企业在技术与管理方面的优势：首先，从技术角度，企业使用原材料的种类是有限的，企业熟悉其原材料的性质，具有再生利用的技术优势，特别是对于生产过程中的废品再生利用，可以避免浪费和减少原材料输入；其次，从管理角度，企业内部的循环便于操作，可以减少距离成本，避免交易成本，是实现循环物流系统的理想模式。

（二）产业链类型的循环物流系统

产业链类型的循环物流系统涵盖所有产业链上的企业在产品全生命周期中各个环节的物流活动，如图 2-2 所示。

由图 2-2 可以看出，产业链类型的循环物流系统主要具有以下特征：

（1）复杂性

因为产业链节点企业组成的跨度或层次不同，产业链往往由多个、多类型甚至多国企业构成，所以产业链结构模式比一般单个企业的结构模式更为复杂。产业链类型的循环物流系统包含原材料开采商、原材料生产商、制造加工商、产品装配商、产品包装商、包装回收商、产品回收商、产品分拆商等多种企业类型，同时该系统中存在若干个不同范围的循环。以上这些都大大增加了产业链类型的循环物流系统的复杂性。

（2）动态性

产业链的形成、存在、重构，都是基于一定的市场需求而发生的，并且在产业链的运作过程中，用户的需求拉动是产业链中信息流、产品／服务流、资金流运作的驱动源。市场需求的多变性与不确定性导致产业链中的节点企业需要动态更新，这就使得产业链具有明显的动态性。因此，产业链类型的循环物流系统也处在不断变化的过程中。

（3）交叉性

在产业链类型的循环物流系统中，节点企业可以是这个产业链的成员，同时又是另一个产业链的成员，众多的产业链形成交叉结构。产业链类型的循环物流系统结构的交叉性增加了协调管理的难度。

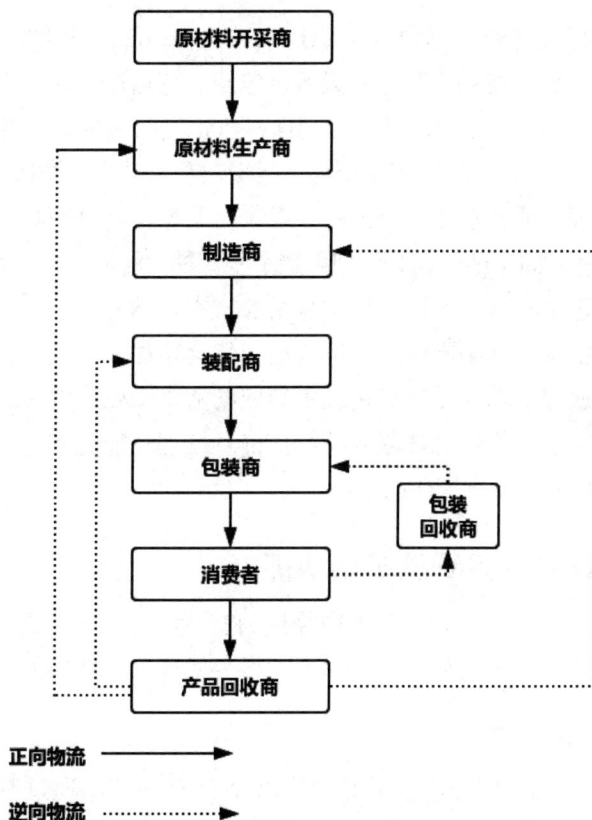

图 2-2　产业链类型的循环物流系统

（三）社会类型的循环物流系统

社会类型的循环物流系统不仅包括社会经济系统内部的物流活动，还包括社会经济系统与自然环境系统之间的物流活动。

社会类型的循环物流系统的目标是在一定时间内，使得自然环境系统向社会经济系统输入的资源最小化，同时社会经济系统向自然环境系统输出的各种废弃物也达到最小化。

第四节　循环物流系统功能

一、循环物流系统的基本功能

现行国家标准《物流术语》（GB/T 18354—2021）将物流定义为："根据实际需要，将运输、储存、装卸、搬运、包装、流通加工、配送、信息处理等基本功能实施有机结合，使物品从供应地向接收地进行实体流动的过程。"

由上述定义可知，循环物流系统具有运输、储存、装卸、搬运、包装、流通加工、配送和信息处理8项基本功能。其中，运输与储存功能分别解决了供给者和需求者之间在场所和时间上的分离，分别创造了物流的"场所价值"和"时间价值"。装卸、搬运和包装功能在物流过程中是增加成本的功能，它们的存在对于完善物流系统、完善物流活动必不可少，但是也必然会增加成本支出，具有影响物流成本的功能。流通加工功能是物流过程中形成物流增值效应的主要功能。配送功能最能体现物流系统最终的总体服务功能。信息处理功能起到支持物流运作的支撑平台作用，是促使物流合理化的功能。

二、循环物流系统的扩展功能

循环物流系统是正向物流和逆向物流的有效整合，除了具备上述基本功能以外，还具有回收、检测与分类、再加工、报废处理等扩展功能，具体说明如下。

（一）回收功能

循环物流系统的回收功能是指将顾客所持有的产品通过有偿或无偿的方式返回销售方。这里的销售方可能是产业链上任何一个节点，如来自顾客的产品可能返回到上游的供应商、制造商，也可能是下游的零售商。

（二）检测与分类功能

循环物流系统的检测与分类功能是指对回收品的功能进行测试分析，并根据产品结构特点及产品和各零部件的性能进行分类处理。

（三）再加工功能

循环物流系统的再加工功能是指对回收产品或分拆后的零部件进行加工，恢复其价值。例如，对于使用过的包装材料，一般需要经过再次加工维护后才能重新利用，这种再加工功能一般可以由包装回收商来完成。

（四）报废处理功能

循环物流系统的报废处理功能是指对那些没有经济价值或严重危害环境的回收品或零部件，通过机械处理、地下掩埋或焚烧等方式进行销毁。考虑到环境效益，循环物流系统的报废处理功能应以机械处理方式为主。

第三章 物流包装

作为物流系统的重要功能之一，包装与装卸、搬运、运输、储存、流通加工、配送等物流功能之间的联系是十分密切的。包装既是生产的终点，同时又是物流的起点。

但是在我们的日常生活中，人们对于包装这个功能的认识，更多是从营销的角度去定义它，强调包装的美观性，而忽略了包装在流通过程中所起到的物流作用。在这种观念下设计出来的包装，无疑会给物流环节带来诸多不便，影响商品的顺利流通。

因此，全面地认识包装的概念，对于帮助企业合理地设计产品包装，优化包装功能，提高物流系统的整体效率和效益有着非常重要的作用。

第一节 包装的初步认识

随着人类的进步、生产的发展，包装经历了从原始包装到近代包装，再到现代包装的从无到有、从简到繁的过程，如今包装已成为人类经济与生产活动不可或缺的一项物流活动。

一、包装的概念

从词性的角度来看的话，大体可以将"包装"的概念表述为两重含义：一是从名词的角度来看，可以把"包装"解释为包装物，即用来盛装商品的容器、材料及其辅助物的总称；二是从动词的角度来看，可以把"包装"解释为包装技术活动，即盛装、密封、捆扎、压缩等包装活动的总称。可见，"包装"一词，既可以作为名词使用，也可以作为动词使用。

本书对于包装的定义主要依据的是现行国家标准《物流术语》（GB/T 18354—2021）的规定，即"为在流通过程中保护产品、方便储运、促进销售，按一定技术方法而采用的容器、材料及辅助物等的总体名称。注：也指为了达到上述目的而在采用容器、材料和辅助物的过程中施加一定技术方法等的操作活动。"简言之，包装是包装物及包装操作的总称。

二、包装的历史和发展

与很多新生事物的发展轨迹相似，包装的发展也经历了一个较为漫长的过程，这期间包装的形态从原始单一向复合多元化逐步发展。随着人类社会的发展及生产力水平的不断提高，包装技术也是日新月异，并且不断推陈出新。从总体上来看，包装的发展大致经历了原始包装、传统包装和现代包装三个阶段。

（一）原始包装阶段

据相关资料记载，人类使用包装的历史可以追溯到旧石器时代。在原始社会后期，随着生产技术的提高，人们开始有了生产生活资料的剩余，为了将这些剩余进行储存、保护或者转移，以便在未来使用或者进行交换，于是就开始有了原始包装。最初，大多数的包装材料几乎都是就地取材，没有过多的技术改造，没有复杂的外观设计，像兽皮、植物茎叶、贝壳等，简单便利。可是在包装形式多样的今天，这些简易的包裹物甚至还称不上是真正的包装，但从包装的一些基本的功能来看，这已经可以被认为是包装的萌芽状态了。后来，随着劳动技艺的提高，人们开始逐渐地掌握了一些包装技术，如用植物纤维等编织的绳、篓、篮、筐，掏空葫芦制成的瓢，用火烧石头、泥土制成的壶、碗等，这些容器可以用来盛装、保存食物或其他物品。包装的功能得到初步完善。

（二）传统包装阶段

随着商业活动的出现与发展，纯粹地利用自然材料或者进行简单手工制作而形成的包装物逐渐不能满足人们在生产和消费上的需求，于是人们开始在包装技术上不断地进行尝试，使得这个阶段的包装形态变得更加的多样化。一般来说，传统包装阶段大体上经历了原始社会后期、奴隶社会、封建社会这几个历史时期。在此阶段，包装的发展有以下四个突出的表现：

第一，陶器、玻璃容器、青铜器的出现，改变了以往包装材料原始单一的现状，也极大地丰富了当时的包装形式，促进了人们在包装方面的创新。此时的包装，不仅继承了前代各类包装的优点，同时也开始呈现出独具时代特色的风格。例如，人们在制作陶器时，已经能够将一些像绳、席、纺织物的实物纹样作为装饰拍印到陶器上，因为早在陶器出现前，人们便已熟练地掌握了绳子、席子、筐、篮等的编制及纺织技术。

第二，造纸术和印刷术的发明，使得包装的水平有了更为显著的提高。一开始，纸质材料主要是用于书写，后来才逐步发展成为一种包装材料，加之印刷术的推广，使纸作为一种包装材料具有了更为明显的商业性质。我国现存最早最完整的产品包装纸，是北宋时期山东济南刘家功夫针铺的产品包装纸，采用铜板印刷，纸上文字、插图、广告语等一应俱全，是一张典型的商业产品包装纸。这也就是说，我国的产品包装至少从北宋时期开始便具有明确的商业性了。

第三，随着商业经济的发展和商品交换次数的增加，为了保护商品、促进交易，人们对包装的实用性提出了更高的要求，如透气、密封、便于携带等。此时，一些新的包装技术也不断涌现，如防腐、防潮、防虫等技术，使得包装业得到了长足的发展。其中，许多技术经过不断的完善发展，被人们一直使用至今。

第四，传统包装在造型艺术方面已形成鲜明的特色，镶嵌、镂空、染色、堆雕、涂漆等装饰工艺受到人们的追捧，形成了对称、均衡、统一、变化等不同形式的包装风格。在此阶段，出现了许多极具民族风格的包装容器，包装的功能也有了一定的提升，不仅具有容纳、保护产品的实用功能，还具有一定的审美价值。

（三）现代包装阶段

自工业革命以来，商品经济迅速发展，这使得商品生产和加工的规模日益扩大，市场竞争逐渐加剧。同时，国际之间的商品交易变得愈加频繁，越来越多的企业需要将大批量的商品进行远距离的外销，如何保证商品在多次运输、中转、储存过程中的品质，也成了许多企业必须克服的难题。物质资料的极大丰富，商品经济的日益发达，也逐渐地成就了买方市场，这也使得消费者在选择商品的过程中，不再仅仅满足于商品的品质，而是增加了一些其他的选择标准，如商品的卫生、无毒、无污染等。以上这些，都极大地推动了包装行业的发展，从而为现代包装材料和包装技术的产生和建立奠定了基础。

进入 20 世纪后，聚乙烯、玻璃、铝箔、塑料、复合材料等新型包装材料不断出现，并被人们广泛应用；真空包装、防震包装、防腐包装、防潮包装、组合包装、复合包装等技术也日臻成熟，这使得包装的功能得到了多方面的强化。

自 20 世纪中后期开始，国际贸易快速发展，越来越多的国家开始重视包装在流通过程中的运用。实际上，一件商品从出厂到最终被消费者购买，经过的中间环节不仅多，而且也非常复杂。因此，如果没有恰当的包装，商品的使用价值就难以保存到最后，这不仅会影响商品的最终交易，同时也会给商家带来不必要的损失。可见，包装已经成为商品在流通过程中不可或缺的重要环节。

同时，随着环境问题的不断出现，如何解决包装的过度问题、污染问题、循环问题，已经成为各国政府、学者、消费者和厂商关注的焦点。而解决这些问题，必然要求我们在吸收、整合不同学科的新理论、新材料、新技术的基础上，不断地进行研究和创新，系统地来解决商品在储存、运输及销售等流通过程中的综合问题。

三、包装的基本功能

（一）保护商品

保护商品是包装的首要功能。包装的保护作用主要体现在以下几个方面：

第一，防止商品发生物理变化。这里的物理变化主要是指商品外形发生变化。这就要求商品包装能够在装卸、搬运、储存等物流过程中承受各种挤压、冲击、震动、颠簸等外力的作用，形成对商品的保护。

第二，防止商品发生化学变化。为了防止商品受潮、发霉、生锈、腐坏、变质等，包装必须在一定程度上具有阻隔水分、光线、氧气的作用。

第三，防止物品渗漏及异物混入。

第四，防止有害生物对商品的破坏。

（二）方便流通

1. 方便物流

适宜的包装不仅能够方便储存作业，还可以提升装卸搬运的效率。同时，商品包装若符合各种运输工具对包装的要求，能够大大提高各种运输工具的装载能力及运输效率。另外，商品包装上的条码等其他信息与现代物流信息技术相结合，可以减少商品在物流过程中的损耗，提高物流管理水平与效率。

2. 方便商业交易

在商业交易方面，商品的包装不仅要适合批量的交易，也应适合消费者的一次购买。

（三）促进销售

商品的包装是无声的推销员。商品包装上的装潢、广告及使用说明是很好的宣传品，特别是零售商品的包装，能够唤起人们的购买欲望，并进一步产生购买行为。

（四）方便消费

商品包装不仅要给人赏心悦目的感觉，而且要方便消费者使用商品，如香水的喷雾式包装、啤酒的易拉罐包装等。

四、包装的分类

对包装进行科学分类，不仅有利于充分发挥包装在流通领域的作用，而且有利于实现包装的规格化和标准化。

（一）按包装在流通领域的功能分类

1. 物流包装

物流包装，又称工业包装，是指以强化输送、保护产品为主要目的的包装。

物流包装的重要特点，是在满足物流要求的基础上使包装费用越低越好。为此，必须在降低包装费用和减少物流损失两者之间寻找最佳的效果。为了降低包装费用，包装的防护性也往往随之降低，商品的物流损失必然增加，这样就会降低经济效益。

2. 商流包装

商流包装，又称销售包装，是指直接接触商品，并随商品进入零售网点与消费者或客户直接"见面"的包装。商流包装的主要目的是促进销售，这种包装的特点是外形美观，有必要的装潢，包装单位满足顾客购买量及商店陈设的要求。

（二）按包装形态层次分类

1. 内包装

内包装在流通过程中可以起到简化计量和方便销售的作用。

2. 外包装

外包装是指商品的外层包装，可以起到保护商品的作用。

（三）按包装适用的广泛性分类

1. 专用包装

专用包装是指根据被包装物特点进行专门设计、专门制造，专供某种商品使用的包装，如食品专用包装、药物专用包装等。

2. 通用包装

通用包装是指根据标准尺寸制造的包装，可用于包装各种标准尺寸的产品。

（四）按包装使用次数分类

1. 一次用包装

一次用包装只能使用一次，它随商品一起销售并在商品使用过程中被消耗或损坏。

2. 多次用周转包装

多次用周转包装是指工厂或商店可多次使用、固定周转的包装，如超市的购物篮等。

（五）按包装容器的变形能力分类

1. 软包装

软包装是指在充填或取出内装物后，容器形状可发生变化的包装。用铝箔、纤维、塑料薄膜及它们的复合物制成的各种袋、盒、套、包封等均为软包装。

2. 硬包装

硬包装是指充填或取出包装的内装物后，容器形状基本不发生变化，材质坚硬或质地坚牢的包装。在这类包装中，有的质地坚牢，能经受外力的冲击；有的质地坚硬，但脆性较大。硬包装又称刚性包装，如金属包装、玻璃包装、陶瓷包装等。

3. 半硬包装

半硬包装又称半刚性包装，是介于软包装和硬包装之间的包装，它只能承受一定的挤压力，如纸箱等。

五、包装材料的选用

包装材料是指用于制造包装容器、包装装潢、包装印刷、包装运输等为满足产品包装要求而使用的材料，它既包括塑料、纸、木材、金属、玻璃等主要包装材料，又包括涂料、黏合剂、捆扎带等辅助包装材料。

（一）塑料包装材料

塑料是一种可塑造成型的材料，其主要成分是树脂和添加剂。塑料作为包装材料，与纸、木材、金属等包装材料相比，具有以下优点：

第一，大部分塑料的抗腐蚀能力强，不与酸、碱发生反应；

第二，塑料制造成本低；

第三，耐用、防水、质轻；

第四，容易被制成不同形状，并且印刷性能良好；

第五，是良好的绝缘体。

但是，塑料作为包装材料也有不少缺点，如耐热性能较差、易老化、易产生污染，及有些塑料的内部分子可能渗入内装物等。

目前，我国塑料包装容器主要有 6 种：塑料编织袋；塑料周转箱、钙塑箱；塑料打包带、捆扎绳；塑料中空容器；塑料包装薄膜；泡沫塑料及复合材料。

（二）纸包装材料

纸是一种古老的包装材料。在包装材料中，纸的应用最为广泛。在工业产品包装材料中，纸包装材料占有非常重要的地位。纸包装材料有如下优点：

第一，原料来源广泛，成本低廉，品种多样，容易大批量生产；

第二，加工性能好，便于复合加工且印刷性能优良；

第三，具有一定机械性能，比较轻，缓冲性好；

第四，卫生安全性好；

第五，废弃物可回收利用，无白色污染。

纸作为现代包装材料，主要用于制作纸箱、纸盒、纸袋、纸质容器等包装制品，其中瓦楞纸板及其纸箱占据纸包装材料和制品的主导地位。

（三）木材包装材料

木材包装是指以木材制品和人造板材制成的包装的统称。木材包装形式主要有木箱、木桶、木匣、木夹板、胶合板箱等。木材包装一般适用于大型或笨重的机械、五金交电、自行车，以及怕压、怕摔的仪器、仪表等的外包装。木材包装在国际贸易中被广泛使用，但木材包装材料可能携带森林病虫害，世界上很多国家都对进境货物木材包装采取了更为严格的检验检疫制度。

（四）金属包装材料

金属是四大包装材料之一，其种类主要有钢材、铝材，其形式为薄板和金属箔。随着现代金属容器成型技术和金属镀层技术的发展，绿色金属包装材料的开发应用已经成为发展趋势。金属包装材料的优点如下：

1.金属包装材料延展性好、加工方便、容易成型，且成型效果好

金属包装材料的加工工艺成熟，能连续化、自动化生产。金属包装材料具有很好的延展性和强度，可以轧制成各种厚度的板材、箔材。板材可以通过冲压、轧制、拉伸、焊接制成形状、大小不同的包装容器，箔材可与塑料、纸等进行复合加工，金属铝、金、银、铬、钛等还可镀在塑料膜和纸张上。

2.金属包装材料具有优良的综合防护性能和阻隔性能

金属包装材料强度高，机械性能优良，对光、气、水的阻隔性好，防潮性、保香性、耐热性、耐寒性、耐油脂性等大大超过了塑料、纸等其他类型的包装材料，可长期有效地保护内装物，能满足包装的多种要求。

3.金属包装材料具有良好的装潢性能

金属包装材料表面光滑光亮，易于印刷，具有良好的装潢性能，可以提高包装物体的美感和档次。另外，各种金属箔和镀金属薄膜是非常理想的商标材料。

4.金属包装材料易于回收和再生利用，且利于轻量化设计

金属包装材料来源丰富，易于在包装上推广轻量化设计，从而节省材料、提高效益。

金属包装材料虽然有以上优点，但也有不足之处。主要是化学稳定性差，耐蚀性不如塑料和玻璃，尤其是钢制包装材料容易被腐蚀。因此，金属包装材料大多需在表面再覆盖一层防腐蚀性物质，以防止外界有害物质对商品的污染。

金属包装材料多用于制造运输包装中的罐、桶、集装箱等，如工业产品包装容器，食品中的半成品粉粒、乳制品、油脂类及化工原料中的液体及固体物质的包装等；在销售包装中主要用于制造食品、饮料、油剂和一些化妆品喷雾剂的包装，如饮料中的易拉罐、食品及日用品中的罐头盒、铝箔袋、金属浅盘、金属软管、金属封闭容器及瓶盖等。

（五）玻璃包装材料

玻璃包装材料主要是指钠钙硅玻璃，优点是耐风化、不变形、耐热、耐酸、

耐磨、阻隔性能好等，尤其适合各种液体货物的包装；可回收重复利用，有利于包装成本的降低，易洗刷、消毒、灭菌。缺点是易碎，比较重，不能承受内外温差的急剧变化，生产耗能大。

玻璃作为运输包装主要用于存放化工产品，如强酸类。玻璃纤维复合袋用于存放粉状化工产品和矿产物粉料。在销售包装中，玻璃瓶和平底杯式玻璃罐主要用于盛放酒、饮料、食品、药品、化学试剂、化妆品和文化用品等。

（六）复合包装材料

复合包装材料就是将两种以上具有不同性质的包装材料复合在一起，以改进单一包装材料的性能。应用最广泛的复合包装材料是塑料与玻璃纸、塑料与塑料、金属箔与塑料复合包装材料，金属箔和塑料及玻璃纸复合包装材料，纸与塑料复合包装材料等。

（七）新型包装材料

大多数的商品从生产线下来以后，要通过流通环节，最终完成消费，在这个过程中，都需要有适当的包装。包装工业伴随着商品经济的发展，已经成为国民经济发展的支柱产业之一，但同时也给环境带来了污染。包装材料的优劣在很大程度上决定了包装废弃物污染的大小。为了更好地发挥包装材料的优点，减少对环境的不利影响，人们对包装材料的技术和工艺不断地进行创新和探索，这使得包装材料获得了一定的发展。下面主要对其中三种常见的新型包装材料进行介绍。

1. 可食性包装材料

可食性包装材料是现代健康食品包装的重要发展方向之一。它是以糖、蛋白质等天然可食性物质为主要原料，通过特殊的加工工艺制作而成的具有多孔网络结构的薄膜。大家熟知的包装冰激凌所用的玉米烘烤包装杯、包装糖果使用的糯米纸都是典型的可食性包装。

目前，可食用纸主要有两种：一是以蔬菜为主要原料，将蔬菜打浆成型后烘干；二是将淀粉、糖类精化，加入其他食品添加剂，采取与造纸工艺类似的方法成型。

2. 可重复再生包装材料

随着人们对可持续发展的重视，许多领域都在践行低碳环保的理念，可重复再生包装材料正是在这个背景下成为包装材料发展的一种主流趋势。其中，塑料包装制品的复用再生是人们较为关注的问题之一。例如，美国的强生（Johnson）

公司对 PET 容器进行 100% 的回收，再生品经美国食品和药品管理局批准，可进行热灌装而不发生降解，并且比一般纯净 PET 或有夹层的 PET 更便宜，在欧美均可直接用于饮料食品的包装。

3. 可降解包装材料

塑料作为包装材料，在我们生活当中的普及率是非常高的，但是随之而来的是塑料废弃物的环境污染问题。近年来，如何解决塑料制品的废弃处理和回收问题，成为人们关注的要点。针对这一现象，可降解塑料成为塑料包装材料的重点研究方向之一。目前，常见的降解技术主要有光降解、氧降解、光 / 氧降解、生物降解等技术。可降解塑料包装材料既具有传统塑料的功能和特性，又可以在使用寿命结束之后，通过阳光中紫外光的作用或土壤和水中微生物的作用，在自然环境中分裂降解和还原，最终以无毒无害的形式重新进入生态环境中，回归大自然。

第二节　包装技术与包装机械研究

一、包装技术的选择

商品自身的性质和环境条件，如日光、温度、湿度、大气成分等都会影响流通中的商品，并使其发生一些物理变化，如挥发、熔化、溶化、渗漏等和化学变化，如氧化、老化、化合等。为了减少商品在流通过程中的质量变化，保护商品安全进入消费领域，应研究相应的包装技术和包装方法。

二、包装技术的分类

（一）防霉腐包装技术

防霉腐包装技术是指为防止内装物霉变而采取一定防护措施，从而抑制霉菌微生物滋生、延长内装物保质期的一种包装技术。在进行防霉腐包装时，除要有防潮措施外，还要对包装材料进行防霉腐处理。

第一，要尽量选用耐霉腐和结构紧密的材料，如铝箔、玻璃和高密度聚乙烯塑料、聚丙烯塑料、聚酯塑料及复合薄膜等，这些材料具有微生物不易透过的性质，有较好的防霉腐效能。

第二，要求容器有较好的密封性，因为密封包装是防潮的重要措施，如采用泡罩、脱氧、真空和充气等严密封闭的包装，可阻隔外界潮气侵入包装，抑制霉菌的生长和繁殖。

第三，采用药剂防霉腐的方法，可在生产包装材料时添加防霉腐剂，或用防霉腐剂浸湿包装容器和在包装容器内喷洒适量防霉腐剂，如将多菌灵、百菌清、水杨苯胺、五氯酚钠等用于纸与纸制品、皮革、棉麻织品、木材等包装材料的防霉腐。

第四，还可采用气相防霉腐处理，主要有充氮包装、充二氧化碳包装等，也具有良好的效果。

（二）防潮包装技术

防潮包装技术是指用具有一定隔绝水蒸气能力的防潮包装材料对产品进行包封，避免外界潮湿的环境对产品的影响，同时使包装内的相对湿度满足产品需求的一种包装技术。防潮包装技术主要包括下列几种方法：

1. 选用合适的防潮材料

防潮材料是影响防潮包装质量的关键因素。凡是能延缓或阻止外界潮气透入的材料，均可作为防潮阻隔层来进行防潮包装。符合这一要求的材料有金属、塑料、陶瓷、玻璃，以及经过防潮处理的纸、木材、纤维制品等，其中使用最多的是塑料、铝箔。防潮材料的选用主要从环境条件、包装等级、材料透湿度和经济性等方面综合考虑。

2. 添加合适的防潮衬垫或干燥剂

在进行防潮包装时，可以在易受潮的包装内加一层衬或多层防潮材料，如沥青纸、牛皮纸、蜡纸、铝箔、塑料薄膜等。另外，还可以在密封包装内加入适量的干燥剂，使其内部残留的潮气及通过防潮阻隔层透入的潮气均被干燥剂吸收，从而使内装物免受潮气的影响。需要注意的是，这类包装需用透湿性小的防潮材料，否则会适得其反。

3. 用防潮材料进行密封包装

用防潮材料进行密封包装时，可以采用防潮性能极好的材料，如金属、陶瓷、玻璃、复合材料等制成容器，包装干燥产品，然后将容器口部严格密封，使潮气不能进入。

（三）防虫包装技术

防虫包装技术是指通过将各种物理因素（如光、热、电、冷冻等）或化学药剂作用于害虫的肌体，破坏害虫的生理机能和肌体结构，劣化害虫的生活条件，促使害虫死亡或抑制害虫繁殖，以达到防虫目的的一种包装技术。防虫包装有以下方法：

1. 高温防虫

高温防虫的原理是利用较高的温度来抑制害虫的发育和繁殖。高温防虫可以采用烘干杀虫、蒸汽杀虫等方法来进行。烘干杀虫一般是将待装物品放在烘干室或烘道、烘箱内，使室内温度上升，一般在 65 ～ 110 ℃，也可以按照待装物品的品种规格及容易滋生害虫种类的特性来确定温度和升温时间，进行烘烤处理。蒸汽杀虫是利用高热的蒸汽来杀死害虫，一般利用蒸汽室，室内温度保持在 80 ℃左右，对需要处理的物品，在室内处理 15 ～ 20 min，害虫即可完全被杀死。

2. 低温防虫

低温防虫的原理是利用低温抑制害虫的繁殖和发育，甚至致其死亡。一般害虫在气温下降到 7℃时就不能繁殖了，大部分开始死亡。各种冷冻设备，如冷冻机、低温冷藏库等都能将温度降到 0 ℃以下，足以达到防虫的目的。

3. 微波与远红外线防虫

微波防虫的原理是在高频电磁场作用下，害虫体内的水分、脂肪等物质生成大量的热能，害虫因体内温度迅速上升而死亡。微波防虫具有处理时间短、效力高、无残留、无药害等优点。但是微波对人体健康有一定影响，可以引发贫血、嗜睡、神经衰弱、记忆力减退等病症。因此，操作人员应采取必要的防护措施。

远红外线具有与微波相似的作用，主要是能迅速使储藏物品变得干燥和直接杀死害虫。远红外线防虫的优点与微波防虫的优点基本相似，也是一种有效防治害虫的包装技术。

4. 化学药剂防虫

防虫包装常用的化学药剂是驱虫剂，即在包装中放入有一定毒性和臭味的药物，利用药物在包装中挥发的气体杀灭和驱除各种害虫。防虫包装常用的驱虫剂有萘、对位二氯化苯、樟脑精等。

（四）防震包装技术

防震包装技术又叫缓冲包装技术，是指为了减缓产品（内装物）受到的冲击和震动，保护其免受损坏而采取某种防护措施的一种包装技术。防震包装技术主要包括下列几种方法：

1. 全面防震

全面防震是指内装物和外包装之间全部用防震材料填满的包装方法。

2. 部分防震

对于整体性好的产品和有内包装的产品，仅在产品和内包装的拐角或局部使用防震材料衬垫即可。所用衬垫材料主要有泡沫塑料防震垫、充气型塑料薄膜防震垫和橡胶弹簧等。

3. 悬浮式防震

对于某些贵重易损的物品，为了有效地保证其在流通过程中不被损坏，外包装容器应比较坚固，然后用绳、带、弹簧等将内装物悬吊在外包装容器内。在物流中，无论是什么操作环节，内装物都被稳定悬吊而不与外包装容器发生碰撞，从而避免损坏。

（五）防锈包装技术

防锈包装技术是指为防止金属制品锈蚀而采用某种防护措施的一种包装技术。防锈包装技术主要包括以列几种方法：

1. 在金属物品表面进行处理

镀金属镀层不但能阻隔钢铁制品表面与大气接触，且发生电化学作用时镀层先受到腐蚀，能保护钢铁制品的表面；也可采用氧化处理和磷化处理的化学防护法；还可采用涂油防锈和涂漆防锈等方法，如五金制品可在表面涂一层防锈油，再用塑料薄膜封装。

2. 气相防锈

气相防锈是一种采用气相缓蚀剂来防锈的方法。目前采用的是气相防锈纸，即将涂有缓蚀剂的一面朝向内包装制品，外层用石蜡纸、金属箔、塑料袋或复合材料密封包装。若包装空间过大，则可填充适量防锈纸片或粉末。

此外，还可采用普通塑料袋封存、收缩或拉伸塑料薄膜封存、可剥性塑料封存和茧式防锈包装、套封式防锈包装，以及充氮封存和干燥空气封存等方法防锈。

三、常用包装机械设备

（一）充填机械

充填机械，即将精确数量的包装品装入各种容器内的机器。计量充填是产品包装的一道重要工序。计量充填机械是指将产品按所需的精确量充填到包装容器内的机械，适用于粉状、颗粒状的固态物品的包装。

（二）灌装机械

灌装机械是将液体产品按预定的量充填到包装容器内的机器，它不仅可以依靠自重以一定速度流动而灌装黏度较低的物料，如酒类、油类、饮料、药水等；也可以依靠压力以一定速度流动而灌装某些黏稠物料或半流体物料，如酱类、牙膏、洗发膏、药膏等。在生产中，灌装机械多用于食品工业，尤其是饮料制造业。

（三）封口机械

封口机械的作用主要是在包装容器内盛装产品后，为了使产品得以密封保存，保持产品质量，避免产品损失，对容器进行封口处理。制作包装容器的材料有很多，如纸类、塑料、玻璃、陶瓷、金属、复合材料等，封口机械适用于用任意材料制成的包装容器的封口，容器内可以盛装任意物品。

（四）裹包机械

用纸、塑料薄膜及经模切压缩的纸板盒坯等挠性包装材料覆盖物品，并经折叠、扭结、热合、黏合、缠绕、收缩等操作，使被包装物全部或部分得以裹包成型，实现上述功能的包装机械称为裹包机械。裹包机械主要用于对块状物品进行包装，既可包装单体物品，如糖果、雪糕、单块饼干、面包、方便面、香皂等；同时还可对已包装物品进行装饰性裹包，如各种已装盒的化妆品、药品、茶叶等透明纸包装。

（五）贴标机械

贴标机械是指将商标纸或标签粘贴于包装件上的机械。

第三节　合理化包装

一、合理化包装的含义

合理化包装是指在包装过程中使用适当的材料和适当的技术，制成与物品相适应的容器，节约包装费用，降低包装成本，既满足包装保护商品、方便储运、利于销售的要求，又提高包装的经济效益的包装综合管理活动。

二、合理化包装的主要表现

（一）包装的轻薄化

由于包装只是起保护作用，对产品使用没有任何意义，因此在强度、寿命、成本相同的条件下，更轻、更薄、更短、更小的包装，可以提高装卸和搬运的效率。

（二）包装的单纯化

为了提高包装作业的效率，包装材料及规格应力求单纯化，包装规格还应标准化，包装形状和种类也应单纯化。

（三）符合集装单元化和标准化的要求

包装的规格与托盘、集装箱关系密切，应考虑包装规格与运输车辆、搬运机械的匹配，从系统的角度确定包装的尺寸标准。

（四）包装的机械化与自动化

为了提高作业效率和包装的现代化水平，各种包装机械的开发和应用是很重要的。

（五）注意与其他环节的配合

包装是物流系统的一部分，需要和装卸搬运、运输、仓储等环节综合考虑、全面协调。

（六）有利于环保

包装是产生大量废弃物的环节，处理不好可能造成环境污染。包装材料最好可反复使用并能回收再利用。在包装材料的选择上，还要考虑不对人体健康产生影响，不对环境造成污染，即"绿色包装"。

三、合理化包装的主要途径

合理化包装的主要途径有以下几种：

第一，广泛采用先进包装技术。包装技术的改进是实现包装合理化的关键。要推广诸如缓冲包装、防锈包装、防潮包装等方法，使用不同的包装方法，以满足不同商品对包装、装卸、储存、运输的要求。

第二，多采用周转包装。周转包装不仅可以减少能源消耗，还可以降低环境污染。

第三，采用集装单元技术。采用托盘、集装箱组合运输，节约包装成本，降低物流费用。

第四，推行包装标准化。

第五，采用无包装的物流形态。

对需要大量输送的商品，如水泥、煤炭、粮食等，包装消耗的人力、物力、财力是非常大的，若采用专门的散装设备，则可获得较好的技术经济效果。散装并不是不要包装，它是一种变革了的包装，即由单件小包装向集合大包装的转变。

第四节　包装的流通加工

一、流通加工的概念

流通加工是在流通过程中对产品实施生产加工的一种补充加工形式，是满足多样化客户需求的重要环节。现行国家标准《物流术语》（GB/T 18354—2021）对流通加工的定义是：根据顾客的需要，在流通过程中对产品实施的简单加工作业活动的总称。简单加工作业活动包括包装、分割、计量、分拣、刷标志、拴标签、组装、组配等。

商品流通通常以货币为媒介，是生产及消费的桥梁和纽带，通过商品流通可以完成商品所有权的转移，流通加工则有所不同。总的来讲，流通加工存在于流通环节中，通过较简单的辅助性加工可以完成产品价值在流通环节中的大幅提升。

流通加工在加工方法、加工组织、生产管理方面与生产环节中的加工有很多相似之处，但在加工对象、加工程度方面存在本质的差别。

二、流通加工的产生原因

（一）流通加工的出现与现代生产方式有关

大生产的特点之一就是"少品种、大批量、专业化"，产品的功能往往不能和消费需要密切衔接。弥补这一缺陷的方法，就是流通加工。所以，流通加工的诞生实际上是现代生产发展的一种必然结果。

（二）流通加工不仅是大工业的产物，也是网络经济时代服务社会的产物

消费的个性化和产品的标准化之间存在着一定的矛盾，按个性化的需求组织生产不仅难度大、生产效率低，而且难以组织高效率、大批量的流通。所以，在出现了消费个性化的新形势及新观念之后，就为流通加工开辟了道路。

（三）效益观念的树立也是使流通加工形式得以发展的重要原因

流通加工可以以少量的投入获得很大的效果，是一种高效益的加工方式，自然获得了很大的发展。所以，流通加工从技术上来讲，可能不需要采用什么先进技术，但这种方式是现代观念的反映，在现代社会再生产过程中起着重要作用。

三、流通加工的方法与技术

（一）流通加工的类型

1. 为弥补生产领域加工不足的流通加工

由于受到各种因素的限制，许多产品在生产领域的加工只能到一定程度，而不能完全实现终极的加工。例如，木材如果在产地完成成材加工或制成木制品，就会给运输带来极大的困难，所以，在生产领域只能加工到圆木、板、方材这个程度，进一步的下料、切裁、处理等加工则由流通加工完成。

2. 为满足需求多样化进行的流通加工

生产部门为了实现高效率、大批量的生产，其产品往往不能完全满足用户的要求。这样，为了满足用户对产品多样化的需要，同时又要保证高效率的大生产，

可将生产出来的单一化、标准化的产品进行多样化的流通加工，例如，对钢材卷板的舒展、剪切加工等。

3. 为保护产品所进行的流通加工

在物流过程中，为了保护商品的使用价值，延长商品在生产和使用期间的寿命，防止商品在运输、储存、装卸、搬运、包装等过程中遭受损失，可以采取稳固、改装、保鲜、冷冻、涂油等方式。例如，水产品、肉类、蛋类的保鲜、保质的冷冻加工、防腐加工和丝、麻、棉织品的防虫、防霉加工等。

4. 为提高物流效率的流通加工

有些商品本身的形态难以进行物流操作，而且商品在运输、装卸、搬运过程中极易受损，因此需要进行适当的流通加工加以弥补，从而使物流各环节易于操作，同时也可以提高物流效率，降低物流损失。例如，造纸用的木材磨成木屑的流通加工，可以极大提高运输工具的装载效率。

5. 为促进销售的流通加工

流通加工也可以起到促进销售的作用。比如，将过大包装或散装物分装成适合依次销售的小包装的分装加工；将以保护商品为主的运输包装改换成以促进销售为主的销售包装，这样可以起到吸引消费者、促进销售的作用；将蔬菜、肉类洗净切块以满足消费者要求等。

6. 为提高加工效率的流通加工

许多生产企业的初级加工由于数量有限加工效率不高，也难以投入先进科学技术。流通加工可以集中加工形式，解决单个企业加工效率不高的弊病。这样就可以用一家流通加工企业代替若干生产企业的初级加工工序，以进一步提高生产水平。

7. 衔接不同运输方式，使物流合理化的流通加工

在干线运输及支线运输的结点，设置流通加工环节，可以有效解决大批量、低成本、长距离干线运输与多品种、少批量、多批次末端运输之间的衔接问题，在流通加工点与大生产企业间形成大批量、定点运输的渠道，再以流通加工中心为核心，组织对多个用户的配送，也可以在流通加工点将运输包装转换为销售包装，从而有效衔接不同目的的运输方式。比如，散装水泥中转仓库把散装水泥装袋、将大规模散装水泥转化为小规模散装水泥的流通加工，就衔接了水泥厂大批量运输和工地小批量装运的需要。

8.以提高经济效益，追求企业利润为目的的流通加工

流通加工的一系列优点，可以形成一种"以利润为中心"的经营形态，这种类型的流通加工也是经营的重要一环，既可以在满足生产和消费要求的基础上取得利润，同时又可以在市场和利润引导下使流通加工在各个领域都能有效地发展。

9.生产流通一体化的流通加工

依靠生产企业与流通企业的联合，或者生产企业涉足流通领域，或者流通企业涉足生产领域，对生产与流通加工进行合理分工、合理规划、合理组织，这就是生产流通一体化的流通加工形式。这种形式的流通加工可以促成产品结构及产业结构的调整，充分发挥企业集团的经济技术优势，是目前流通加工领域的新形式。

（二）各种产品流通加工方法与效果

1.水泥的流通加工

在需要长途运入水泥的地区，变运入成品水泥为运进熟料，在该地区的流通加工点磨细，并根据当地资源和需要的情况掺入混合材料及外加剂，制成不同品种及标号的水泥供应给当地用户，这是水泥流通加工的重要形式之一。

2.木材的流通加工

（1）磨制木屑、压缩输送

美国采取在林木生产地就地将原木磨成木屑，然后采取压缩方法使之成为容量较大、容易装运的形状，之后运至靠近消费地的造纸厂，取得了较好的效果。根据美国的经验，采取这种办法比直接运送原木可以节约一半的运费。

（2）集中开木下料

过去用户直接使用原木不但加工复杂、加工场地大、加工设备多，更严重的是资源浪费大，木材平均利用率不到50%，平均出材率不到40%。实行集中开木下料按用户要求供应规格料，可以使原木利用率提高到95%，出材率提高到72%，这种方式可以产生相当大的经济效果。

3.煤炭及其他燃料的流通加工

（1）除矸加工

除矸加工是以提高煤炭纯度为目的的加工形式。一般煤炭中混入的矸石有一定发热量，混入一些矸石是允许的，也是较经济的。但是，有时则不允许煤炭中

混入砟石。在运力十分紧张地区要求充分利用运力，多运"纯物质"，少运砟石，在这种情况下，可以采用除砟的流通加工方法排除砟石。

（2）为管道输送煤浆进行的煤浆加工

煤炭的运输主要采用的是用运输工具载运的方法，运输中损失浪费较大，又容易发生火灾。采用管道运输是近代兴起的一种先进技术。在流通的起始环节将煤炭磨成细粉，煤炭本身便有了一定的流动性，再用水调和成浆状，则具备了较好流动性，就可以像其他液体一样进行管道输送。

（3）配煤加工

在使用地区设置集中加工点，将各种煤及一些其他发热物质，按不同配方进行掺配加工，生产出各种不同发热量的燃料，称为配煤加工。这种加工方式可以按需要发热量生产和供应燃料，防止热能浪费、大材小用的情况出现，也可以防止发热量过小不能满足使用要求的情况出现。

（4）天然气、石油气等气体的液化加工

由于气体输送、保存都比较困难，天然气及石油气往往只好就地使用，两气的输送可以采用管道，但因投资大、输送距离有限，也受到制约。在产出地将天然气或石油气压缩，使之由气体变成液体，就可以用容器装运，使用时机动性也较强。这是目前采用较多的一种气体加工方式。

4. 平板玻璃的流通加工

这种方式是在城镇中设立若干个玻璃套裁中心，负责按用户提供的图纸统一套裁开片，向用户供应成品，用户可以将其直接安装到采光面上。在此基础上也可以逐渐形成从工厂到套裁中心的稳定的、高效率的、大规模的平板玻璃"干线输送"，以及从套裁中心到用户的小批量、多户头的二次输送这样一种现代物流流通加工模式。

5. 农副产品的流通加工

（1）冷冻加工

为解决鲜肉、鲜鱼在流通中保鲜及搬运装卸的问题，可采取低温冻结方式加工。这种方式也可用于某些液体商品、药品等。

（2）分选加工

农副产品规格、质量离散情况较大，为获得一定规格的产品而采取的人工或机械分选方式加工称为分选加工。分选加工广泛用于果类、瓜类、谷物、棉毛原料等。

（3）精制加工

农、牧、副、渔等产品精制加工是在产地或销售地设置加工点，去除无用部分，甚至可以进行切分洗净、分装等加工。这种加工不但大大方便了购买者，而且还可以对加工的淘汰物进行综合利用。

（4）分装加工

许多生鲜食品零售起点较小，而为保证高效输送出厂，包装则较大，也有一些是采用集装运输方式运达销售地区。为了便于销售，在销售地区按所要求的零售起点进行新的包装，即大包装改小、散装改小包装、运输包装改销售包装。这种方式称为分装加工。

6.钢板的流通加工

对于钢材消耗量不大的中小企业而言，如果单独设置剪板或下料设备，不仅设备利用率很低，人力资源浪费大，而且难以推行先进的加工工艺，造成生产效率低下。所以，在流通领域设置剪板或下料加工点可以有效地克服上述矛盾，为客户提供更满意的服务。

7.机械产品及零配件的流通加工

（1）组装加工

多年以来自行车及机电设备储运较困难的主要原因是不易进行包装，但是，这些货物有一个共同特点，即装配较简单，装配技术要求不高，主要功能已经在生产中形成，装配后不需进行复杂检测及调试，所以，为解决储运问题，降低储运费用，多采用半成品高容量包装出厂，在消费地拆箱组装的方式。组装一般由流通部门在所设置的流通加工点进行，组装之后就可以销售。

（2）石棉橡胶板的开张成型加工

石棉橡胶板是机械装备、热力装备、化工装备中经常使用的一种密封材料，单张厚度在3 mm左右，单张尺寸有的达到了4 m，这种货物特征不但难以运输而且在储运过程中极易发生折角等损失，尤其是用户单张购买时更容易发生这种损失。石棉橡胶板开张成型加工，可以安排套裁，提高利用率，减少边角余料损失，降低成本。这种流通加工套裁的地点，一般设在使用地区，由供应部门组织。

四、流通加工合理化

（一）不合理流通加工的若干形式

流通加工是在流通领域对生产的辅助性加工，从某种意义上来讲它不仅是生产过程的延续，实际上也是生产本身或生产工艺在流通领域的延续。这个延续可以有正、反两方面的作用，一方面可以有效地起到补充完善的作用，但是另一方面也可能对整个过程产生负效应。各种不合理的流通加工都会产生抵消效益的负效应。

几种不合理流通加工形式列举如下：

1. 流通加工地点设置的不合理

流通加工地点设置即布局状况是使整个流通加工是否能有效进行的重要因素。一般而言，为衔接单品种大批量生产与多样化需求的流通加工，加工地只有设置在需求地区，才能实现大批量的干线运输与多品种末端配送的物流优势。

如果将流通加工地设置在生产地区，其不合理之处如下：

第一，多样化需求要求产品多品种、小批量，而由产地向需求地的长距离运输会出现各种问题。

第二，在生产地增加了一个加工环节，同时也增加了近距离运输、装卸、储存等一系列物流活动。

所以，在这种情况下，不如由原生产单位完成这种加工而无须设置专门的流通加工环节。

2. 流通加工方式选择不当

流通加工不是对生产加工的代替，而是一种补充和完善。所以，一般而言，如果工艺复杂，技术装备要求较高，或加工可以使生产过程延续或轻易解决者都不宜再设置流通加工，尤其不宜与生产过程争夺技术要求较高、效益较高的最终生产环节，更不宜利用一个时期市场的压力使生产者变成初级加工者或前期加工者。

3. 流通加工作用不大，形成多余环节

有的流通加工过于简单，或对生产及消费者作用都不大，甚至有时盲目的流通加工不仅不能解决品种、规格、质量、包装等问题，相反却实际增加了环节，这也是流通加工不合理的一种形式。

4. 流通加工成本过高，效益不好

流通加工之所以能够有生命力，重要优势之一是有较大的产出投入比，因而起着有效补充和完善的作用。如果流通加工成本过高，则不能实现以较低投入实现更高使用价值的目标。从政策上要求的即使亏损也应该进行的加工外，其他高成本的流通加工都是不合理的。

（二）流通加工合理化

流通加工合理化的含义是实现流通加工的最优配置，要做到避免各种不合理加工情况的出现。要使流通加工有存在的价值，就要做到最优的选择。

为避免各种不合理现象，对是否设置流通加工环节，在什么地点设置，选择什么类型的加工，采用什么样的技术装备等，需要做出正确的抉择。目前，国内在这方面已经积累了一些经验，取得了一定成果。

要实现流通加工合理化主要应考虑以下几个方面：

1. 加工和配送结合

这是将流通加工设置在配送点中，一方面按配送的需要进行加工，另一方面加工又是配送业务流程中分货、拣货、配货的一个环节，加工后的产品直接投入配货作业，这就无须单独设置一个加工的中间环节，使流通加工有别于独立的生产，从而使流通加工与中转流通巧妙结合在一起。同时，由于配送之前已有加工，这种形式可使配送服务水平大大提高。这是当前对流通加工做合理选择的重要形式，在煤炭、水泥等产品的流通中这种形式已表现出较大的优势。

2. 加工和配套结合

在对配套要求较高的流通中，配套的主体来自各个生产单位，但是，完全配套有时无法全部依靠现有的生产单位，进行适当流通加工，可以有效促成配套，充分发挥流通的桥梁与纽带作用。

3. 加工和合理运输相结合

流通加工能有效衔接干线运输与支线运输，促进两种运输形式的合理化。利用流通加工，在支线运输转干线运输或干线运输转支线运输中本来就必须停顿的环节，不进行一般的支线运输转干线运输或干线运输转支线运输，而是按干线运输或支线运输合理的要求进行适当加工，从而大大提高运输及运输转载水平。

4. 加工和合理商流相结合

通过加工有效促进销售，使商流合理化，也是流通加工合理化的考虑方向之一。加工和配送的结合，通过加工，提高了配送水平，强化了销售，是加工与合理商流相结合的一个成功的例证。此外，通过简单地改变包装的加工，形成方便购买的量，通过组装加工解除用户使用前进行组装、调试的难处，都是有效促进商流的例子。

第四章　物流仓储与配送

第一节　仓储管理

仓储和运输被视为物流系统的两大支柱，是整个物流系统中的重要环节。仓储创造了物流的时间价值，而运输创造了物流的空间价值。仓储是以改变"物"的时间状态为目的的活动，它可以克服产需之间的时间差异获得更好的效用。

一、仓储的相关知识

（一）仓储的概念

"仓"也称为仓库，为存放物品的建筑物和场地，可以是房屋建筑、大型容器、洞穴或者特定的场地等，具有存放和保护物品的功能；"储"表示收存以备使用，具有收存、保管、交付使用的意思，当适用有形物品时也称为储存。"仓储"则为利用仓库存放、储存未即时使用的物品的行为。简言之，仓储就是在特定的场所储存物品的行为。

在社会分工和专业化生产的条件下，为保持社会再生产过程的顺利进行，必须储存一定量的物资，以满足一定时期内社会生产和消费的需要。仓储的性质可归结如下：仓储是物资产品的生产过程的持续，物资的仓储也创造着产品的价值；仓储既有静态的物品储存，也包含动态的物品存取、保管、控制的过程；仓储活动发生在仓库等特定场所；仓储的对象既可以是生产资料，也可以是生活资料，但必须是实物动产。

综上所述，结合现行国家标准《物流术语》（GB/T 18354-2021）的定义，仓储是指利用仓库及相关设施设备进行物品的入库、储存、出库的活动。仓储通过仓库或特定的场所对有形物品进行保管、控制等管理，从克服产需之间的时间差异中获得更好的效用。

（二）仓储的作用

仓储作为物流服务的据点，不仅具有储存、保管等传统功能，而且具有拣选、配货、检验、配装、信息传递等功能，还具有多品种小批量、多批次小批量等配送功能及附加标签、重新包装等流通加工功能。

1. 储存和保管的功能

储存和保管是仓库最基本的传统功能。仓库具有一定的空间，用于储存物品，并根据物品的特性配有相应的设备，以保持储存物品的完好性，如储存精密仪器的仓库应设置空调等控制设备，需要防潮、防尘、保持恒温等。

2. 流通加工和配送的功能

现代仓库的功能已由保管型向流通型转变，即仓库由原来的储存、保管货物的中心向流通、销售中心转变。仓库不仅具有仓储、保管货物的设备，而且还增加了分拣、包装、流通加工、信息处理、配装、配送等设施，既扩大了仓库的经营范围，又方便了消费者，提高了服务质量。

3. 调节供需平衡的功能

生产和消费存在不平衡性。有些产品的生产是均衡的，而消费是不均衡的，如汽车、电器等工业品；还有一些产品生产是不均衡的，而消费却是均衡不断地进行的，如满足日常生活需要的粮油等农业物资。要使生产和消费协调起来，就需要仓库发挥仓储的"蓄水池"调节作用，通过创造时间价值的方式来调节供给和需求之间存在着的不平衡性。

4. 调节货物运输能力的功能

由于运输的长距离特性，只有大吨位和大批量才能获得运输的成本效益。但各种运输工具的运输能力差别较大：航运船舶的运输能力很大，一般都在万吨以上；火车每节车厢能装 10～60 t，一列火车的运量一般为几千吨；而汽车的运输能力一般在 4～10 t。不同运输方式之间运输能力的差异，也是通过仓储来调节和衔接的。

5. 信息传递的功能

仓储的信息传递功能伴随着以上功能而发生。在现代化的仓储管理过程中，需要依靠计算机和互联网，通过电子数据交换和条形码技术来提高仓储信息的传输速度，获得及时准确的仓储信息，如仓库的地理位置、仓库利用水平、进出货频率、顾客需求状况及仓库人员的配置等。快速有效的信息处理能力是一个仓库管理能否取得成功的重要因素。

（三）仓储的分类

虽然说仓储的本质都是为了物品的储藏和保管，但由于仓储经营主体的不同、仓储对象的不同、仓储功能的不同、仓储物处理方式的不同，不同的仓储活动具有不同的特性。

1.按仓储经营主体划分

（1）企业自营仓储

企业自营仓储包括生产企业和流通企业的自营仓储。生产企业自营仓储是指生产企业使用自有的仓库设施，对生产使用的原材料、半成品和最终产品实施储存保管的行为。生产企业自营仓储的对象一般来说品种较少，基本上是以满足生产需要为原则。流通企业自营仓储则是流通企业自身以其拥有的仓储设施对其经营的商品进行仓储保管的行为。流通企业自营仓储中的对象种类较多，其目的是支持销售。企业自营的仓储行为具有从属性和服务性特征，即从属于企业、服务于企业，所以，相对来说规模较小、数量众多、专用性强、仓储专业化程度低，一般很少对外开展商业性仓储经营。

（2）营业仓储

营业仓储是仓库所有者以其拥有的仓储设施，向社会提供商业性仓储服务的仓储行为。仓储经营者与存货人通过订立仓储合同的方式建立仓储关系，并且依据合同约定提供服务和收取仓储费。营业仓储的目的是在仓储活动中获得经济回报，追求目标是经营利润最大化。其经营内容包括提供货物仓储服务、提供场地服务、提供仓储信息服务等。

（3）公共仓储

公共仓储是公用事业的配套服务设施，为车站、码头提供仓储配套服务。其主要目的是对车站、码头的货物作业和运输流畅起支撑和保证作用，具有内部服务的性质，处于从属地位。但对于存货人而言，公共仓储也适用营业仓储的关系，只是不独立订立仓储合同，而是将仓储关系列在作业合同、运输合同之中。

（4）战略储备仓储

战略储备仓储是国家根据国防安全、社会稳定的需要，对战略物资实行战略储备而形成的仓储。战略储备由国家政府进行控制，通过立法、行政命令的方式进行，由执行战略物资的政府部门或机构进行运作。战略储备特别重视储备品的安全性，且储备时间较长。战略储备物资主要有粮食、油料、能源、有色金属、淡水等。

2. 按仓储对象划分

（1）普通物品仓储

普通物品仓储是指不需要特殊保管条件的物品仓储。例如，一般的生产物资、普通生活用品、普通工具等物品，不需要设置特殊的保管条件，这类物品就可以视为普通物品，从而采取无特殊装备的通用仓库或货场来存放。

（2）特殊物品仓储

特殊物品仓储是指在保管中有特殊要求和需要满足特殊条件的物品仓储，例如，危险物品仓储、冷库仓储、粮食仓储等。特殊物品仓储应该采用适合特殊物品仓储的专用仓库，按照物品的物理、化学、生物特性，以及有关法规规定进行专门的仓储管理。

3. 按仓储功能划分

（1）储存仓储

储存仓储是指物资较长时期存放的仓储。储存仓储一般设在较为偏远的但具备较好交通运输条件的地区。存储费用低廉就很有必要，储存仓储的物资品种少，但存量大。由于物资存期长，储存仓储特别注重两个方面：一是尽可能降低仓储费用，二是对物资的质量保管和养护尽可能周到。

（2）物流中心仓储

物流中心仓储是指以物流管理为目的的仓储活动，是为了有效实现物流的空间与时间价值，对物流的过程、数量、方向进行调节和控制的重要环节。物流中心仓储一般设置在位于一定经济地区中心、交通便利、储存成本较低的口岸。物流中心仓储品种并不一定很多，但每个品种基本上都是较大批量进货、进库、一定批量分批出库，整体吞吐能力强，因此机械化、信息化、自动化水平要高。

（3）配送仓储

配送仓储也称为配送中心仓储，是指商品在配送交付消费者之前所进行的短期仓储，是商品在销售或者供生产使用前的最后储存，并在该环节进行销售或使用前的简单加工与包装等前期处理。配送仓储一般通过选点，设置在商品的消费经济区间内，要求能迅速地送达销售和消费。配送仓储物品品类繁多，但每个品种进库批量并不大，需要进货、验货、制单、分批少量拣货出库等操作，往往需要进行拆包、分拣、组配等作业，主要目的是支持销售和消费，配送仓储特别注重两个方面：一是配送作业的时效性与经济合理性，二是对物品存量的有效控制。因此，配送中心仓储十分强调物流管理信息系统的建设与完善。

（4）运输转换仓储

运输转换仓储是指衔接铁路、公路、水路等不同运输方式的仓储，一般设置在不同运输方式的相接处，如在港口、车站库场所进行的仓储。它的目的是保证不同运输方式的高效衔接，减少运输工具的装卸和停留时间。运输转换仓储具有大进大出及货物存期短的特性，十分注重货物的作业效率和货物周转率。因此，运输转换仓储活动需要高度机械化作业为支撑。

（5）保税仓储

保税仓储是指使用海关核准的保税仓库存放保税货物的仓储行为。保税仓储一般设置在进出境口岸附近。保税仓储受到海关的直接监控，虽然说货物也是由存货人委托保管，但保管人要对海关负责，入库或者出库单据均需要由海关签署。

4. 按仓储物处理方式划分

（1）保管式仓储

保管式仓储是指存货人将特定的物品交由仓储保管人代为保管，物品保管到期，保管人将代管物品交还存货人的仓储方式。保管式仓储也称为纯仓储。仓储要求保管物除了发生自然损耗和自然减量外，数量、质量、件数不应发生变化。保管式仓储又可分为物品独立保管仓储和物品混合在一起保管的混藏式仓储。

（2）加工式仓储

加工式仓储是指仓储保管人在物品仓储期间根据存货人的合同要求，对保管物进行合同规定的外观、形状、成分构成、尺度等方面的加工或包装，使仓储物品满足委托人所要求达到的变化的仓储方式。

（3）消费式仓储

消费式仓储是指仓库保管人在接受保管物时，同时接受保管物的所有权，仓库保管人在仓储期间有权对仓储物行使所有权，待仓储期满，保管人将相同种类、品种和数量的替代物交还委托人的仓储方式。消费式仓储特别适合保管期较短的商品储存，如储存期较短的肉禽蛋类、蔬菜瓜果类农产品的储存。消费式仓储也适合一定时期内价格波动较大的商品的投机性存储，是仓储经营人利用仓储物品开展投机经营的增值活动，具有一定的商品保值和增值功能，同时又具有较大的仓储风险，是仓储经营的一个重要发展方向。

二、仓储管理

（一）仓储管理的定义

所谓仓储管理，就是指对仓库和仓库内储存的物资进行管理，是指对仓储货物的收发、保管、结存等活动的有效控制，是仓储企业为了充分利用所具有的仓储资源提供高效的仓储服务所进行的计划、组织、协调和控制活动。

由于现代仓储的作用不仅是保管，更多是物资流转中心，对仓储管理的重点也不再仅仅着眼于物资保管的安全性，更多关注的是如何运用现代物流技术，如信息技术、自动化技术来提高仓储运作的速度和效益。

（二）仓储管理的作用

仓库被企业作为连接供应方和需求方的桥梁：从供应方的角度来看，作为流通中心的仓库应从事有效率的流通加工、库存管理、运输和配送等活动；从需求方的角度来看，作为流通中心的仓库应以最大的灵活性和及时性满足不同顾客的需要。

因此，对于企业来说，仓储管理的意义重大。仓储管理在物流活动中发挥着不可替代的作用，主要体现在以下四个方面：

1. 是保证社会和企业连续运营的基础

供应方从社会和本企业的经济利益考虑，通常是以一定批量和时间间隔向需求方提供物资的，而企业的生产在连续进行，每天都要消耗一定数量的物资，所以需要足够的原材料和产成品物资储备来进行调节。同时在生产过程中，上下道工序生产之间，也有一定的时间间隔，为了保证生产的连续性，同样需要有一定的在制品物资储备来进行调节。

2. 可以创造时间价值，保障供给和需求之间的平衡

由于供给和需求之间存在时间差，生产和消费一般不可能完全同步进行。有的物资是集中生产，却是持续消费，如粮食；有的物资是持续生产，却是集中消费，如皮装等季节性商品。诸如此类的商品都要靠仓储调节市场供求。科学的仓储管理，可以通过缩短、延长或者弥补供需之间的时间差来创造物流的时间价值。

3. 可以避免缺货损失，降低价格波动的风险

在市场经济条件下，企业中某些关键商品的缺货或者价格变动会给企业的信

誉和经济效益带来巨大的损失。为了对市场需求做出快速反应，企业有时需要保持一定的存货来避免缺货损失，并通过对商品价格变动的分析来进行价格预测，不断调节库存数量的储备来减少风险。另外，为了避免战争、灾荒等意外风险引起的缺货，国家也要进行一些生活物资、救灾物资及设备的储备。

4.是保障供给、满足需求、优化服务、降低成本的重要途径

首先，仓库中的物资包括原材料、零配件和半成品，良好的仓储管理可以保证企业内部生产获得连续、稳定的供给；其次，仓库中的物资还包括产成品，良好的仓储管理同样可以满足企业外部顾客及时、准确、质量完好的产品和服务需求；再次，仓库可以靠近目标顾客的位置设置，这样可以缩短顾客预购货物的时间，还可以通过优化服务为顾客提供满意的仓储服务；最后，由于仓库中的库存物资在财务账目中被记为存货，它们占用了企业的流动资金，良好的仓储管理通过占用较少的流动资金，可以降低管理成本，提高企业利润水平和竞争力。

总之，仓储活动能够提高客户服务水平，增强企业的竞争能力。现代仓储管理已经发生了根本性的变化，从静态管理转向动态管理，因而对仓储管理的基础工作也提出了更高的要求。

（三）仓储管理的内容

仓储管理主要是指在商品流通过程中对货物储存环节的经营管理，其管理的内容有技术的，也有经济的。仓储管理主要包括以下几项内容：

1.仓库的选址与建设

仓库的选址与建设对仓库长期经营过程中的服务水平和综合成本会产生非常大的影响，所以必须提到战略层面上来对待处理。企业为仓库选址时，可以从宏观和微观角度来进行考虑。从宏观的角度考虑在哪个地区安置仓库，以便改善物料供应和企业的市场供应情况；从微观的角度考虑在这个地区的哪个地方安置仓库。企业必须以最小的物流总成本，实现为顾客服务的预期目标。

2.仓库机械作业的选择与配置

仓库机械作业的选择与配置包括如何根据仓库作业特点和储存商品的种类及特征，选择机械设备及其配套的数量，以及如何对这些机械进行管理等。恰当地选择适用于不同作业类型的仓储设备和设施，将大大降低仓库作业中的人工作业劳动量，并提高商品流通的顺畅性和保障商品在流通过程中的质量。

3. 仓库作业组织和流程

仓库作业组织和流程包括组织结构的设置、各岗位的责任分工、仓储过程中信息流程和作业流程的确定等。设计合理的组织机构和明确的分工是仓储管理目标得以快速实现的基本保证,并且合理的信息流程和作业流程能使仓储管理高效、顺畅,达到客户满意的要求。

4. 仓储管理技术的应用

现代仓储管理离不开现代管理技术和管理手段,例如,选择合适的编码系统、采用仓储管理系统、实行 JIT 管理等。现代物流越来越依靠现代信息和管理技术,这也是现代物流区别于传统物流的主要特点之一。现代仓储管理技术极大地改善了商品流通过程中的信息识别、传递与处理过程,使得商品的仓储信息更准确、快捷,成本也更低。

5. 仓库的库存管理

如何根据企业生产要求,储存合理数量的物资,既不会因为储存量过少而引起生产中断,造成损失,又不会因为储存量过多而占用过多的流动资金等,要想解决这一问题,首先需要确定一个比较合理的库存量。总之,库存量关系到客户服务水平和仓储成本。

6. 仓库的作业管理

仓库的作业管理是对仓储活动的日常管理。例如,如何组织商品入库验收,如何安排库位,如何对在库商品进行合理保管、盘点和发放出库等。仓库的作业管理是仓库日常最基本的管理内容,只有认真做好仓库作业中每一个环节的工作,才能保证仓储整体作业的良好运行。

7. 仓储综合成本控制

成本控制是所有企业管理者的重要工作目标,仓库管理也不例外。仓储的综合成本控制不但要考虑库房内仓储运作过程中各环节的相互协调关系,还要考虑物流过程中各功能间的背反效应,以平衡局部利益和总体利益的关系。

(四)仓储合理化的标志

仓储管理的目标是实现仓储合理化。仓储合理化就是用最经济的办法实现仓储的功能。仓储合理化的主要标志有:

1. 质量标志

反映使用价值的质量是仓储合理化的首要标志。保证库存物资的质量，是实现仓储功能的基本要求。在仓储中增加了多少时间价值或是得到了多少利润，都是以保证质量为前提的。只有保障商品在仓储过程中的质量完好，它的使用价值才能最终在顾客手中得以实现。

2. 数量标志

由于库存物资占用企业流动资金，数量过多会有成为呆滞库存的可能性，这会影响企业现金流和利润水平；数量过少又存在发生缺货的风险。所以，库存物资要有一个合理的数量范围。

3. 时间标志

库存物资要有合适的库存周转速度。周转速度过快可能会导致采购、拣选、配送等物流成本增加；而库存量过大会使周转速度过慢，从而引起库存成本的增加。所以，要寻求合理的仓储时间。一般用周转速度指标来反映时间标志，如周转天数、周转次数等。

4. 结构标志

结构标志是从库存物资的不同品种、不同规格、不同花色的数量比例关系来对仓储物资结构的合理性进行判断，尤其是相关性很强的各种物资之间的比例关系更能反映仓储结构是否合理。

5. 费用标志

仓储费用是影响企业利润的重要指标。企业通过对仓租费、维护费、保管费、损失费、资金占用利息支出等费用指标的统计，可以从财务角度判断仓储费用是否合理。

6. 分布标志

为满足不同地域的消费者，仓库选址及库存物资会分布在不同地域。企业通过核算不同地区储存数量与当地需求的比例关系，可以判断当地需求水平，以及对需求的保障程度。

第二节　仓储设备的选择

仓储设备是有效实现仓储作业的技术装备，是企业仓储能力大小的直接反映。科学有效地应用仓储设备，加强仓储设备的管理，是保证仓库高效、低耗、灵活运行的关键。企业应根据储存货物的周转量大小、储备时间的长短、储备货物的种类及有关的自然条件，广泛应用先进仓储技术，合理配置仓储设备，为有效进行仓库作业创造效益。

一、仓储设备的选择原则

在选择仓储机械设备时，应对仓储机械的技术经济指标进行综合评价，同时还应遵循以下原则：

第一，仓储机械设备的型号应与仓库的作业量、出入库作业频率相适应。仓储机械设备的型号和数量应与仓库的日吞吐量相适应，仓库的日吞吐量与仓储机械的额定起重量、水平运行速度、起升和下降速度及设备的数量有关，应根据具体的情况进行选择。同时，仓储机械的型号应与仓库的出入库频率相适应。综合性仓库吞吐量不大，但是收发作业频繁，作业量和作业时间很不均衡，应该考虑选用起重载荷相对较小、使用频率较高的机械设备。专用性仓库吞吐量大，但是收发作业并不频繁，作业量和作业时间均衡，应该考虑选用起重载荷相对较大、使用频率较低的机械设备。

第二，选用自动化程度高的机械设备。要提高仓库的作业效率，应从货物和机械设备两个方面着手。从货物的角度来考虑，要选择合适的货架和托盘。托盘的运用能大大提高出入库作业的效率，选择合适的货架同样能使出入库作业的效率提高。从机械设备的角度来考虑，应提高机械设备的自动化程度，以提高仓储作业的效率。

第三，注意仓储机械设备的经济性。选择装卸的搬运设备时，应该根据仓库作业的特点，运用系统的思维，在坚持技术先进、经济合理、操作方便的原则下，结合自身的条件和特点，对设备进行经济性评估，选择合适的机械设备。

二、仓储设备的分类选择

仓储设备是指仓库进行生产和辅助生产作业及保证仓库作业安全所必需的

各种机电设备的总和，即完成仓库中接货、理货、集装、堆垛、仓储、搬运、出货等各物流作业环节的相关设备和辅助设备的总称。仓储设备一般包括托盘、货架、堆垛机、衡器等。

（一）托盘

托盘，一般指平托盘它是用于集装、堆放、搬运和运输的放置作为单元负荷的货物和制品的水平平台装置。托盘一般用木材、金属、纤维板、PP塑料制作，便于装卸、搬运、存放单元物资和小数量的物品。

（二）货架

货架是由立柱片、横梁和斜撑等构件组成，用于存放货物的结构件。在仓库设备中，货架是专门用于存放成件物品的保管设备。

货架在零售业务量大的仓库中起着很大的作用，既能够有效保护货物，方便货物的存取与进出，又能够提高仓库空间的利用率，是仓储面积的扩大和延伸。随着仓库机械化和自动化程度的不断提高，货架技术也在不断提高，尽管出现了许多新型货架，但传统的层架、悬臂式货架、托盘货架等依然发挥着重要作用。

1. 层架

层架由立柱、横梁和层板构成，层间用于存放货物。层架结构简单，适用范围非常广泛，还可以根据需要制作成层格架、抽屉式和橱柜式等形式，以便于存放规格复杂多样的小件货物或较贵重、怕尘土、怕潮湿的小件物品。

2. 悬臂式货架

悬臂式货架由3至4个塔形悬臂和纵梁相连而成。悬臂的尺寸根据存放物品的外形确定。悬臂式货架在储存长形货物的仓库中被广泛运用。

3. 托盘货架

托盘货架是以托盘单元货物的方式来保管货物的货架，又称工业货架，是机械化、自动化仓库的主要组成部分。托盘货架在国内的各种仓储货架中最为常见，广泛应用于制造业、第三方物流和配送中心等领域。

4. 移动式货架

移动式货架的底部装有滑轮，开启控制装置，滑轮可以沿轨道滑动。移动式货架平时可以密集相连排列，存取货物时通过手动或电动控制装置驱动货架沿轨道滑动，形成通道，从而大幅度减少通道面积，仓库面积利用率可以达到80%，但由于成本较高，主要在档案管理或贵重物品的保管中使用。

5. 驶入/驶出式货架

一般的自动化仓库，有轨或无轨堆垛机的作业通道是专用的，在作业通道上不能储存货物。驶入/驶出式货架仓库的特点是作为托盘单元货物的储存货位与叉车的作业通道是合一的、共同的，这就大大提高了仓库的面积利用率。驶入/驶出式货架可供叉车从中通过，非常便于作业。

6. 旋转式货架

旋转式货架设有电力驱动装置，货架沿着由两个直线段和两个曲线段组成的环形轨道运行，用开关或计算机操纵。存取货物时，把货物所在货格的编号由控制盘或按钮输入，该货格则以最近的距离自动旋转至拣货点停止。通过货架旋转改变货物的位置来代替拣选人员在仓库内的移动能够大幅度降低拣选作业的劳动强度，而且货架旋转选择了最短路径，因此，采用旋转式货架可以大大提高拣货效率。

7. 重力式货架

重力式货架又叫自重力货架，属于重型货架，是由托盘货架演变而来的，适用于少品种、大批量同类货物的存储，空间利用率极高。重力式货架的深度及层数可按需要而定。重力式货架能实现货物先进先出的保管方式，货物由高的一端存入，滑至低端，从低端取出。以托盘为载体的存储作业，货物堆栈整齐，为大件重物的存储提供了较好的解决方案，仓储空间利用率在75%以上，而且只需要一个进出货通道。但是重力式货架的缺点也很多，如投资成本高，一般重力式货架的成本是普通托盘货架成本的5～7倍；对托盘及货架的加工技术要求高，加工不好容易造成滑道阻塞，货架的日常维护保养要求也高。

8. 流利式货架

流利式货架又称滑移式货架，主要利用货物台架的自重，从一边通道存货，另一边通道取货，实现先进先出，存储方便，以及一次补货多次取货。流利式货架存储效率高，适合大量货物的短期存放和拣选；可配电子标签，实现货物的轻松管理，常用滑动容器有周转箱、零件盒及纸箱。流利式货架广泛应用于配送中心、装配车间及出货频率较高的仓库。

9. 阁楼式货架

阁楼式货架是将储存区域通过货架分成两层或多层，通常利用中型搁板式货架或重型搁板式货架作为主体和楼面板的支撑。阁楼式货架可以有效提高空间使用率，通常上层适合存放较轻的货物，不适合重型搬运设备行走，上层货物的搬运需配装垂直输送设备。底层货架不但是保管物料的场所，而且是上层建筑承重梁的支撑，可设计成多层楼层（通常 2～3 层），配有楼梯、扶手和货物提升电梯等。阁楼式货架也适用于现有旧仓库的技术改造，能够提高仓库的空间利用率。

在现代仓库的管理中，为了改善仓库的功能，不仅要求货架数量多、功能全，而且要便于仓库作业的机械化和自动化。因此，仓库在选择和配置货架时，必须综合分析库存货物的性质、单元装载和库存量，以及库房结构、配套的装卸搬运设备等因素。

（三）堆垛机

堆垛机又称高架叉车或高架装卸车，即叉车向运行方向两侧进行堆垛作业时，车体无须做直角转向，而使前部的门架或货叉做直角转向及侧移，这样作业通道就可大大减少，提高了面积利用率；此外，堆垛机的起升高度比普通叉车要高，一般在 6 m 左右，最高可达 13 m，提高了空间利用率。

（四）衡器

衡器，指称量物体重量的器具，如秤、天平等。衡器按结构原理不同可分为机械秤、电子秤、机电结合秤三大类，机械秤又分为杠杆秤和弹簧秤。衡器还可按衡量方法不同分为非自动衡器和自动衡器。衡器的主要品种有天平、杆秤、案秤、台秤、地中衡、地上衡、轨道衡、皮带秤、邮政秤、吊秤、配料秤和装袋秤等。

第三节　仓储布局的安排

一、仓库库区的概述

（一）库区的构成

现代仓库库区一般可以划分为生产作业区、辅助作业区和行政生活区三大部分。现代仓库为适应货物快速周转的需要，在总体规划布置时应注意适当增大生产作业区中收发货作业区面积和检验区面积。

1. 生产作业区

生产作业区是现代仓库的主体部分，是商品仓储的主要活动场所，主要包括储货区、道路、铁路专用线、码头、装卸平台等。其各组成部分的构成比例通常为：合格品储存区面积占总面积的 40% ～ 50%；通道占总面积的 8% ～ 12%；待检区及出入库收发作业区占总面积的 20% ～ 30%；集结区占总面积的 10% ～ 15%；待处理区和不合格品隔离区占总面积的 5% ～ 10%。主干道应采用双车道，宽度应在 6 ～ 7 m；次干道为 3 ～ 3.5 m 的单车道；消防道的宽度不少于 6 m，布局在库区的周边。

2. 辅助作业区

辅助作业区包括为仓储业务提供各项服务的设备维修车间、车库、工具设备库、油库、变电室等。

3. 行政生活区

行政生活区是行政管理机构办公和职工生活的区域，具体包括办公楼、警卫室、化验室、宿舍和食堂等。

（二）库区的布置要求

1. 仓库库区布置要适应仓储作业过程的要求，要有利于仓储作业的顺利进行

第一，仓库布置的货物流向应该是单一货物的。仓库内货物的卸车、验收、存放地点之间的安排要适应仓储生产需要，按一个方向流动。

第二，最短的搬运距离。根据作业方式、仓储货物品种、地理条件等，合理安排库房、专用线与主干道的相对位置，尽量减少迂回运输。

第三，最少的装卸环节。减少在库货物的装卸搬运次数，货物的卸车、验收、堆码作业最好一次完成。

第四，最大限度地利用空间。仓库平面布置是立体设计，应有利于货物的合理储存和充分利用库容。

2. 仓库平面布置要有利于提高仓储经济效益

要因地制宜，充分考虑地形、地质条件，利用现有资源和外部协作条件，根据设计规划和库存货物的性质，更好地选择和配置设施设备，以便最大限度地发挥仓库的效能。

3. 仓库平面布置要有利于保证安全和职工的健康

建设仓库时要严格执行《建筑设计防火规范》（GB/T 50016—2014）的规定，留有一定的防火间距，并有防火、防盗安全设施；作业环境的安全卫生标准要符合国家的有关规定，有利于职工的身体健康。

（三）典型的库区布置类型

1. 直线形布置

直线形布置特点如下：

第一，非常适合纯粹的越库作业，便于解决高峰时同时进出货作业；

第二，常用于接收相邻加工厂的货物，或不同类型车辆的出货和发货；

第三，不方便使用 ABC 分级储备模式。

2. U 形布置

U 形布置特点如下：

第一，物流路线合理，可以充分利用进出口码头资源，便于越库作业，方便在出入库区之间设置交叉货仓，如果有大量的产品，入库后马上就要进行出库操作，可以优先考虑 U 形布置；

第二，存储区靠里布置，比较集中，好利用；

第三，易于控制和安全防范；

第四，可以在建筑物三个方向进行空间扩张。

3. L 形布置

L 形布置特点如下：

第一，L 形同样比较适合设置交叉货仓和处理快速货物；

第二，L 形的出入库理货区同时占了仓库的长度和宽度，在设计时会感觉空间浪费比较严重，比 U 形存储量低，对叉车货架的影响小些。

4. S 形布置

S 形布置特点如下：

可以满足多种流通加工方式等处理工序的需要，且适合在宽度不足的仓库作业。

5. 模块化干线布置

模块化干线布置特点如下：

非常适合大型仓库和物流中心的多类物资存储拣选的情况。

二、储位布局

（一）储位布局的基本思路

储位布局的基本思路如下：

第一，根据货物特性分区分类储存，将特性相近的货物集中存放；

第二，将单位体积大的货物存放在货架底层，并且靠近出库区和通道；

第三，将周转率高的货物存放在进出库装卸搬运最便捷的位置；

第四，将同一供应商或者同一客户的货物集中存放，以便于进行分拣配货。

（二）储位布局的形式

仓库储位布局分为平面布局和空间布局。

1. 平面布局

平面布局是指对货区内的货垛、通道、垛间距、收发货区等进行合理的规划，并正确处理它们的相对位置。平面布局的形式可以概括为垂直式布局和倾斜式布局。

（1）垂直式布局

垂直式布局是指货垛或货架的排列与仓库的侧墙互相垂直或平行，具体包括横列式布局、纵列式布局和纵横式布局。

①横列式布局。横列式布局是指货垛或货架的长度方向与仓库的侧墙互相垂直。这种布局的主要优点是：主通道长且宽，副通道短，整齐美观，便于存取查点，如果用于库房布局，还有利于通风和采光。

②纵列式布局。纵列式布局是指货垛或货架的长度方向与仓库侧墙平行。这种布局的优点主要是可以根据库存货物在库时间和进出频繁程度安排货位：在库时间短、进出频繁的货物放置在主通道两侧，在库时间长、进出库不频繁的货物放置在里侧。

③纵横式布局。纵横式布局是指在同一保管场所内，横列式布局和纵列式布局兼而有之，可以综合利用两种布局的优点。

（2）倾斜式布局

倾斜式布局是指货垛或货架与仓库侧墙或主通道呈 60°、45° 或 30° 夹角。具体包括货垛倾斜式布局和通道倾斜式布局。

①货垛倾斜式布局。货垛倾斜式布局是横列式布局的变形，它是为了便于叉车作业、缩小叉车的回转角度、提高作业效率而采用的布局方式。

②通道倾斜式布局。通道倾斜式布局是指仓库的通道斜穿保管区，把仓库划分为具有不同作业特点的保管区等，以便进行综合利用。采用这种布局形式时，仓库内形式复杂，货位和进出库路径较多。

2. 空间布局

空间布局是指库存货物在仓库立体空间上的布局，其目的在于充分有效地利用仓库空间。空间布局的主要形式有就地堆码、上货架存放、加上平台、空中悬挂等。

其中，使用货架存放货物有很多优点，概括起来有以下几个方面：

①便于充分利用仓库空间，提高库容利用率，扩大存储能力；

②货物在货架里互不挤压，有利于保证货物本身和其包装完整无损；

③货架各层中的货物可随时自由存取，便于做到先进先出；

④货物存入货架可防潮、防尘，某些专用货架还能起到防损伤、防盗、防破坏的作用。

三、货位编码

货位编码是指仓储企业对划分的货区、库房、货棚、货位按地点、位置顺序编码的管理方法。

（一）货位编码的要求

1. 标志设置要适宜

货位编码的标志设置要因地制宜，采用适当的方法，选择适当的地方。如在无货架的库房内，走道、支道、段位的标志一般都设置在水泥或木板地坪上；有货架的库房内，货位标志一般设置在货架上等。

2. 标志制作要规范

货位编码的标志如果随心所欲、五花八门，很容易造成单据串库和货物错收、错发等事故。统一使用阿拉伯字码制作标志，就可以避免以上弊病。为了将库房以及走道、支道、段位等加以区别，可在字码大小、颜色上进行区分，也可在字码外加上括号、圆圈等符号加以区分。

3.编码顺序要一致

整个仓库范围内的库房，以及货场内的走道、支道、段位的编码，一般都以进门的方向左单右双或自左向右顺序编码的规则进行。

4.段位间隔要恰当

段位间隔的宽窄，应取决于货种及批量的大小。

（二）货位编码的方法

1.区段方式

区段方式是指把保管区域分割成几个区段，再为每个区段编码的方式。此种编码方式是以区段为单位，每个号码标注代表的货位区域将会很大，因此适用于容易单位化的货物，以及量大或保管周期短的货物。在 ABC 分类中的 A、B 类货物也很适合这种编码方式。货物以物流量大小来决定其所占的区段大小，以进出货频率来决定其配置顺序。

2.品类群类别方式

品类群类别方式是指把一些相关的货物进行集合以后，区分成几个品类群，再对每个品类群进行编码的方式。这种编码方式适用于比较容易保管的商品群类别及品牌差距大的货物，如服饰、五金方面的货物。

3.地址式

地址式是指利用保管区域中的现成参考单位，如库场的第几栋，以及第几保管区、排、行、层、格等，依照其相关顺序来编码的方式。这种编码方式标注代表的区域通常以一个货位为限，且有相对顺序可依循，使用起来既容易又方便，是目前仓储中心使用最多的编码方式。由于货位体积有限，适合一些量少或单价高的货物储存使用。

我国仓库常用的四号定位法、六号定位法，就是这种方法的体现。例如，四号定位法是用库房号、料架号、料架层号和料位顺序号四个号数来表示一个货位。只要知道了这个编号，就知道某种货物存放在几号库房、多少号料架、料架的第几层及该层的哪一个货位，查寻料位非常方便。

4.坐标式

坐标式是指利用空间概念来对货位进行编码的方式，这种编码方式对每个货位定位切割细小，在管理上比较复杂，对于流通率很小、需要长时间存放的货物，即生命周期较长的货物比较适用。

一般而言，由于储存的货物特性不同，因此适合采用的货位编码方式也不同，应根据货物的储存量、流动率，以及保管空间布置、使用的保管设备来做选择。不同的编码方法对管理的容易与否也有影响，必须综合考虑上述因素及信息管理设备，才能合理选用。如果采用计算机管理，货位的编号就相对简单一些。

第四节　仓储成本的控制

一、仓储成本的构成

仓储成本是整个物流成本中的一个重要组成部分，物流成本又占国民经济产值的很大一部分。在整个仓储经营过程中，会产生各种各样的费用，主要有以下几种：

（一）订货费

订货费是指订货过程中发生的与订货有关的全部费用，包括差旅费、订货手续费、通信费、招待费及订货人员有关费用。订货费用的特点是在一次订货中，订货费用与订货量的多少无关，而若干次订货的总订货费用与订货次数有关，订货次数越多，总订货费用就越多。

（二）保管费

保管费是指为保管货物所花费的全部费用，包括：出入库的装卸、搬运、堆码和检验费用，保管工具和用料的费用；仓库的房租水电费；保管人员的有关费用，保管过程中的货损；保管的货物占用资金的银行利息等。保管费用与货物的保管数量和保管时间有关，货物的保管数量越多、保管时间越长，所耗费的保管费用就越高。

（三）缺货费

缺货费就是当用户来买货时，仓库因为没有现货供应而造成的损失。在这种情况下，仓库中有货就销售，没有货就不销售，仓储量可以降到零。缺货对不同对象造成的损失不同，对仓库来说，轻则丧失了销售机会，减少了利润；重则造成违约，遭受罚款，并可能失去用户。对用户来说，轻则多花些差旅费到别处去买，重则停工待料。

（四）进货费与购买费

进货费就是进货所花费的全部费用，包括运费、包装费、装卸费、租赁费、延时费和货损货差等；购买费为购买货物的原价。它们的特点是当订货数量和地点确定以后，总购买费和进货费确定不变，不会随着进货批量的变化而变化，也就是说，进货费与购买费都与订货批量无关，不论批量大小都不会影响其总进货费和总购买费。我们把这种与订货批量无关的费用称为固定费用，而把那些与订货批量有关的费用称为可变费用。因此，进货费与购买费是固定费用，而订货费、保管费、缺货费是可变费用。

二、仓储成本控制的方法

（一）重点货物管理法

1.ABC 分类法

（1）ABC 分类法的概念和原理

所谓 ABC 分类法，就是以某类仓储货物品种数占货物品种总数的百分比和该类货物金额占仓储货物总金额的百分比为标准，将仓储货物分为 A、B、C 三类，进行分级管理。这种方法是根据仓储货物在一定时期内的价值、重要性及保管的特殊性，通过对所有仓储货物进行统计、综合、排列、分类，找出主要矛盾，然后抓住重点进行管理的一种科学有效的成本控制方法。ABC 分类法把品种少、占用资金多、采购较难的重要货物归为 A 类；把品种较多、占用资金一般的货物归为 B 类；把品种多、占用资金少、采购较容易的次要货物归为 C 类。ABC 分类法简单易行、效果显著，在现代仓储管理中已被广泛运用。

（2）ABC 分类法的划分依据

ABC 分类法将分析对象划分成三类，其依据是某货物数量占总量的比例和该货物的金额占总仓储资金的比例。

（3）ABC 分类管理的措施

对仓储管理来说，要在保证安全仓储的前提下，小批量、多批次地按需储存，尽可能地降低仓储总量，减少仓储管理成本，减少资金占用成本，提高资金周转率。

对于 A 类货物，应按照需求，小批量、多批次地采购入库，最好能做到准时制管理，这样能够提高资金周转率，使仓储保持最优的有效期，降低仓储管理费用，及时获得降价的收益。当然季节储备和涨价前的储备也是必不可少的。

要避免货物长时间储存在生产线或客户手中，造成积压损耗、虚假需求和超限额仓储，这些都不利于均衡生产和经营。

要随时监控需求的动态变化，分析、预测哪些是日常需求，哪些是临时集中需求，使仓储与各种需求相适应；尽可能缩短订货提前期，对交货期限加强控制；科学设置最低定额、安全仓储和订货点报警点，防止缺货；了解大客户的仓储，在需要的时候临时调剂；监控供应商在途货物的品种数量和到货时间；与供应商和用户共同研究替代品，尽可能降低单价；制订应急预案、补救措施；每天都要进行盘点和检查。

对于 B 类货物，应采用定量订货的方法采购入库，前置期时间较长；每周都要进行盘点和检查；应适量采购。

对于 C 类货物，应大量采购入库，以便获得价格上的优惠。由于所消耗金额非常小，因此即使多储备，也不会增加太多金额。要简化仓储管理。如果还像 A 类货物那样管理，成本效益将十分不合算。可以多储备一些关键货物，避免发生缺货现象。每月循环盘点一遍。对于积压货物和不能发挥作用的货物，应该每周向公司决策层通报，及时清理出仓库。

2. 关键因素分析法

由于 ABC 分类法有不足之处，通常表现为 C 类货物得不到应有的重视，且 C 类货物往往会导致整个装配线停工。例如，经销鞋的企业会把鞋带列入 C 类货物，但是如果鞋带短缺将会严重影响鞋的销售；一家汽车制造厂商会把螺丝列入 C 类货物，但缺少一个螺丝往往会导致整个生产链停工。因此，有些企业在仓储管理中引入了关键因素分析法。

关键因素分析法的基本思想是把存货按照关键性分成四类：

①最高优先级。生产经营中的关键性货物，不允许缺货。

②较高优先级。生产经营中的基础性货物，允许偶尔缺货。

③中等优先级。生产经营中比较重要的货物，允许在合理范围内缺货。

④较低优先级。生产经营中需要但可替代的货物，允许缺货。

关键因素分析法比起 ABC 分类法有着更强的目的性。在使用中要注意，人们往往倾向于制定高的优先级，以显示这类货物的重要性，结果高优先级的货物种类很多，最终哪种货物也得不到应有的重视。关键因素分析法和 ABC 分类法结合使用，可以达到分清主次、抓住关键环节的目的。在对成千上万种货物进行优先级分类时，也不得不借用 ABC 分类法进行归类。

（二）定量订货法和定期订货法

1. 定量订货法

定量订货仓储控制也称订货点控制，是预先确定一个订货点和订货批量，随时监控货物仓储，当仓储下降到订货点时，就发出订货单订货的一种成本控制方法。

2. 定期订货法

定期订货法是按预先确定的订货时间间隔按期订货，以补充仓储的一种成本控制方法。其决策思路是每隔一个固定的时间周期检查仓储项目的储备量，根据盘点结果与预定的目标仓储水平的差额确定每次的订购批量。

3. 定量订货法与定期订货法的区别

（1）提出订购请求时点的标准不同

定量订货法提出订购请求的时点标准是，当仓储量下降到预定的订货点时，即提出订购请求；而定期订货法提出订购请求的时点标准是按预先规定的订货间隔周期，到了该订货的时点即提出订购请求。

（2）请求订购的货物批量不同

定量订货法每次请求订购的商品的批量相同，都是事先确定的经济批量；而定期订货法每到规定的请求订购期，订购的货物批量都不相同，可根据仓储的实际情况计算后确定。

（3）仓储货物管理控制的程度不同

定量订货法要求仓库作业人员对仓储货物进行严格的控制、精心的管理，并且经常检查、详细记录、认真盘点；而用定期订货法时，对仓储货物只要进行一般的管理即可，简单地进行记录，不需要经常检查和盘点。

（4）适用的货物范围不同

定量订货法适用于品种数量少、平均占用资金多的需重点管理的 A 类货物；而定期订货法适用于品种数量多、平均占用资金少的只需一般管理的 B 类、C 类货物。

第五节 配送管理

一、配送定义

配送的英文单词为"Delivery"，是交货、送货的意思，但不能将它简单地理解为交货、送货。

（一）从经济学资源配置的角度

从经济学资源配置的角度，可以对配送的概念做如下表述：配送是以现代送货形式实现资源最终配置的经济活动。这个概念的内涵可概括为四点：

第一，根据经济学家的理论认识，配送是资源配置的一部分，因而是经济体制的一种形式。

第二，配送的资源配置作用，是"最终配置"，因而是接近顾客的配置。接近顾客是经营战略至关重要的内容。

第三，配送的主要经济活动是送货，这里面强调"现代送货"，表述了和我国旧式送货的区别，其区别以"现代"两字概括，即以现代生产力、劳动手段为支撑，依靠科技进步，实现"配"和"送"有机结合的一种方式。

第四，配送在社会再生产过程中的位置，是处于接近用户的那一段流通领域，因而具有局限性。配送是一种重要的方式，有其战略价值，但是它并不能解决流通领域的所有问题。

（二）从配送的实施形态角度

从配送的实施形态角度，可以对配送的概念做如下表述：配送是按用户订货要求，在配送中心或其他物流节点配备货物，并以最合理的方式送交用户的经济活动。这个概念的内容可概括为六点：

第一，整个概念描述了接近用户资源配置的全过程。

第二，配送的实质是送货，但和一般送货有区别，一般送货可以是一种偶然的行为，而配送是一种固定的形态，甚至是一种有确定组织、确定渠道，有一套装备和管理力量、技术力量，有一套制度的体制形式。所以，配送是高水平的送货形式。

第三，配送是一种"中转"形式。配送是从物流节点至用户的一种特殊送货形式。从送货功能看，其特殊性表现为：从事送货业务的是专职流通企业，而不是生产企业；配送是中转型送货，而一般送货，尤其从工厂至用户的送货往往是直达型；一般送货是生产什么、有什么就送什么，配送则是用户需要什么送什么。所以，要做到需要什么送什么，就必须在一定中转环节筹集这种需要，从而使配送以中转形式出现。当然，从广义上，许多人也将非中转型送货纳入配送范围，将配送外延从中转扩大到非中转，仅以"送"为标志来划分配送外延，也是有一定道理的。

第四，配送是"配"和"送"有机结合的形式。"配"是支配货品、车辆、用户、时间、路线等活动，"送"则是指送货。配送是以"配"为重点，并将备货、储存、分拣、组配、包装、装卸等物流作业活动在小范围内进行整合。而在配送过程中包含的那部分运输，处于"二次运输""支线运输""终端运输"位置，只是完成配送业务的重要保证而已，并非配送业务的精髓所在。配送与一般送货的重要区别在于，配送利用有效的分拣、配货等理货工作，使送货业务达到一定的规模，利用规模优势取得较低的送货成本。如果不进行分拣、配货处理，有一件送一件，需要一点送一点，就会大大增加动力的消耗，使送货并不优于取货。所以，要追求整个配送的优势，分拣、配货等工作是必不可少的。

第五，配送以用户要求为出发点。"按用户的订货要求"明确了用户的主导地位。配送是从用户利益出发、按用户要求进行的一种活动，因此，在观念上必须明确"用户第一""质量第一"。配送企业的地位是"服务"而不是"主导"，因此不能从本企业利益出发，而应从用户利益出发，在满足用户利益的基础上获取本企业的利益。

第六，概念中"以最合理的方式"的提法是基于这样一种考虑：过分强调"按用户要求"是不妥的，用户要求受用户本身的局限，有时会损失自我或双方的利益。对配送者而言，必须以"要求"为依据，但是不能盲目，应该追求合理性，进而指导用户，实现共同受益。近年来在国外的研究著作中也常提到这个问题。

二、配送的特点

配送需要依靠信息网络技术来实现，它包括以下特点：

（一）配送不仅是送货

在配送业务中，除了送货，还有"拣选""包装""分货""分割""组配""配货"等工作，这些工作难度很大，必须具有发达的商品经济和现代化的经营水平才能做好。在商品经济不发达的国家及历史阶段，很难按用户要求配货，要实现广泛的、高效率的配货就更加困难了。因此，一般意义的送货和配货存在时代的差别。

（二）配送是送货、分货、配货等活动的有机结合体

配送是许多业务活动有机结合的整体，同时还与订货系统紧密联系。要实现这一点，就必须依赖现代情报信息，建立和完善整个大系统，使其成为一种现代化的作业系统。这也是以往的送货形式无法比拟的。

（三）配送的全过程有现代化技术和装备的保证

现代化技术和装备的采用使配送在规模、水平、效率、速度、质量等方面远远超过以往的送货形式。在作业中，大量采用各种传输设备及识别码拣选等机电装备，使得整个配送作业像工业生产中广泛应用的流水线，实现了流通工作的部分工厂化。因此，可以说，配送也是科学技术进步的一个产物。

（四）配送是一种专业化的分工方式

以往的送货形式只是作为推销的一种手段，目的仅仅在于多销售一些商品，而配送是一种专业化的分工方式，是大生产、专业化分工在流通领域的体现。

因此，如果说一般的送货是一种服务方式，配送则可以说是一种体制形式。

三、配送的分类

为了满足不同产品、不同企业、不同流通环境的要求，经过较长一段时间的发展，配送演化出很多具体形式。这些配送形式都有各自的优势，但同时也存在一定的局限性。下面着重介绍几种常见的配送分类方法。

（一）按实施配送的节点不同分类

1.配送中心配送

配送中心配送的组织者是以配送为专职的配送中心。配送中心专业性强，和用户有固定的配送关系，因此，一般情况下都实行计划配送，需配送的商品有一定的库存量，但一般情况下很少超越自己的经营范围。配送中心的设施及工艺流程一般是根据配送业务的需要专门设计的，所以配送能力强，配送的品种多、数量大，配送的覆盖面也较宽。配送中心可以承担企业主要物资的配送及向配送商

店实行补充性配送等。配送中心配送是配送的主要形式。

2. 生产企业配送

生产企业配送的组织者是生产企业，尤其是进行多品种生产的企业。这些企业可以通过自己的配送系统进行配送，而不需要再将产品发运到配送中心。这种配送形式由于避免了一次中转，因而具有一定的优势。但是生产企业通常实行大规模、低成本生产，品种较为单一，因此无法像配送中心那样靠凑整运输取得优势。实际上，生产企业配送不是配送的主体，对于地方性较强的产品及不适合中转的产品比较适用。

3. 仓库配送

仓库配送是指以仓库为物流节点组织的配送。它既可以将仓库完全作为配送中心，也可以在保持仓库仓储功能的基础上，再增加一部分配送职能。因为仓库并不是按配送中心的要求专门设计和建立的，所以它在配送功能上往往不能和配送中心相比。一般来讲，仓库配送的规模较小，配送的专业性比较差。但是由于可以利用原仓库的存储设施及能力，仓库配送也是开展中等规模配送可以选择的一种形式。

4. 商店配送

商店配送的组织者是商品零售或物资经营网点，这些网点的主营业务是零售，一般规模都比较小，但经营品种比较齐全，容易组织配送。除日常零售业务外，还可根据用户的要求将商店经营的品种配齐，或代用户订购一部分本商店平时不经营的商品，并和商店经营的品种一起配齐送给用户。这种配送组织者实力有限，往往只是小量、零星商品的配送，所配送的商品种类繁多，但是用户需求量不大，有些商品只是偶尔需要，很难与配送中心建立计划配送关系，因此常常利用零售网点从事此项工作。这种配送形式的服务对象可以是企业组织，也可以是单个用户，但配送的规模都比较小，配送半径也较小。因此，商店配送是配送中心配送的辅助及补充形式。

（二）按配送商品的种类及数量分类

1. 少品种、大批量配送

一般来说，对于需求量较大的商品，由于一个品种或几个品种就可达到较大运输量，因此可以实行整车运输而不需与其他商品搭配运输。在这种情况下，由于配送中心的内部设置、组织等工作比较简单，因此配送成本较低。

2. 多品种、少批量配送

多品种、少批量配送是指根据用户的要求，将所需的各种物资配备齐全，凑整装车后送交用户的配送方式。根据物资数量的不同，可以一户一车，也可以多户一车。这种配送作业水平要求高，配送设备要求复杂，配货、送货计划难度大，因此需要有高水平的组织工作保证和配合。多品种、少批量配送能满足客户对产品多样化的需求，符合现代社会中"消费多样化""需求多样化"的观念，因此，它是配送中最典型的方式，也是许多发达国家推崇的方式。

3. 成套配送

成套配送是指根据企业的生产计划，尤其是装配型企业的生产计划，把生产每台产品所需要的全部零部件配齐，按照生产节奏定时送达生产企业，生产企业随即将此成套零部件送入生产线进行装配的配送方式。采用这种配送方式，配送企业会承担生产企业大部分的供应工作可以让生产企业专注于生产，与多品种、少批量配送的效果相同。

（三）按配送时间及数量分类

1. 定时配送

定时配送是指每次配送时间固定，而配送物资的品种和数量不固定的配送方式。这种配送方式可以每隔数天或数小时配送一次，每次配送物资的品种及数量可根据计划而定，也可以在配送之前按事先商定的联络方式通知配送物资的品种和数量。

这种配送方式时间固定，易于安排工作计划，易于计划使用车辆，对用户来讲，也易于安排接货力量，如人员、设备等。但是，备货的要求下达较晚，配送物资种类容易发生变化，配货、装货难度较大，在配送数量变化较大时，也会使配送运力安排出现困难。

2. 定量配送

定量配送是指每次配送物资的品种、数量一定，而配送时间不固定的配送方式。这种配送方式每次配送的品种、数量固定，配货工作较为简单，可以根据托盘、集装箱及车辆的装载能力规定配送物资的数量，能够有效利用托盘、集装箱等集装方式，也可做到整车配送，配送效率较高。由于时间不严格限定，所以可以将不同用户所需物资凑整后配送，运力利用也较好。对用户来说，每次接货数量固定，有利于人力、物力的准备。

3. 定时、定量配送

定时、定量配送是指按照规定的配送时间和配送物资数量进行配送的方式。这种方式兼有定时配送、定量配送两种配送方式的优点，但计划难度大，采用者不多，不是一种普遍的方式。

4. 定时、定路线配送

定时、定路线配送是指在规定的运行路线上设计时间表，按时间表进行配送的方式，用户既可以按规定的路线和规定的时间接货，又可以提出配送要求。采用这种方式有利于安排工作计划、车辆及驾驶人员。在配送用户较多的地区，也可以免去过度复杂的配送要求造成的配送组织工作及车辆安排的困难。对用户来说，既可以根据路线、时间进行选择，又可以有计划地安排接货力量。但这种方式应用领域较为有限。

5. 即时配送

即时配送是指完全按用户提出的配送要求，随即进行配送的方式，这是一种具有很大灵活性的应急配送形式。这种形式是以某天的任务为目标，在充分掌握该天配送物资的送达地点、需求量及种类的前提下，及时安排最优的配送路线并安排相应的配送车辆，实行配送。这种配送可以避免定时配送与定时、定路线配送两种方式的不足，做到每天配送都能实现最优的安排，因而是水平较高的配送方式，它考验的是配送企业快速反应的能力。

为了使即时配送能有计划指导，可以在期初按预测的结果制订计划，以便统筹安排一个时期的任务，并准备相应的力量，实际的配送实施计划则可在配送前一两天，根据任务书做出。

（四）按加工程度不同分类

1. 加工配送

加工配送是配送和流通加工相结合的一种配送形式，即在配送据点中设置流通加工环节，或是将流通加工中心与配送中心建在一起。当社会上现成产品不能满足用户需要，或是用户根据本身工艺要求需要使用经过某种初加工的产品时，可以将产品加工后进行分拣、配货再送货到户。

流通加工与配送结合，能使流通加工更具有针对性，减少盲目性，配送企业不但可以依靠送货服务、销售经营取得收益，还可以通过加工增值取得收益。

2. 集疏配送

集疏配送是集货与配送相结合的一种配送形式。它只改变产品数量组成形态而不改变产品本身的物理、化学性态，一般与采购、集货或干线运输相配合，如大批量进货后小批量、多批次发货和零星集货后以一定批量送货等。集疏配送适用于商业领域和农产品等需先集货后分配的产品。

（五）按经营形式不同分类

1. 销售配送

销售配送是以销售经营为目的、以配送为手段的配送，是销售型企业作为战略中的一环进行的促销型配送。销售配送的对象往往是不固定的，通常依据对市场的占有情况而定，配送的经营情况也取决于市场情况，配送的随机性较强、计划性较差。多种类型的商店配送一般都属于销售配送。

2. 供应配送

供应配送是用户为了满足自己的供应需要而采取的一种配送方式，往往由用户、用户集团组建配送网点，集中大批量进货，然后向本企业、本企业集团内若干企业配送。这种配送方式在大型企业、企业集团、联合公司中采用较多。供应配送是保证供应水平、提高供应能力、降低供应成本的一种有效方式。

3. 销售、供应一体化配送

销售型企业对于基本固定的用户和基本确定的配送商品，可以在自己销售的同时承担向用户有计划供应的职能，起到既是销售者又是用户供应代理人的双重作用。这对某些用户来讲，可以减少自己的供应机构而委托销售代理。这种配送方式对销售者来讲，能拥有稳定的用户和销售渠道，有利于本身的持续稳定发展，有利于增加销售数量；对用户来讲，能获得稳定的供应，并大大节约本身为组织供应耗用的人力、物力和财力。销售者能有效控制进货渠道，这是任何企业供应机构都难以做到的，因而可以大大提高供应的保证程度。销售、供应一体化配送是配送经营中的重要形式，它有利于形成稳定的供需关系，有利于采取先进的计划方式和技术方式，有利于保持流通渠道的畅通稳定，因而受到人们的关注。

4.代存、代供配送

代存、代供配送是指用户将属于自己的商品委托配送企业代存、代供，有时还委托代订，然后由配送企业组织的配送。这种配送在实施时商品的所有权不发生转移，配送企业只是用户委托的代理人，商品所有权在配送前后都属于用户，所发生的只是商品位置的转移，配送企业只从代存、代供中取得效益，而不能取得商品销售的经营性效益

5.代理配送

代理配送一般情况下与销售配送一致，只是在组织配送货源时，不用配送企业提供货款。配送企业是受生产者委托代销商品，对配送商品不拥有所有权，不能取得商品销售的经营性效益，只能按销售额的一定比例获取佣金。这种配送方式对配送企业比较有利，同时也是发展现代化流通的一项重要内容，应予以重视。

（六）按配送的组织形式分类

1.独立配送

独立配送是指配送企业依靠自身力量，在一定的区域内独自进行的配送。配送企业独立开拓市场，建立自己的业务渠道和配送网络。这是一种竞争性的配送方式，有时可能造成人力、物力的浪费，适合实力雄厚的配送企业。

2.集团配送

集团配送是指几个配送企业以一定的形式建立起联系紧密、统一调度、相互协调的企业集团，在较大范围内合理规划、统筹进行的配送。集团配送可以获得较理想的规模优势和协作优势。

3.共同配送

共同配送是几个配送企业联合起来，共同制订计划，共同使用配送车辆，共同为某一地区用户服务的配送。共同配送可以降低配送成本，提高配送效益。

（七）按配送企业专业化程度分类

1.综合配送

综合配送是指配送产品种类较多，在一个配送网点中组织不同专业领域的产品向用户配送的配送方式。

综合配送可以减少用户为组织所需全部产品进货的负担，只需和少数配送企

业联系，便可解决多种需求的配送问题。因此，综合配送是一种用户服务功能较强的配送形式。

由于产品性状差别很大，综合配送在组织时技术难度较大。因此，综合配送一般只是在性状相同或相似的不同类产品中实行，差别过大的产品难以综合化。

2. 专业配送

专业配送是按产品性状不同适当划分专业领域的配送方式。专业配送并非越细分越好，实际上在同一性状而类别不同的产品方面，也是有一定综合性的。

专业配送的特点是：可按专业的共同要求优化配送设施，优选配送机械及配送车辆，设计适用性强的工艺流程，从而大大提高配送各环节工作的效率。配送作业效率高是专业配送重要的优势。

四、配送的功能要素

配送实际是一个货物集散过程，这一过程包括集中、分类和散发三个步骤。这三个步骤是由一系列作业环节组成的，这些作业环节的运作使配送的功能得以实现。因此，这些作业环节又被称为配送功能要素。

配送的基本功能要素主要包括集货、分拣、配货、配装、送货等。

（一）集货

集货是配送的首要环节，就是将分散的、需要配送的货物集中起来以便进行分拣和配货。为了满足特定用户的配送要求，有时需要把用户从几家甚至数十家供应商处预订的货物集中到一处。

集货是配送的准备工作。配送的优势之一，就是通过集货形成规模效益。

（二）分拣

分拣就是将需要配送的货物从储位上拣取出来，配备齐全，并按配装和订单要求进行分类，送入指定发货地点堆放。分拣是保证配送质量的一项基础工作，它是完善送货、支持送货的准备性工作。成功的分拣会大大减少差错，提高配送的服务质量。

（三）配货

配货就是将分拣完成的货物进行配货检查，装入容器和做好标识，再运到发货准备区，待装车后发送。

（四）配装

配装也称配载，就是充分利用运输工具的载重量和容积，采用先进的装载方法，合理安排货物装载。在配送中心的作业流程中安排配装，把多个用户的货物或同一用户的多种货物合理地装载于同一运输工具上，不但能降低送货成本，提高企业的经济效益，还可以减少交通流量，改善交通拥挤状况。

配装是配送系统中具有现代特点的功能要素，也是配送与一般送货的重要区别之一。

（五）送货

送货就是将配装好的货物按照配送计划确定的配送路线送达用户指定地点，并与用户进行交接。确定最佳路线，使配装和配送路线有效结合起来，是配送运输的特点，也是一项难度较大的工作。

五、配送流程

配送的一般流程比较规范，但并不是所有的配送都按此流程进行。不同产品的配送可能各有独特之处，如燃料油配送就不存在配货、分拣、配装工序，水泥及木材配送又多出了一些流通加工的过程，而流通加工可能在不同环节出现。

配送的一般流程适用于以干货为主的配送。以干货为主的配送，主要是指服装、鞋帽、日用品等小百货，家用电器等机电产品，图书和印刷品及其他杂品的配送。这类产品的特点是有确定的包装、尺寸不大，可以对它们进行混装、混载，能满足多品种、少批量、多批次、多用户的配送需要，它们的配送过程是一种适用范围较大的配送工艺流程结构。

具体到不同类型、不同功能的配送中心或节点的配送活动，其流程可能有些不同，而且不同的商品由于特性不一样，其配送流程也会有所区别。

六、配送合理化

配送合理化对物流配送来说是一项非常重要的工作，它涉及判断标志的选择和可采取的一些做法。

（一）配送合理化判断标志的选择

对配送合理与否的判断，是配送系统的重要内容，目前国内外尚无一定的技术经济指标体系和判断方法，按一般认识，以下若干标志是应当考虑的。

1. 库存

库存是判断配送合理与否的重要标志。具体判断指标包括以下两方面：一是库存总量。库存总量在一个配送系统中，从分散的各个用户处转移给配送中心，配送中心库存量加上各用户在实行配送后的库存量之和应低于实行配送前各用户库存量之和；此外，从各个用户角度判断，各用户在实行配送前后的库存量比较，也是判断配送合理与否的标准，某个用户库存量上升而库存总量下降，也属于一种不合理现象。二是库存周转。由于配送企业的调剂作用，以低库存保持高的供应能力，库存周转一般总是快于原来各企业库存周转；此外，从各个用户角度进行判断，各用户在实行配送前后的库存周转比较，也是判断配送合理与否的标志。

为取得共同的比较基准，以上指标都以库存储备资金计算，而不以实际货物数量计算。

2. 资金

总的来讲，实行配送应有利于资金占用减少及资金运用的科学化。具体判断指标如下：一是资金总量。货源筹措占用的流动资金总量，随储备总量的下降及供应方式的改变而降低。二是资金周转。从资金运用来讲，由于整个节奏加快，资金可以充分发挥其作用，同样数量的资金过去需要较长时期才能满足一定的供应要求，配送之后，在较短时期内就能达到此目的。因此资金周转是否加快，是衡量配送合理与否的标志。三是资金投向的改变。资金分散投入还是集中投入，是资金调控能力强弱的重要反映。实行配送后，资金必然从分散投入改为集中投入，以增强调控作用。

3. 成本和效益

总效益、宏观效益、微观效益、货源筹措成本都是判断配送是否合理的重要标志。对于不同的配送方式，可以有不同的判断侧重点。由于总效益及宏观效益难以计量，因此在实际判断时，常以是否按国家政策经营、是否完成国家税收及配送企业和用户的微观效益来判断。成本及效益对合理化的衡量，还可以具体到储存、运输等配送环节，使判断更为精准。

4. 供应保证能力

实行配送后，各用户最担心的是供应保证能力降低。配送重要的一点是必须提高而不是降低对用户的供应保证能力，只有这样才算做到了合理。供应保证能力可以从以下三个方面进行判断：一是缺货次数，实行配送后，对各用户来讲，该到货而未到货以致影响用户生产及经营的次数必须减少才算合理；二是配送企业集中库存量，对每一个用户来讲，其数量形成的供应保证能力高于配送前单个企业的供应保证能力，才算合理；三是即时配送的能力及速度，这是用户出现特殊情况的特殊供应保证方式，即时配送的能力必须强于未实行配送时用户的紧急进货能力，即时配送的速度必须快于未实行配送时用户的紧急进货速度，才算合理。

5. 社会运力的合理化

社会运力的合理化是依靠送货运力的规划和整个配送系统的合理流程及与社会运输系统的合理衔接来实现的。送货运力的规划是任何配送中心都需要花力气解决的问题，而其他问题有赖于配送及物流系统的合理化，判断起来比较复杂。可以简化判断如下：社会车辆总数减少而承运量增加为合理，社会车辆空驶减少为合理，一家一户自提自运减少而社会化运输增加为合理。

6. 用户人力、物力的合理化

配送的重要观念是以配送代劳用户，因此，实行配送后，各用户库存量、仓库面积、仓库管理人员减少为合理，从事订货、接货、供应的人员减少为合理。只有真正解决了用户的后顾之忧，配送的合理化程度才可以说达到一个较高的水平。

7. 物流的合理化

配送必须有利于物流的合理化。这可以从以下几方面判断：是否降低了物流费用；是否减少了物流损失；是否加快了物流速度；是否发挥了各种物流方式的最优效果；是否有效衔接了干线运输和末端运输；是否不增加实际的物流中转次数；是否采用了先进的技术手段。

物流的合理化是配送要解决的大问题，也是衡量配送本身是否合理的重要标志。

（二）配送合理化可采取的一些做法

国内外推行配送合理化，有一些可供借鉴的办法，具体介绍如下。

1. 推行具有一定综合程度的专业化配送

通过采用专业设备、设施及操作程序，取得较好的配送效果，并降低配送综合化的复杂程度及难度，从而追求配送合理化。

2. 推行加工配送

通过加工和配送结合，充分利用本来应有的中转，而不增加新的中转，以求得配送合理化。同时，加工借助配送，使目的更明确，和用户联系更紧密，更避免了盲目性。这两者的有机结合，在投入不增加太多的前提下却可追求两个优势、两个效益，是配送合理化的重要经验。

3. 推行共同配送

共同配送可以以最近的路程、最低的成本完成配送，从而实现配送合理化。

4. 推行送取结合

配送企业与用户建立稳定、密切的协作关系，配送企业不仅成为用户的供应代理人，而且发挥用户储存网点的作用，甚至成为产品代销人。在配送时，将用户所需的货物送到，再将该用户生产的产品用同一运输工具运回，这种产品也成了配送中心的配送货物之一，或者作为代存代储，免去了生产企业的库存包袱。这种送取结合的方式，使运力得到充分利用，也使配送企业的功能得以充分发挥，从而实现配送合理化。

5. 推行准时配送

准时配送是配送合理化的重要内容。配送做到了准时，用户才有货源把握，可以放心地实行低库存或零库存管理，可以有效地安排接货的人力、物力，以追求最高效率的工作。另外，保证供应能力也取决于准时供应。从国外的经验看，准时配送是现在许多配送企业追求配送合理化的重要手段。

6. 推行即时配送

即时配送是最终解决用户断供之忧、大幅度提高供应保证能力的重要手段。即时配送是配送企业快速反应能力的具体化，是配送企业能力的体现。

即时配送成本较高，但它是整个配送合理化的重要保证手段。此外，即时配送也是用户实行零库存管理的重要保证手段。

7. 推行"四就"配送流程结构

"四就"配送即就厂、就港、就车、就库直接配送。

为了减少倒装转运次数和环节，提高货物的周转速度和效率，保证作业安全，减少损失，对本地区生产的大批量货物配送、危险品配送，一般采用在生产企业仓库装车配送的办法。对于外地及国外大批量到港、到站的专用货物，凡是用户明确的，一般采用就港、就站及利用仓库专用线等直接装车、倒装转运送货的办法。这种配送多是生产资料配送，由于用户多以企业为主，在城市配送范围内距离不太远，因此，配送流程结构不应过分强调标准规范，也不应强调一定实行集中库存配送，而应在充分发挥各种配送流程优势的同时，结合购销关系、货物特点，满足用户多方面的需要，提高配送的效率和经济效益。

第五章 物流需求预测与库存管理

第一节 物流需求预测

系统化、信息化、网络化已经是现代物流发展的一大趋势，而在现代物流纷繁复杂的发展历程中，物流系统的规划和决策是有一定困难的，因此科学有效的决策手段就显得至关重要。预测是解决这一问题的重要途径，可为物流的规划、管理等提供决策支持。物流需求预测的目的就是指导人们规划物流管理活动，从而采取恰当的决策和措施，使物流效应更突显，以便谋求更大利益和价值。

一、概述

（一）预测的含义

预测就是根据事物过去和现在的状态及发展方向，针对未来研究对象可能表现出的状态做出科学的估算，对未来也许会发生的事件进行合理的推测。这种通过已知对未知的科学估计，主要依靠过去的经验和数据来完成准确计算，从而得出结论，做出比较合适的预见。现阶段，在科学方法指导下，我们已经可以通过各类专业学科的综合应用统计来实现现代化预测。

（二）物流需求的含义

物流需求的含义在不同时期其内涵略有不同。传统物流需求是指在一定时期内，正常的社会经济活动对生产、消费和流通所需要的时间、空间及成本等的需求，这些需求涵盖了物流活动的各个基本方面，如包装、装卸、运输等。

物流业发展至今，已演变出市场化竞争、信息化管理和系统化目标等与传统物流所不同的现代物流特点，物流需求也演变出了范围广、内容深和无法单一考量等与传统物流需求所不同的特点。因此，对于物流企业及希望进入物流领域的企业来说，找准市场定位和把握市场需求就变得难上加难。

在传统物流需求基础之上，现代物流需求增加了服务功能，从其服务的形式上分，可分为有形的物流服务需求和无形的物流服务需求。有形的物流服务需求指的是物流服务的内容，无形的物流服务需求指的是对物流服务质量上的需求。站在市场经济的角度来看，物流需求也包括评价物流的基本指标，如货运量、物流成本所占的百分比等。

因此现代物流企业的物流需求是指社会经济活动对生产、搬运、加工、运输、存储、配送等各环节的实物流动、时间效用、空间效用、成本核算、信息传递、服务功能的需要。随着电子商务购物模式的普及，物流需求量急剧上升。政府、企业必须解决物流业中存在的人力、资金等资源闲置，管理制度混乱，以及企业信息化程度偏低等问题，保证物流行业的规范运行。

不同产业的物流需求呈现不同的特点。快速消费品行业物流需求主要受季节的影响；汽车行业物流需求主要受地理位置和服务态度的影响；冷链行业物流需求主要受冷链设施以及配送速度的影响。

（三）物流需求的特征

物流需求是对物流规模和结构的需求，主要是社会经济发展中所产生的对物流综合量（如货运量）和物流服务（包括仓储、运输等方面）的需求。物流需求的特征主要有以下几点。

1. 物流需求具有及时性和不平衡性

一方面，物流需求在时间上具有及时性。社会经济建设和发展的不同时期和各个阶段，产业结构的偏重和国民生产、消费观念都不尽相同，尤其是人们消费观念的差异越来越大，人们对物流的规模和结构的需求也是不同的。此时，物流需求表现了某个时期的特点。随着国家鼓励物流业发展所出台的政策不断完善，以及在"互联网+"、大数据大背景下各种新型的物流业态不断涌现，物流需求对于时间变化更加敏感，物流需求的及时性愈发显著。

另一方面，物流需求在空间上具有不平衡性，即物流需求在空间分布上不平衡。在同一时间点或者同一时间范围内，不同地区在生产力分布、国民收入和经济水平上的差异导致了物流需求在区域和空间上的差异，也就是说，物流需求的规模和结构随着空间的差异而分布不平衡。

2. 物流需求具有衍生性和差异性

物流需求是一种衍生出来的需求，是从供应链上下游的生产企业、供应商、服务等衍生出来的一种需求。这种需求从宏观层面上与商品的流通联系在一起，受社会生产力和人民消费水平等因素的高度影响。

随着生活水平的提高，人们开始注重个性的发展和要求个性化的产品和服务，这种个性化的追求在物流行业上就表现为对物流服务的质量和体验的要求更高。所以，物流需求的差异性对物流企业在产业结构调整和服务模式升级上提出了更高的要求。

3. 物流需求具有复杂性

影响物流需求的因素有很多，比如区域经济发展水平、社会消费水平等，并且这些因素不是一成不变的。由于影响因素的变化不仅表现为规律性，还表现为随机性，所以物流需求的变化既有规律性，又有随机性。随着时间的推移，物流需求的主体（比如物流服务提供方和物流需求方）对物流产品和服务的需求是不一样的。从宏观上看，"季节性"（如逢年过节）的变化主导了物流需求的规律性变化；从微观上看，需求量会因为一些偶然的因素，比如突发的灾害性天气而呈现出随机的变化趋势。

（四）物流需求预测的含义

物流需求预测即对物流需求的预测，就是根据历史和现在的物流状况，利用一些方法，如经验法、预测模型等对物流需求的规模和结构进行预测。物流需求预测最重要的意义就是提前分配好相关的物流管理任务，做到"临阵不乱"，并且在适当的时候选用适当的方法和策略来获取更多的利润。

（五）物流需求预测的类型

目前有几种比较常用的分类手段，即根据时间长度、空间跨度和预测方法的不同来分类。

1. 根据时间长度分类

时间长度可以分成短期、中期、长期三种类型，因此，根据时间长度的类型，物流需求预测可以分成短期预测、中期预测和长期预测三种。

短期预测，即关注几周或者几个月内物流需求的变化情况，根据当下的状况和变化情况，对之后的几周或几个月的物流需求做出判断和预测；中期预测，着眼于未来几年内的预测，通常时间长度在 3 ～ 5 年内，针对这一时间段所做的物流需求预测结果对物流企业几年内的市场规划有很高的参考价值；长期预测，一般是时间长度超过 5 年的物流需求预测，该预测着眼于社会市场经济并研究其变化和发展规律，在国家和社会层面上为国民经济保驾护航。

2. 按照空间跨度分类

空间跨度可以分成微观、中观、宏观三种类型，因此，按照空间跨度的类型，物流需求预测也可以分成微观预测、中观预测和宏观预测三种。

微观预测，即对物流所服务的产品和商品能达到的范围的预测，对物流企业的市场范围预测具有针对性，侧重于更加具体的过程；中观预测，较微观预测范围广，其重点研究的是省、县、乡的物流需求，往往用于大型企业对区域的生产、营销和销售需求；宏观预测，较中观预测范围更广，是站在国家的角度上，研究的是整个国家的物流需求发展状态和趋势，是为平衡国民经济发展中的各个指标而服务的。

3. 根据预测方法分类

预测方法可以分成定性和定量两种类型，因此，根据预测方法的类型，物流需求预测也可以分成定性预测和定量预测两种。

定性预测，即根据过去一段时间的信息和当前所得的资料，主要依靠过往的经验和研究人员主观的分析，对未来一段时期内物流需求的规律和趋势做出判断。定性预测一般的信息来源是社会问卷调查或者调研、少量现有的数据资料等。常见的定性预测法有头脑风暴法、德尔菲专家调查预测法等。

定量预测，即对具体的物流需求量的预测，它建立在大量实际的历史数据的基础上，客观因素远大于主观因素。定量预测一般根据数据材料建立相关的数学预测模型，利用建好的模型来有效且科学地对物流需求做出判断和预测。定量预测法的理论支撑更为坚实，且预测结果比定性预测准确和具体，因此定量预测的结果往往比定性预测令人信服。迄今为止，国内外相关的定量预测模型不下百种，而这不下百种的定量预测模型主要可以分为时间序列预测模型和因果关系预测模型。

（六）物流需求预测的原则

在实际应用中，需要相关的指导原则来指导具体的物流需求预测实践。一般来说，物流需求预测需要遵循以下三个原则。

1. 惯性原则

"惯性"即连续性，客观事物的发展过程往往表现出其连续性，所以对客观事物未来的发展变化情况的预测必须建立在了解该事物的过去和现在的基础上，即对某个城市的物流需求预测必须建立在了解该城市过去和现在的物流需求情况的基础上。

2. 类推原则

客观事物之间可能会有着类似的构成和体系，根据已知的相似事物的构成体系可以推测出该事物的构成和体系及发展趋势。

3. 因果原则

"因果"即相关性，客观事物从来都不是独立发展变化的，而是由很多其他因素共同作用和影响的，影响因素就是"因"，该客观事物就是"果"，物流需求预测可以简化为"知因求果"的问题。

二、物流需求预测的步骤及方法

（一）物流需求预测的步骤

物流需求预测从实质上来说是一个预测的过程，与预测其他事物不同的是，对物流需求的预测需要建立在详细分析该地区物流供需关系的基础上，因此，前期的调查研究是整个预测过程的基础。物流需求预测过程总体上分为以下五点。

1. 明确预测目的

首先需要明确的是，物流需求预测是为了给决策者提供参考意见，即预测的目的是更好地决策，只有在确定决策的指标的前提下，预测才有意义。也只有在目的明确的情况下，对资料、数据等信息的搜集才更有效率和针对性。

2. 分析主要的影响因素

物流需求的特点很复杂，影响物流需求的因素也很复杂，而不同的影响因素对物流需求的影响力是不同的。所以，需要使用定性分析和定量分析相结合的方法，在众多影响因素中找到与具体的物流需求关系紧密的因素，这也是物流需求预测结果具有说服力的前提。

3. 搜集梳理原始资料

充分的历史数据和原始资料是预测的重要基础。在明确了预测工作的具体内容和了解了影响预测主体的关键因素后，下一步就是使用尽可能多的方法去搜集尽可能多的数据资料。搜集来的数据资料可能既复杂又无逻辑规律性，因此需要对这些数据资料进行标准化的处理，保证数据资料具有准确性、及时性和实用性，为之后建立物流需求预测模型提供坚实的数据支持。

4. 建立需求预测模型

一般来说，选择预测模型的依据是预测主体的数据特点，即根据预测主体自身的发展特点、影响因素的特点及相关的数据信息来确定具体的需求预测模型。

物流需求具有不平衡性和复杂性等特点，如果选用一个单一的预测模型是很难达到较为理想的预测精度和结果的，因此，利用相关的参数组合和一定的结构组合，将两个或两个以上的预测模型有机地结合起来，组合成优势互补的需求预测模型，不仅能弥补某个单一预测模型的不足之处，而且能发挥二者的长处，使预测结果更为准确和有效。

5. 分析需求预测结果

需求预测模型建立好后，还需要分析需求预测的结果，即对该预测模型的预测结果进行误差分析。误差分析，即对预测结果进行误差计算，分析造成该误差的原因，以此来对所建立的模型进行改进。

（二）物流需求预测的方法

物流需求预测的一般方法如图 5-1 所示。

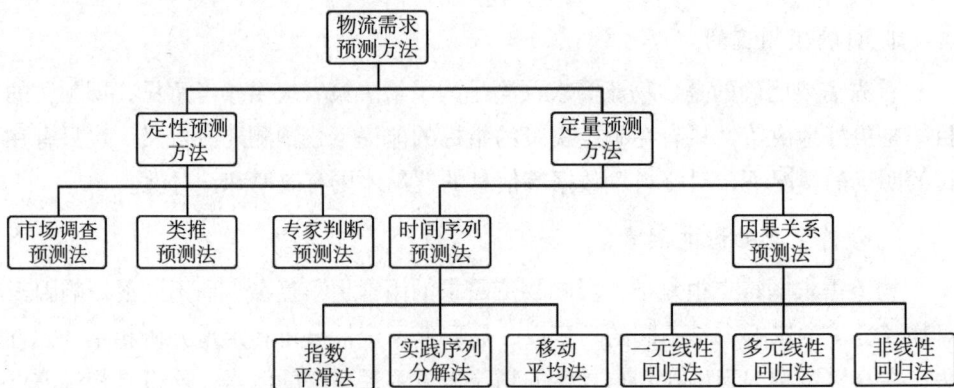

图 5-1　物流需求预测的一般方法

1. 定性预测方法

定性预测是指预测者在对物流市场的相关情况进行了解和分析之后，结合对物流市场未来变化的估计，根据实践经验和主观判断对物流市场未来发展趋势做出的预测。定性预测方法一般有市场调查预测法、类推预测法、专家判断预测法三种。

（1）市场调查预测法

市场调查预测法就是通过对市场进行调查，搜集市场变化的最新数据，进行数据加工和预测。其调查的内容一般包括以下五个方面：市场的需求与供给调查；竞争对手情况调查；企业物流运作情况调查；物流政策法规情况调查；企业客户调查。市场调查有很多方法，如问卷、询问、直接观察、对企业自身累积资料的检索、加工、整理、应用、会议调查等。

（2）类推预测法

类推预测法又分为相关预测法和对比预测法。

相关预测法就是以已知的各种市场因素之间的变化为出发点，推测出预测对象的未来发展趋势。例如，从互补品的市场供求关系变化来预测产品的未来销售情况，从可替代品的市场需求变化来预测产品之间的需求情况等。

对比预测法就是通过预测对象与其他类似事物或者相似事物之间的对比分析，推测出预测对象未来的发展趋势。例如，对比国外某些产品的市场生命周期、产品的更新换代和新产品的开发研制情况，从而预测我国同类产品的发展趋势。

（3）专家判断预测法

专家判断预测法是预测方法中非常重要的一种方法，使用的频率较高，简单直观，适用于没有历史数据的预测分析。专家判断预测法分为头脑风暴法、德尔菲法、趋势预测法、销售人员意见综合预测法，以及经验分析法，其中最常用的为德尔菲法。

德尔菲法的流程是：采用通信方式将所需解决的问题分别发送到各个专家手中征询意见，然后回收汇总全部专家的意见，并整理出综合意见。随后将该综合意见和预测问题再分别反馈给专家，再次征询意见，各专家依据综合意见修改自己原有的意见，然后再汇总。这样多次反复，逐步取得比较一致的预测结果。

德尔菲法依据系统的程序，采用匿名发表意见的方式，即专家之间不得互相讨论，不进行横向联系，只能与调查人员联系，通过多轮次调查专家对问卷所提问题的看法，经过反复征询、归纳、修改，最后汇总成专家基本一致的看法，作为预测的结果。这种方法具有广泛的代表性，较为可靠。

2. 定量预测方法

定量预测是指预测者根据准确、及时、系统、全面的调查统计资料和信息，运用统计方法与数学模型对物流市场未来发展的规模、水平、速度等做出的预测。定量预测方法一般包括时间序列预测法和因果关系预测法两种。其中，时间序列预测法又分为指数平滑法、实践序列分解法和移动平均法三种，而因果关系预测法也分为线性回归法（一元线性回归法、多元线性回归法）和非线性回归法两种。

（1）指数平滑法

指数平滑法可以理解成一种特殊的加权移动平均法，其提出者布朗认为时间序列通常是稳定而具有规律性的，因此时间序列可以被合理地延长，即最近的历史在一定程度上会持续下去，所以时间序列中最近的数据权值更大。指数平滑法是一种在实际工作中应用得比较多且比较实用的方法，其本质是根据时间序列的原理，利用客观事物发展具有连续性的规律，对未来的情况做出预测。按照平滑频率的不同，指数平滑法可以分为一次、二次和三次指数平滑法。其核心思想都是一致的，即预测数据的值是时间序列中之前样本值的加权和，为不同的数据样本赋予不同的权重，且遵守新数据的权值高、老数据的权值低的原则。本书以一次指数平滑法为例进行介绍。

当时间序列观察值的发展趋势围绕某一水平做随机运动，可运用一次指数平滑法进行预测分析，其计算公式为

$$S_{t+1}^{(1)} = \alpha X_t + (1-\alpha)S_t^{(1)} \qquad (5\text{-}1)$$

式中，$S_t^{(1)}$ 为 t 期的一次指数平滑预测值，同理 $S_{t+1}^{(1)}$ 为 $t+1$ 期的一次指数平滑预测值；X_t 为 t 期的实际需求观察值；α 为平滑系数（$0 < \alpha < 1$），其一般取值范围为 $0.3 \sim 0.7$。值得注意的是，当时间序列有较大的随机波动时，宜选较大的 α，以便迅速跟上近期的变化；当时间序列比较稳定时，适合选择比较小的 α。

只要预测值不能完全重复实际需求值，则对未来的预测就会有一定的误差。因为指数平滑预测的是平均需求，所以存在一定的预测误差。

所谓预测误差是指预测和实际需求水平的接近程度，在统计上表示为标准差、方差、平均绝对误差等。本书采用平均绝对误差作为判定预测误差大小的指标。平均绝对误差为每期绝对误差值的平均值。

绝对误差值 = |实际需求观察值 − 预测需求值|

例如，已知某公司 2018 年报告期间的货物销售量如表 5-1 所示，选择适当的平滑系数 α，指数平滑预测 2019 年 1 月的货物出库量，并计算出预测误差。

表 5-1 某公司 2018 年货物销售量数据变化

月份	货物销售量	月份	货物销售量
1	130	7	184
2	144	8	177
3	152	9	188
4	160	10	199
5	168	11	186
6	188	12	188

根据题中的已知条件，取初值 $S_1^{(1)} = X_1$，分别取 $\alpha = 0.3$ 和 $\alpha = 0.5$ 计算各时期的一次指数平滑预测值，并与实际值进行比较，求出每个预测值的绝对误差值和平均绝对误差值，计算结果如表 5-2 所示。

表 5-2 一次指数平滑预测值计算结果

月份	货物销售量	$\alpha = 0.3$		$\alpha = 0.5$	
		预测值	绝对误差值	预测值	绝对误差值
1	130	—	—	—	—
2	144	130	14.00	130	14.00
3	152	134.20	17.80	137.00	15.00
4	160	139.54	20.46	144.50	15.50
5	168	145.68	22.32	152.25	15.75
6	188	152.37	35.63	160.13	27.88
7	184	163.06	20.94	174.06	9.94
8	177	169.34	7.66	179.03	2.03
9	188	171.64	16.36	178.02	9.98
10	199	176.55	22.45	183.01	15.99
11	186	183.28	2.72	191.00	5.00
12	188	184.10	3.90	188.50	0.50

月份	货物销售量	$\alpha = 0.3$		$\alpha = 0.5$	
		预测值	绝对误差值	预测值	绝对误差值
2019 年 1 月	—	185.27	—	188.25	—
平均绝对误差	—	16.75	—	11.96	

（2）移动平均法

移动平均法是将最近时期数据的平均值作为预测值的一种预测方法。假设移动间隔为 k（$0 < k < t$），则 t 期的移动平均值为

$$\bar{Y} = \frac{Y_{t-k+1} + Y_{t-k+2} + \cdots + Y_{t-1} + Y_t}{k} \qquad (5\text{-}2)$$

式（5-2）是对时间序列的平滑结果，通过平滑值可以预测出时间序列的变化形态和趋势。在实际的运用中，对于 $t+1$ 期的简单移动平均预测值为

$$F_{t+1} = \bar{Y} = \frac{Y_{t-k+1} + Y_{t-k+2} + \cdots + Y_{t-1} + Y_t}{k} \qquad (5\text{-}3)$$

鉴于移动平均法仅可对近期的数据进行分析，因而该方法主要适用于对较为稳定的时间序列进行短期的预测。在实际的应用过程中，移动平均法对原序列有修匀和平滑的作用，k 值越大的情况下，对序列修匀的作用越强，但是预测的同时原序列的信息会减少，因而确定合理的移动间隔在实际问题中具有十分重要的意义。

（3）线性回归法

回归法是一种统计学上用来分析数据的方法，重点在于考察两个或两个以上变量之间的相互关系，并通过建立适当的数学模型将变量之间的关系表达出来，进而通过观察一个或几个特定变量来预测需要研究的变量。在数理统计分析中，进行回归分析时，被预测或被解释的变量称为因变量，用 Y 表示；用来预测或用来解释的变量称为自变量，用 X 表示。线性回归法是指因变量与自变量之间存在线性依存关系，利用各种线性关系来对数理统计中的数据及研究内容进行预测研究的一种分析方法。实际应用中，按照自变量的数量不同，线性回归法可分为一元线性回归法和多元线性回归法。目前，该方法运用非常广泛。本书主要介绍的是一元线性回归法。

在回归分析中，如果变量之间的回归方程为线性方程，则称之为线性回归方

程，如果方程中只存在一个因变量和一个自变量，将其称为一元线性回归方程。其数学模型为

$$Y = a + bX \qquad (5\text{-}4)$$

式中，Y 为库存需求量；X 为影响库存需求量的因素；a，b 为回归方程中待定系数。

$$b = \frac{\sum_{i=1}^{n} x_i y_i - n\overline{xy}}{\sum_{i=1}^{n} x_i^2 - n\overline{x}^2} \qquad (5\text{-}5)$$

$$a = \frac{\sum_{i=1}^{n} y_i}{n} - \frac{b\sum_{i=1}^{n} x_i}{n} \qquad (5\text{-}6)$$

第二节 库存与库存管理

计划是库存管理的核心，库存是计划执行的结果。计划中包括了需求预测、客户订单、原料供应、生产计划等。因此库存设计需要考虑这些环节。库存是指企业所有资源的储备。库存具有两面性：一方面，它是销售的前提，没有库存，正常的销售和流通就不能维持；另一方面，库存又是负担，占用资金，既有资金使用成本，又有库存保管成本。因此，库存不能没有，但是也不能过多。日本人将库存比喻为湖水，将企业经营过程中存在的问题比喻成水中的石头，如果库存太高，则掩盖了企业经营过程中的诸多问题，一旦库存降低，则会慢慢地暴露出企业生产经营过程中存在的各种各样的问题。由此就可以理解库存管理的两个目标：保障供应和降低成本。

科学的库存管理可以降低企业成本，提高效率，增加利润。库存管理的核心是库存控制。库存管理中降低成本、提高效率这两大目标都是通过库存控制来实现的。

一、库存的基本概念

（一）库存的含义

库存是指企业在日常经营活动过程中持有用于后续生产的物料，或用于商品流通的货品，是社会创造财富成果的主要呈现方式。库存按其形态主要分为原料、半成品、完工产品。另外，我们也可以把库存理解成企业为了将来的目的而暂时闲置的资源，供应链中的库存包含了在制、在途和仓库中的原材料、半成品、产成品及发出商品等。

随着全球市场竞争越发激烈，客户需求向多样化、个性化、定制化发展，与之相伴随的是交货期限缩短，采购周期、生产周期变长，资金占用较大。在市场价格基本确定的基础上，要提高公司的盈利能力，提升企业的核心价值，库存管理的可持续发展是企业首先要考虑的方向。以我国制造业为例。制造业作为我国经济发展的基础，原材料采购及成品的加工制造和库存管理存在着密不可分的关系，不仅关系到制造企业的成本控制及日常生产运营，更直接关系到制造企业的经营战略目标的实现。库存过高，企业将会因消化前期库存而陷于被动。库存过低又会影响企业的市场扩张。在零部件库存决策方面，不合理的库存会造成不必要的资源浪费，增加总成本。所以有效精准地预测库存并进行合理的控制，消除传统库存管理中的信息失真，协调经营各节点企业库存，对实现风险共担机制，使企业利润最大化具有十分重要的意义。

现代管理学，包括准时制生产（JIT）理论都认为零库存是最理想的库存管理方式。众所周知，库存占用资金，库存价值越大，占用的企业资金越多，企业所承担的融资成本就会越高；然而是否各类型企业都适合进行零库存管理呢？答案是否定的。

在制造企业中，企业所处的行业、企业的规模、外购品的价格异动、商品的瓶颈属性、产品的生产制造周期都会对企业实行"零库存管理"形成制约。

正常情形下，企业为了快速满足客户需求的交付和应对外购品季节性的价格调整，保持生产连续性，以及在生产、物流和分销过程中，利用批量经济规模降低成本，都会考虑保持一定的存货。低水平的库存固然能提高库存周转率，但如果不能及时响应客户需求，也容易引起销售的损失，降低需求的规模。因此，对于制造业而言，持有"合理的库存"是有必要的。

（二）库存产生的原因

1. 销售计划不准确

一般情况下，库存的需求是根据销售需求来倒推算的，但影响销售目标实现的因素非常多，有宏观经济、微观经济环境因素，有企业内部的经营战略、策略因素，以及人为失误等因素。特别是服装行业，市场竞争激烈，销售量受产品风格、款式、价格等因素影响较大，季节性明显，并且服装产品种类众多，时尚流行难以预测，消费者需求变化又快，这些给销售预测带来很大的挑战。在鞋服行业，传统经营模式的销售计划比较粗简，与消费需求脱节严重，很多都是凭经验、感觉做销售计划。传统订货模式依赖分销商而不是消费者提供市场信息。在这种模式下，由真正的需求变成产品需要比较长的时间。国内大多数生产商从接单到成品上市平均需要 90 天时间，有的能达到 120 多天，这导致很多商店销售的都是上一季的流行款式。

2. 需求逐渐放大

大型集团企业供应链节点多、组织层级复杂，各单位在编制需求时，往往会本着"就多不就少"的原则，最终汇总的需求已比实际需求大了很多，这种现象称为"牛鞭效应"。在中国服装行业，这种情况比较普遍。需求原本就不好预测，如果组织层级复杂，管理不严谨，再加上"牛鞭效应"，会使得各级实际需求又被逐级放大，这样就造成了大量的存货。这也是当前传统模式存在的最大问题。

3. 库存信息不准确

在实际工作中，账与实物对不上的情况时有发生。账实不符可能会错失销售机会，或错误地重复下单补货增加库存量。库存信息不准确主要是由于信息化技术不够完善，靠人工去管理庞大复杂的库存数据，难免出现差错。

4. 库存资源没有相互共享

由于地域、季节气候性差异明显，消费需求与生产产品会有差异性。如果能实现库存共享，各分销商、零售商之间能友好合作，就可以通过需求调配，实现库存价值利用最大化。这种模式有点类似于共享经济概念。但在实际经营过程中，各方的利益平衡、管理架构、合作机制都将面临很大困难。共享库存能减少由市场的快速变化而导致的库存积压，但共享库存需要信息系统支持，没有资源共享的平台，库存管理与优化只能在局部单位完成。

（三）库存的作用

关于库存，有这样一种说法："库存是一个必要的恶魔。"也就是说，库存的存在有利有弊。

1. 库存的积极作用

在不同情况下，企业对库存的选择不同。一般而言，库存的积极作用包括以下内容。

（1）能够预防不确定性

库存能够预防不确定的、随机的需求变动及订货周期的不确定性。拥有库存可以预防需求与供应的波动。当销售需求增大，而又不能及时增加生产量适应这个变化时，库存可以提高用户服务水平，即持有一定量的库存有利于调节供需之间的不平衡，保证企业按时交货和快速交货，能够避免或减少由缺货或供货延迟带来的损失，这对于企业改善顾客服务质量有重要作用。

（2）保持生产的连续性、稳定性

当供应商的供应不确定时，原材料安全库存可以使生产过程正常进行。一旦发生停工待料的事件，将严重影响企业正常生产经营活动的有序进行，给企业造成巨大的损失。

（3）使企业能够实现规模经济

大批量的采购可以降低采购次数、避免价格上涨、获得价格折扣。因此，合理的库存数量基于经济订货批量，可以降低总费用。

（4）满足需求变化

利用产成品的预期库存满足如季节性需求、促销活动、节假日等的需求变化，避免打乱正常的生产秩序。

（5）客观的要求

在途库存是根据产成品从生产者到中间商及最终消费者手中所需要的时间及数量而确定的库存。生产者、中间商、最终消费者常常不在同一地理位置，因此需要一定量的在途库存，以保证生产经营活动连续、有序进行。

2. 库存的消极作用

库存给企业带来好处的同时，也会给企业带来消极影响。

（1）占用大量资金

企业保持一定的库存可以帮助企业进行生产经营，但是如果库存过量，形成库存过剩的现象，将会影响企业的经济效益。过剩库存和呆滞库存既不能在有效的时间里创造经济效益，还占用企业资金，时间久了还有很大的贬值风险。这也是一些品牌商品打折销售去库存的根本原因。

（2）发生库存成本

库存成本是指企业为持有库存所花费的成本。库存成本包括占用资金的利息、储藏保管费、保险费、库存物品价值损失费用等。

（3）带来其他一些管理上的问题

当废品率和返修率很高时，一种很自然的做法就是加大生产批量和在制品、完成品库存，这样就可能掩盖产品或零部件的制造质量问题。高库存还可能掩盖供应商的供应质量差、交货不及时等问题。

（四）库存的分类

从不同的角度，可以将库存分为不同的种类。

1. 按其在企业物流过程中所处的状态分类

按其在企业物流过程中所处的状态进行分类，库存可分为原材料库存、在制品库存、维护／维修库存和产成品库存。

（1）原材料库存

原材料库存是指企业通过采购和其他方式取得的用于制造产品并构成产品实体的物品，以及供生产耗费但不构成产品实体的辅助材料、修理用的备件、燃料和外购半成品等。原材料库存主要用于支持企业内制造或装配过程。这部分库存是符合生产者自己标准的特殊商品，存在于企业的供应物流阶段。

（2）在制品库存

在制品库存是指已经过一定生产过程，但尚未全部完工，在销售之前还要进一步加工的中间产品和正在加工中的产品的库存。它存在于企业的生产物流阶段。

（3）维护／维修库存

维护／维修库存是指用于维修与养护所需经常消耗的物品或部件的库存，如石油润滑脂和机器零部件的库存。

（4）产成品库存

产成品库存是指准备运送给消费者的最终产品的库存。这种库存通常由销售部门或物流部门来控制。它存在于企业的销售物流阶段。

2. 按库存的目的分类

按照库存的目的分类，库存可分为经常库存、安全库存、在途库存、季节性库存和投机性库存。

（1）经常库存

经常库存是指企业在正常的经营环境下，为满足日常的需要而建立的库存。这种库存随着每日的需要而不断减少，当库存降低到订货点时，就要订货来补充库存。

（2）安全库存

安全库存是指为了防止不确定因素而准备的缓冲库存。不确定因素主要包括：大量突发性订货等可能发生的不测变化，因设备故障而导致停工等一些不可抗力因素。

（3）在途库存

在途库存指正处于运输中的库存，或停放在相邻两个工作地之间或相邻两个组织之间的库存。这种库存是一种客观存在，而不是有意设置的。

（4）季节性库存

季节性库存是指为了满足特定季节出现的特定需要而建立的库存，或是指对季节性出产的原材料（如大米、棉花、水果等农产品）在出产的季节大量收购所建立的库存。

（5）投机性库存

投机性库存是指为了规避物价上涨造成的损失或者为了从商品价格上涨中获利而建立起来的库存，这类库存具有投机性特点。企业可以在低价时大量购进某些物资而实现成本的节约，或者对预估要上涨的存货进行额外数量的采购，由此产生的库存为投机性库存。

3. 按用户对库存的需求特性分类

按用户对库存的需求特性，库存可分为独立需求库存与相关需求库存。

（1）独立需求库存

独立需求库存是指与其他种类的需求无关的需求库存，表现出对这种库存需求的独立性。从库存管理的角度来说，独立需求是指那些随机的、企业自身不能控制，而是由市场所决定的需求，这种需求与企业对其他库存产品所作的生产决策没有关系，如用户对企业最终完成产品、维修备件等的需求。独立需求库存无论在数量上还是在时间上都有很大的不确定性，但可以通过预测方法粗略地估算。

（2）相关需求库存

相关需求库存是指与其他需求有内在相关性的需求库存，根据这种相关性，企业可以精确地计算出它的需求量和需求时间。例如，用户对企业完成品的需求一旦确定，与该产品有关的零部件、原材料的需求就随之确定，对这些零部件、原材料的需求就是相关需求。

对于独立需求库存，由于其需求时间和数量都不是企业本身所能控制的，只能采用"补充库存"的控制机制，将不确定的外部需求问题转化为对内部库存水平的动态监视与补充的问题。

二、库存管理

（一）库存管理的定义

库存管理也称库存控制。从微观角度来看，库存管理是以保证仓库中物资进出相符为目标的经济管理，旨在提高物流效率，减少库存量，降低企业成本，提高经济效益。从宏观角度来看，库存管理是优化物流、资金流、信息流的方法，企业通过合理制定库存管理策略，可以降低资金积压率，并提高对外服务水平。

库存的合理控制对企业产生积极效用；反之，库存的不合理控制将会对企业产生消极影响，如占用企业资金成本、造成企业资金流通不畅、企业利润回报缓慢等。总之，一个企业需要合理的库存控制，从而既能保证库存满足正常需求量，同时又能减少库存量，降低库存成本，进而提高企业的营运效益和对外服务品质。

（二）库存管理的模式

库存管理是企业管理的难点，库存能否控制得好，是企业管理水平的体现。由于库存管理工作比较困难，要想把库存管理工作做好，就需要借助科学的理论方法与现代化的管理工具。如何实现精确库存管理，提升服务水平，是企业、专家一直在探索研究的课题。

1.ABC 分类管理模式

ABC 分类管理模式是 1951 年由美国通用电气公司的迪克首先提出的，它是经济学中帕累托原理在库存管理中的一种应用。因此 ABC 分类管理模式也叫作帕累托分析法，它是根据事物在技术和经济方面的特性进行分类排队，分清楚重点和一般，从而区别地进行管理方式选择的一种方法。此模式把被分析对象分成 A 类、B 类和 C 类，实施过程一般分为五个步骤。

（1）收集数据

针对不同的分析对象和分析内容进行相关数据的收集。例如，分析产品的销售额时，应对产品的销售量和销售单价等方面的数据进行收集。

（2）统计汇总

对收集的数据进行整理和加工，按照要求进行计算和汇总，包括特征数值、特征数值占总计特征数值的百分比、累计百分比，品目数及其占总品目数的百分比、累计百分比等。一般以平均库存乘以单价，计算出各种物品的平均资金占用额。

（3）编制 ABC 分类表

ABC 分类表栏目构成如下：第一栏是物品名称或物品序号；第二栏是物品的品目数累计；第三栏是品目数累计百分比；第四栏是物品单价；第五栏是平均库存；第六栏是平均资金占用额，由第四栏和第五栏的数据相乘得到；第七栏是平均资金占用额累计；第八栏是平均资金占用额累计百分比；第九栏是分类结果录入栏。

制表步骤如下：将计算出来的平均资金占用额，按照从高到低的顺序，填写在第六栏中；以此栏为基础栏，将第一栏物品名称、第四栏物品单价、第五栏平均库存、第二栏品目数累计填写在对应的表格中；计算并填写第三栏品目数累计百分比，计算并填写第七栏平均资金占用额累计和第八栏平均资金占用额累计百分比；根据第三栏和第八栏的内容，得出第九栏分类结果。

（4）绘制 ABC 分析图

以累计品百分数为横坐标，累计销售额百分数为纵坐标，根据 ABC 分析表中的相关数据绘制 ABC 分析图。

（5）确定重点管理方式

根据 ABC 分析的结果，对 ABC 三类物品采取不同的管理方式。

A 类物品严格控制：尽可能缩短订货提前期，加强对交货期限的控制；科学设置最低定额、安全库存和订货点报警点，防止缺货发生；与供应商和客户共同研究替代品，尽可能降低单价；制订应急预案，补救措施等，每天都要进行盘点和检查。

B 类物品一般控制：每周进行盘点和检查，按购销情况、出入库频度，中量采购即可。

C 类物品简单控制：每月循环盘点一次，一般保管即可，对于积压物品和不能发生作用的物料，应该及时清理。

2. 经济订货批量模式

经济订货批量（EOQ）模式是一种通过平衡采购进货成本和保管仓储成本，确定一个最佳订货数量来实现最低总库存成本的方法。经济订货批量模式，不仅可以确定订货量，而且可以确定订货周期。

（1）基本假设

①连续、稳定、已知的需求率。

②订货提前期不变。

③与订货数量或时间无关的稳定的采购价格。

④与订货数量或时间无关的稳定的运输价格。

⑤所有需求都能够满足。

⑥每批订货一次入库，入库过程在极短时间内完成。

⑦只有一种产品库存或者至少产品之间无相关性。

⑧资金能力方面无限制。

（2）库存成本分析

库存管理的目标之一就是对库存成本进行有效的控制。库存成本是决策者进行决策时主要考虑的因素。

①库存持有成本。库存持有成本是指为保管物资而产生的费用，包括存储设施的成本、搬运费、保险费、税金和资金的机会成本等。每次订货量越大、库存量越大的时候，库存持有成本就越大。

②订货成本。订货成本是指进行一次订货所产生的费用，包括差旅费、运输费、通信费及跟踪订单系统的成本等。订货成本与每次订货量的多少无关，主要受订货次数的影响，在一定需求量的情况下，每次订货量越少，订货次数越多，全年的订货成本就越大。

③采购成本。采购成本是指采购一批物资所产生的费用，一般由采购量和单位采购成本来确定。在不考虑数量折扣的情况下，采购数量越多，单位采购成本越大，则采购成本就越高。

（3）EOQ 模型

库存总成本由采购成本、订货成本和库存持有成本组成，计算公式如下：

$$库存总成本 = 采购成本 + 订货成本 + 库存持有成本$$

即

$$TC = DP + \frac{DC}{Q} + \frac{QK}{2} \qquad (5\text{-}7)$$

其中：D——某库存产品的年需求量（件）；

P——单位采购成本（元／件）；

C——单位订货成本（元／次）；

Q——每次订货批量（件）；

K——单位产品年保管成本（元／件），$K = PF$，F 为年仓储保管费用率；

TC——年库存总成本（元）。

为了使库存总成本最小，根据库存总成本的计算公式对 Q 求导，并令一阶导数为零，得到经济订货批量的计算公式为

$$EOQ = \sqrt{\frac{2CD}{K}} \text{ 或 } EOQ = \sqrt{\frac{2CD}{PF}} \qquad (5\text{-}8)$$

则年总库存成本：

$$TC = DP + \sqrt{2KCD} \text{ 或 } TC = DP + \sqrt{2CDPF} \qquad (5\text{-}9)$$

年订货次数：

$$N = \frac{D}{EOQ} \qquad (5\text{-}10)$$

平均订货间隔期（一年按照 360 天计算）：

$$T = \frac{360}{N} \qquad (5\text{-}11)$$

3. MRP 库存管理模式

（1）MRP 库存管理模式的产生与发展

MRP 即物料需求计划，大约是在 20 世纪中期提出的，适合生产制造型企业。工业经济时代制造型企业间相互竞争的本质就是产品生产成本上的竞争，而规模化生产是降低生产成本的主要方式。由于生产力的发展和技术的空前进步，规模化生产给制造业带来了许多困难，主要体现在：生产原料供给不足或者无法准时供应；产品生产周期过长且难以调控，劳动生产率大幅下降；资金周转期过长且使用效率不高；市场和客户需求瞬息万变，使得企业经营计划难以协调等。总之，降低成本的主要矛盾体现在库存的积压与短缺的问题上。

为了解决这个问题，美国生产与库存控制协会于 1957 年开始进行生产库存

控制方面的研究与理论传播。直到 20 世纪 60 年代计算机开始商业化应用后，第一套 MRP 软件系统问世并开始应用于企业物流管理工作中。

MRP 是一种推式生产计划，相对库存比较高。MRP 库存管理模式具有需求相关性、需求确定性、计划复杂性的特点，所以使用该模式需要确切的数据信息。随着管理信息集成的不断扩展和深化，经过一段时间的发展，出现了 MRP Ⅱ 理论。该理论是以生产计划为中心，整合了企业其他资源，保持生产的正常运转，以最低的成本维持生产计划完成。该理论首次出现整合、系统、协调等重要理念，为以后其他理论的发展打下了基础。

（2）MRP 库存管理模式的任务和内容

MRP 库存管理模式的基本任务是从最终产品的生产计划（独立需求）中计算出相关物料（原材料、零部件等）的需求量和需求时间（相关需求），并根据物料的实际需求和生产（订货）周期来确定其开始生产（订货）的时间。

MRP 库存管理模式的主要内容是对零部件的生产计划和采购计划进行编制。然而要准确地编制零部件计划，需要提前做好产品的生产进度计划，用 MRP Ⅱ 理论的术语来说就是主生产计划，这是物料需求计划展开的根本依据。MRP 软件系统只有了解产品的零部件结构即物料清单，才能将主生产计划转换成零部件计划；另外还需要知道库存数目才能准确计算出零部件的采购数量。编制物料需求计划的依据是主生产计划、物料清单和库存信息。MRP 库存管理模式反映了按需定产的思想理念，体现了为客户服务的宗旨。

①物料清单。物料清单（BOM）是物料需求计划的重要文件，几乎全部的管理部门都要用到它。它具体包括物料的结构层次、物料的编号、物料名称、计量单位、规格、成品率、提前期（累计提前期）、来源类型，另外，还标注有效期（生效期或失效期）。物料清单具有层次结构，它显示每完成一个产品所需下一层次的各项数量（组件和构件的数量），根据物料清单可以确定产品所需零部件的数量、时间及相互间的关系。

②主生产计划。主生产计划（MPS）是确定单位时间内生产产品数量的计划。单位时间内生产的产品是指企业即将要出厂的产成品，它要具体到产品的类型、型号。这里的单位时间，通常以周为单位，在某些情况下，也可以是日、旬、月。主生产计划详细规定什么时候生产，什么时候出产，它是独立的需求计划。主生产计划根据客户订单和市场预测，把经营计划或生产大纲中的产品具体化，使之成为物料需求计划展开的主要依据，起到了从综合计划向明细计划过渡的作用。

③产品库存文件。产品库存文件（也称库存信息）包含原材料、在制品、零

部件和产成品的库存量、已订未到量和已分配但没有提走的数量。根据物料需求计划计算所需物料的数量，优先考虑库存，其后才是采购不足的部分。由 MRP 库存管理模式的逻辑流程可见，先根据主生产计划产生物料需求计划，再参考物料清单对物料需求进行分析，与产品库存文件进行比对，生成生产作业计划和采购计划，然后就可以进行采购和产品生产了。

（3）MRP 采购的特点

①需求的相关性。MRP 采购是针对具有相关需求物资的采购方法，其需求本身之间是相关的，需求和主要作业内容、品种数量、时间也是相关的。

②需求的确定性。MRP 采购计划是根据主生产计划、物料清单、产品库存文件和生产时间或订货进货时间计算出来的，其需要的时间和需要的数量都是确切的，不能够随意改变。

③计划的精细性。MRP 采购计划从主产品到零部件，从需求数量到需求时间，都是有充分根据的，只有按照出产的先后顺序，按照计划严格执行，才能够保证主产品出产计划如期实现。计算过程较为复杂，需要借助计算机计算完成。

4. JIT 库存管理模式

（1）JIT 库存管理模式的产生与发展

JIT 产生于 1973 年，即"准时制""零库存"，是由日本丰田汽车公司推出的一种库存管理模式。JIT 库存管理模式是按照订单制造需求计划要求，对生产物料实施控制，在准确的生产计划下，由供应商提供准确的物料，实现生产与材料采购的准时准量对接。该模式通过生产商与供应商长期分工合作，通过降低库存—暴露问题—解决问题—再降低库存—再暴露问题—再解决问题，形成良性循环。零库存是一种理想的库存管理目标，在实际操作过程中需要非常先进的供应链合作体系。由于零库存管理对供应商的要求非常高，为配合制造商的 JIT 库存管理模式，许多上游的材料商通过增加备货来保证供应。上游供应商为了应对下游客户需求变化带来的压力，不得不增加备用库存。增加库存就会增加成本，上游供应商最终会把成本转移到下游客户端。因此 JIT 库存管理模式只是局限于一定范围的目标控制，整个上下游的供应链成本效益降到最低无法实现，该模式只是把库存在供应链各个节点进行转移而已，由原先的下游不断向上游推移。

JIT 库存管理模式能够有效地调控各生产环节生产产品的品种、数量、时间，消除生产环节的过量生产，实现所谓的无库存生产，有助于缩短产品生产周期，降低过量生产和提高生产系统柔性。JIT 库存管理模式下的生产系统是一种由客户需求牵引的拉动式生产系统，由客户订单来拉动整个生产运作的全过程，能保证生产过程中不多生产不需要的产品，从而避免了浪费。

（2）JIT库存管理模式的特点

JIT库存管理模式与普通的采购模式相比，还是有着很大的区别：

第一，源头供应比以往的要少。通过JIT库存管理模式的介入，企业能更加轻松、有效地管控货物供应商，并且还能增加相互之间的联系，保证企业平稳运行。

第二，信息的高度共享。采取JIT库存管理模式首先要确保供应商与企业之间的信息共享程度、信息的有效性及信息的可操作性。

第三，交货的准时性。JIT库存管理模式下的采购是与企业的生产计划紧密联系的，因此货物交付的快慢对企业生产有着很大的影响。

第四，小批量采购。货物的小批量采购是JIT库存管理模式的一个特点，会造成企业在运输成本上的花费及货物运输次数的增加，对供应商要求较高，需要供应商采取合理的方式及时交付货物。

（3）JIT库存控制

JIT库存控制是JIT采购的关键部分，是通过对库存设定采购批量及订货点，在库存进入订货点之后指出采购内容来管控原料库存的。JIT库存控制涉及有关采购批量、安全库存等的采购模型。JIT库存控制模型是在之前采购模型的基础上，融合JIT采购特征创建完成的。该模型从供应链层面着手，把采购商和供应商融合在一起，便于修订两者之间的采购方案。

第三节 供应链环境下库存管理方法

一、供应商管理库存

（一）定义

根据现行国家标准《物流术语》（GB/T 18354—2021）的定义，VMI是指"按照双方达成的协议，由供应链的上游企业根据下游企业的需求计划、销售信息和库存量，主动对下游企业的库存进行管理和控制的库存管理方式"。VMI是Vendor Managed Inventory的简称，即供应商管理库存。供应商管理库存的内容简单说即供应链上游与下游企业共享需求信息或库存水平信息，供应商根据这些信息并结合协议中双方约定的存货标准补充下游企业的库存。企业实行供应商管理库存的主要目的是降低自身库存管理成本，但实际上供应商管理库存不仅可以降低企业自身的库存管理成本，还会使上游供应商盈利。这是因为供应商管理库存中企业自身的库存信息是实时更新的且上游供应商可以看到库存情况，所以供应商可以根据这一信息实时供货，减少了信息因时间延迟而导致的时效性降低。由于 VMI 供应链上各企业之间是信息共享的，供应链中的上下游企业都能及时掌握信息，这使得合作的企业间可以实现共赢。

VMI 模式是以客户和供应商双方达成库存管理合作协议，由供应商负责管理库存，客户方进行监督和改进建议，双方都以最低成本为目标，在一个共同的协议下，使库存管理得到不断优化的一种合作性模式。这种模式改变了原有的企业经营模式，把过去企业各自的库存统一起来，体现了供应链管理的集成化模式，以适应市场变化要求。VMI 模式是一种创新型的供应链库存管理思想，体现了以客户为需求服务导向的管理理念。

不过需要特别注意的是，由于这是双方签订的协议，所以协议的精确执行就显得格外重要，这也就要求协议双方做好监督，并根据实际情况实时更新和调整协议内容，从而使库存管理水平获得不断提升。现在 VMI 模式在分销链中的地位非常重要，因此它越来越受重视，也有越来越多的人了解到其重要性和意义。

VMI 模式是从快速响应和有效客户响应基础上演变而来的，其核心内容是通过客户实时的库存信息共享，掌握库存消耗、库存变化、安全库存需求等因素，以此来预测库存并进行补货管理。这种管理模式，改变了原来对库存预测的局限性，能让供应链的库存得到最佳的管理控制。VMI 模式非常适合分销商模式，因此被很多商业连锁品牌企业所推荐使用，20 世纪末期，美国宝洁公司与沃尔玛商业连锁公司成功实施了这种模式。VMI 模式需要有效的信息系统支持，要及时准确地提供信息。

（二）特点

VMI 模式与传统的库存管理方式不同，它强调协议双方的双赢及管理目标的特殊性。这一特性要求供应链库存管理要实现的是整个供应链上的效益最大化，创造多赢的管理效应。因此，与传统库存管理模式相比，VMI 模式特别关注了涉及供应链上下游企业的核心竞争力，又因为在 VMI 模式中企业之间是建立在长期合作、信息共享的基础上的，这也就给协议中上下游企业更深一步合作提供了可能。具体特点如下：

1. 各合作方协同合作创造企业新价值

VMI模式要求供应链中签订协议的双方，即上下游企业需要转移库存所有权和管理权，主要是买方（库存所有权的一方）将库存所有权和管理权转移到卖方（上一级供应商）。买卖双方这么做就要求双方有绝对的信任，这也就要求双方必须合作才行，因此VMI模式的成功实施，会直接促进企业之间信任度的提升。

2. 双方实现了互惠互利

企业实施VMI的目的是降低库存管理成本，最终的目的是实现更多的盈利。为了实现双赢的目的，需要考虑比较重要的两方面：第一点就是协议双方降低双方库存成本的方法；第二点就是双方对成本费用分配问题需要自行协商。VMI模式需要双方坦诚合作，因为涉及企业的核心信息，所以任何只顾自己一方利益的做法都会影响VMI模式的实施效果。因此为了最终实现企业降低成本增加利润及实现双赢的目的，双方需要基于供应链的思想去实施VMI模式。

3. 供应链上下游企业沟通性增强

实施VMI模式需要双方的积极合作，因为信息的共享使双方的反应快速化，这样协议双方也就不会因为沟通不畅而导致库存成本升高的情况出现。因此双方的持续沟通是充分发挥VMI模式效果的推动力，可使供应链中上下游企业的沟通性增强。

4. 协议双方行为更加规范

实施VMI模式需要供应商与下游企业之间签订双方协议，协议中应明确规定双方的责任与义务。为了提高操作的可行性，具体的合作事项都应通过框架协议明确规定。一旦任何一方违背了双方签订的协议，则基于合约精神将会受到严厉的惩罚。

5. 企业管理水平的不断完善

VMI模式中的供应商和下游企业会在协议约定下允许供应商设立库存，但是因为供应链内外的环境及企业面临的内外环境也是随时变化的，所以VMI模式的内容需要不断优化改进。只有这样才能使库存成本降低，运用VMI模式的企业才可以获得高水平服务及资金流的改变、企业利润的提高。与此同时，企业通过自身对需求的精准预估不仅可以使自身成本降低，还可以缩短供货时间，这样企业可以更加有效地控制库存和满足客户需求。

虽然 VMI 模式的实施给企业带来了诸多好处，但事物都有其两面性，VMI 模式带来诸多好处的同时，也会给企业带来一些问题。例如，企业实施 VMI 模式，这要求双方之间的信任度非常高，因为涉及库存信息的透明，以及企业的核心机密，所以真正实施起来难度还是很大的。虽然企业在实施 VMI 模式时把库存管理交给了供应商，自身库存成本降低，但是上游供应商的库存成本加大，所以这相当于把自身的压力转给了供应商，等等。不过总体上来说企业实施 VMI 模式是利大于弊，VMI 模式可以用来降低库存量，改善库存周转，进而优化库存水平。

二、联合库存管理

联合库存管理（JMI）是一种基于 VMI 模式发展起来的责任共担、利益共享的库存管理方法。JMI 模式体现的是企业之间的相互协调，通过建立协调管理中心共同制订计划。

（一）JMI 模式的思想

JMI 模式是一种在 VMI 模式基础上发展起来的升级版的库存管理模式，是企业上下游共同管理库存的一种模式。这种模式解决了双方对库存管理风险与收益之间的平衡问题，体现了战略供应商联盟的新型企业合作关系。JMI 模式的主要策略是强调分销商、供应商在共同的约束条件下，把供应链各节点企业的库存做统一管理、统一控制。由于供应链上的各个节点企业共同参与制订库存需求计划，因此各方都能做出最科学的库存计划，保持各节点企业之间对库存需求协调统一，从而消除了过去因各节点企业需求计划逐级滚动放大而造成实际库存大于需求的现象。需求计划在各节点企业传递汇总的过程中，会逐渐被放大，最终汇总的需求大于各节点企业的实际需求汇总。这种现象被称为"牛鞭效应"。

JMI 模式进一步解决了 VMI 模式的缺陷，统一了供应链上分散库存管理及管理归属权限配置问题，改善了供应商单独承担库存风险的运营模式，有效提高了供应链各方共同合作协调管理的程度。

JMI 模式强调的是从供应链整体出发，各节点企业之间相互合作，共同制订库存计划，供应链上所有企业都需参与。由于供应链上每个成员都需从相互之间的协调性考虑，这就使得任何节点之间的需求都保持一致，从而消除了需求逐级放大的现象，降低了企业居高不下的库存量。

与传统的供应链管理模式相比，JMI 模式打破了企业各自为政的库存管理方式，供应链上下游企业共同参与制订计划，减少了需求信息扭曲现象发生，降低了库存成本，为实现供应链的集成化运作提供了保证。同时，JMI 模式体现出各节点企业的高度协作，提升了供应链的运作效率和稳定性，各组织之间通过建立协调管理机制进行风险和利益的权衡，明确利益分担与分配。所以说，JMI 模式是一种风险共担、利益共享的管理模式。

（二）JMI 模式的优势

JMI 模式不仅可以提高供应链的运行效率，还可以降低物流成本。JMI 模式通过把供应链上下游划分为两个协调中心，消除了由需求信息扭曲带来的"牛鞭效应"，提升了供应链的稳定性。在传统的库存管理模式下，供应链上所有节点企业都保有自己的库存，而如果核心企业分厂增加，配送路线将成倍增加，显然这会大大增加物流成本。

JMI 模式将多库存点的库存转化为由核心企业管理库存的模式，简化了供应链管理的运作程序。在 JMI 模式下，供应商直接把库存放置在核心企业库房中，保证了核心企业对物料的统一调度，统一控制，提升了效率。JMI 模式的优势可以归纳为以下几点。

1. 成本优势

JMI 模式可通过企业之间的信息共享缩短提前期，降低库存水平，减少缺货，从而降低供应链库存总成本。

2. 信息优势

很多企业的库存管理之所以出现问题是因为缺乏信息沟通，JMI 模式通过建立战略合作伙伴关系，使供应链上下游企业信息共享，供应链上游企业可及时获得下游企业的需求，从而使供应链围绕客户展开活动。

3. 战略联盟的优势

JMI 模式的实施需要供需双方本着互惠互利原则，从供应链整体角度考虑，双方互相信任，建立战略合作伙伴关系，所有企业从中获利，实现共赢，因此采用 JMI 模式能加强企业之间的联系，使其他竞争者很难模仿这种合作模式，为企业带来竞争优势。

4. 物流优势

JMI 模式打破了传统企业各自为政的物流局面，体现了供应链的集成化思想，强调上下游企业共同参与制订库存计划，能够在很大程度上削弱"牛鞭效应"和库存过高带来的影响。

（三）JMI 的实施策略

1. 建立一套有效的协调管理机制

为了保证 JMI 模式的顺利实施，供需双方应从合作的角度出发，建立一套有效的协调管理机制，通过该机制的协调作用，明确供需双方的责任；没有一个有效的机制，就不可能充分发挥 JMI 模式的优势。

建立协调管理机制，应从以下方面入手：第一，建立共同的目标。供需双方应本着互惠互利的合作原则，了解彼此在市场的共同处和冲突点，相互协调，设立共同目标，如降低库存成本、提升客户满意度等。第二，建立联合库存协调控制的方法。协调中心需要明确需求预测方法、企业优化库存的方法，确定最大和最小库存量、安全库存量等。第三，建立合理的利益分配机制。要想保证 JMI 模式实施的有效性，一套合理的利益分配机制和激励机制必不可少。建立利益分配机制后，还应建立一套监督机制，防止供应链上各环节出现机会主义，损害供应链联盟的利益。

2. 构建畅通的信息传递渠道

构建畅通的信息传递渠道是指依托互联网信息技术的发展，建立一套信息系统，该系统能实现信息的实时传递。信息共享是 JMI 模式的特色之一，信息共享可保证供应链上下游需求的一致，减少"牛鞭效应"带来的影响。构建畅通的信息系统，除了应用到互联网技术以外，还应将电子数据交换（EDI）技术、射频识别（RFID）技术等条码技术结合起来，共同实现 JMI 模式的需求透明化。

3. 选择正确的 JMI 模式

JMI 模式一共分为两种模式，即货存供应方和货存需求方的 JMI 模式。货存供应方的 JMI 模式是指需求方将货物暂存在供应方处由供应方保管，但此时需求方已经通过交付定金或者预付货款等形式拥有了货物的所有权，只是货物存放在供应方处，并未实现真正的货物交付。货存需求方的 JMI 模式是指供应商将货物存放在需求方处，根据契约协定，由双方或者供应方进行日常管理，质量责任由供应方承担，自然条件造成的毁损由双方协商，确定某方承担责任或者共同承担责任，人为损坏的，哪方损坏商品由哪方承担责任。货物存放于需求方库房，需求方可非常方便地根据企业自身需求计划调用商品，需求方定期将商品使用情况反馈给供应方，双方定期进行结算。

4. 充分发挥第三方物流的作用

在 JMI 模式中，可使用专业的第三方物流公司承担非核心业务。第三方物流公司能够给客户提供非常专业的物流服务，供应链企业可将精力和资金用在提升自身的核心竞争力上。供应链企业通过第三方物流系统，还能减少企业的成本，提升客户服务水平等。

三、协同式供应链库存管理

协同式供应链库存管理（CPFR）起源于美国的沃尔玛公司，后来由北美行业间商业标准化委员会（VICS）着手建立国际标准，在推行标准化的过程中，该委员会加入了计划的内容，以强调计划在协作流程中的重要性。

（一）CPFR 的优势

各供应链合作伙伴通过建立顾客情报系统和销售网络系统，应用一系列的技术模型等共同管理业务，共享信息，提高预测的及时性和准确性，最终达到降低库存水平、提高工作效率和客户满意度的目的。

CPFR 模式是更先进的管理理念，它把企业内部管理、客户、供应商的有关资源、计划、需求全部纳入统一管理，进行统一协调、统一计划，能快速准确地应对市场变化带来的变动。CPFR 模式从系统整体的角度，均衡多方利益，协调安排库存管理目标，实现整体效益提升。CPFR 模式能实现整体的最优化，体现了企业管理信息化、联盟化、集成化、共享的管理合作思想。但该模式也有缺陷：由于各方合作主体多，利益难以协调。各个企业管理模式、管理文化千差万别，达成统一并不容易。CPFR 模式具有巨大的潜在效益和市场前景，一旦该模式被成功运用，将会给社会带来企业管理新革命。

（二）CPFR 模式的指导原则

1. 以客户需求为导向

传统的运营模式是以生产为主导、其他职能部门为辅助的推动式生产运作模式，即以产定销。供应链各节点企业之间的需求是相对孤立的，企业生产什么产品，市场部就销售什么产品。生产考虑的是机器的最大化利用、大批量生产，过分追求规模经济的效益。在这种推动式运营模式下，客户需求与企业生产是隔离的，这往往会造成企业订单不能满足客户需求，客户满意度和忠诚度下降，转而选择其他替代品，企业销售额也因此下降。另外，大批量生产加上节点企业之间需求的不对称，往往会造成库存积压、库存周转率下降，企业现金流也会受到影响，从而造成资金链紧张。在CPFR模式下，供应链各节点企业采用的是面向价值链的拉动式的生产运作模式，节点企业间的需求是相互联系在一起的。节点企业从客户需求出发安排生产和资源分配，以最大化地满足客户需求，即以销定产。企业的生产与客户需求是紧密联系的，并且节点企业需求信息共享，最大限度地满足了客户对不同产品的需求，客户满意度和忠诚度也随之提升，企业的销售额也因此增长。同时，协同预测使各节点企业的需求信息对称，企业库存周转率提升，现金流增多，资金链也因此会得到良性发展。

2. 合作伙伴共享信息

在传统的运营模式下，各企业独立运作，企业间的信息孤立，这往往是造成"牛鞭效应"的潜在因素。在信息不畅通的环境下，在供应链的各个环节中，需求被放大，这种放大效应从供应链的上游到供应链的下游逐步扩大。尤其是供应链上游节点企业的需求发生波动的时候，这种波动在每个环节得到放大，因此也导致下游节点企业的库存问题。在CPFR模式下，供应链各节点企业间的信息分享变得非常重要，企业间共享一套消费者需求，从而驱动整个供应链的运作。

3. 合作伙伴均承诺共享预测、共担风险

在传统模式下，各企业间信息相互孤立，生产计划和运营模式也以推动式为主。各企业以产定销，企业负责人从上往下分配销售任务，生产计划是以此销售任务为基础协调组织资源，预测在整个生产计划体系中几乎是不存在的。即使有个别企业有专业的市场部门，其主要职能也是制定销售策略，开发客户和市场推广，销售预测往往是被忽视的职能。在CPFR模式下，各节点企业共同分享一套客户需求预测数据，上下游节点企业以此为基础安排生产计划，协调生产、补货等经营活动。同时，节点企业通过一系列的前端协定来约束企业间的行为，从而实现了风险控制和风险共担。

第六章　物流信息系统

第一节　物流信息技术

信息技术（Information Technology，IT）是指获取、传递、处理、再生和利用信息的技术，包括信息传递过程中的各个方面，即信息的产生、收集、交换、存储、传输、显示、识别、提取、控制、加工和利用等技术。

随着信息化在全球的快速进展，世界对信息的需求快速增长，信息产品和信息服务对于各个国家、地区、企业、单位、家庭、个人都不可缺少。信息技术已成为支撑当今经济活动和社会生活的基石。信息技术的广泛应用使信息的重要生产要素和战略资源的作用得以发挥，使人们能更高效地进行资源优化配置，从而推动传统产业不断升级，提升了企业竞争力，推动了企业经营方式和管理方式的变革，为传统企业带来了生机和活力。

同样，信息技术在物流行业也有广泛应用，其为物流行业带来了重大的影响和变化，促进着物流一体化、第三方物流等现代物流观念的形成，实现了物流的自动化、可控化、智能化、信息化，为现代物流企业带来了更大的价值，提高了资源的利用率和附加值。例如，运用传感技术和物联网技术，可以实现对物流企业货物仓储、配送等流程的有效控制；通过应用物联网和配送网络，可以构建面向生产企业、流通企业和消费者的社会化共同配送体系。

物流信息技术（Logistics Information Technology，LIT）是现代信息技术在物流各个作业环节中的综合应用，是现代物流区别于传统物流的根本标志，也是物流技术中发展最快的领域，尤其是计算机网络技术的广泛应用使物流信息技术达到了较高的应用水平。所谓物流信息技术就是在物流各个作业环节应用的信息技术，主要由基础技术、物流信息自动识别与采集技术、物流信息存储与交换技术、物流信息追踪技术、物流信息处理技术等组成。目前，广泛应用的物流信息技术主要包括计算机技术、网络技术、数据库技术、电子数据交换技术、条码技术、射频识别技术、全球定位系统（GPS）技术、地理信息系统（GIS）技术、电子订货系统（EOS）技术、销售时点信息系统（POS）技术等。这里仅介绍物流信息自动识别与采集技术、物流信息存储与交换技术、物流信息追踪技术和物流信息处理技术。

一、物流信息自动识别与采集技术

信息自动识别技术就是应用一定的识别装置，通过被识别物品和识别装置之间的接近活动，自动地获取被识别物品的相关信息，并提供给后台的计算机处理系统来完成相关后续处理的一种技术。而信息采集技术是指利用计算机软件技术，针对定制的目标数据源，实时进行信息采集、抽取、挖掘、处理，将非结构化的信息从大量的网页中抽取出来保存到结构化的数据库中，从而为各种信息服务系统提供数据输入的一种技术。

在物流系统中，首先需要对物流信息进行自动识别与采集，将识别并采集到的信息存入计算机数据库系统。常用的物流信息自动识别与采集技术有条码技术和射频技术等。

（一）条码技术

随着计算机、信息及通信技术的快速发展，信息的处理能力、存储能力、传输通信能力日益增强。全面、有效的信息采集和输入成为所有信息系统的关键。条码技术就是在计算机的应用实践中产生并发展起来的一种自动识别技术。它通常包括条码编码技术、识读条码技术、条码印刷技术。条码编码技术研究如何把计算机所需要的数据用条码符号表示出来。识读条码技术研究如何将条码符号所表示的信息变成计算机可自动采集的数据。要制作条码符号，首先需要有编码规则，然后需要采用多种印刷方法或专用的条码印刷机印刷出条码。要阅读条码符号所含的信息，则需要扫描装置和译码装置。当扫描装置扫过条码符号时，根据光电转换原理，条码转换成电流波，被译码装置译成计算机可读数据。可见，条码技术是集条码理论、光电技术、通信技术、计算机技术和条码印刷技术于一体的综合性技术。

条码技术具有使用简单、信息采集速度快、准确度高、成本低、可靠性高等优点，因此被广泛运用于各个行业，尤其在现代物流业中的应用最为广泛、有效，它被广泛应用于物品装卸、分拣、库存等物流环节，使得物流作业程序简单而准确。它是实现物流业自动化管理的有力武器，有助于进货、销售、仓储管理一体化，可提高物流效率；是实现物流电子数据交换、节约资源的基础；是及时沟通产、供、销的纽带，便于及时捕捉消费者需求，扩大商品销售，提升市场竞争力。

按照维数，条码可分为一维条码和二维码。

按照码制，一维条码可分为 UPC 码、EAN 码（EAN-13 码和 EAN-8 码）、交叉二五码、Code 39 码、Code Bar 码、Code 128 码（包括 EAN-128 码）、Code 93 码；二维码可分为 QR 码、PDF417 码、Code 49 码、Code 16K 码、Data Matrix 码、MaxiCode 码等。

1. 一维条码

一维条码是由一组按照一定编码规则排列的条、空及对应的字符组成的标记。其中，"条"指对光线反射率较低的部分，"空"指对光线反射率较高的部分。这些条和空组成的数据表达一定的信息，能够用特定的设备识读，并能够转换成与计算机兼容的二进制和十进制信息。

一个完整的一维条码符号由两侧静区、起始字符、数据字符、校验字符和终止字符组成。其排列方式如下：

静区　起始字符　数据字符　校验字符　终止字符　静区

静区：也叫空白区，分为左空白区和右空白区，左空白区是让扫描设备做好扫描准备，右空白区是保证扫描设备正确识别一维条码的结束标记。为了防止左右空白区（静区）在印刷排版时被无意中占用，可在空白区加印一个符号（左侧没有数字时印＜号，右侧没有数字时加印＞号）这个符号就叫静区标记。静区标记的主要作用就是防止静区宽度不足。

只要静区宽度能保证，有没有这个符号都不影响一维条码的识别。

起始字符：一维条码符号的第一位字符，具有特殊结构，标志着一个一维条码符号的开始，当阅读器读取到该字符时，便开始正式读取代码了。

数据字符：位于起始字符后面的字符，标志着一个一维条码的值，是一维条码的主要内容，其结构异于起始字符。

校验字符：校验字符代表着一种算数运算结果，阅读器在对一维条码进行解码时，对读入的字符进行规定的运算，如运算结果与校验字符相同，则判定此次阅读有效，否则不予读入。一维条码编码规则不同可能会有不同的校验规则。

终止字符：一维条码符号的最后一位字符，一样具有特殊结构，标志着一维条码符号的结束，阅读器确认此字符后停止处理。

满足物流条码基本应用要求的一维条码共有三种，分别为 EAN-13 码、交叉二五码和 Code 128 码。

（1）EAN-13 码

EAN-13 码，是国际通用的商品条码。EAN-13 码以直接面向消费者销售的商品为标识对象，它的编码结构由八部分组成，分别为：左侧空白区、起始符、左侧数据符、中间分隔符、右侧数据符、校验符、终止符、右侧空白区。EAN-13 码由 13 位数字组成。根据 EAN 规范，这 13 个数字被分别赋予了不同含义：最前面的三个数字表示国家或地区的代码，由国际物品编码协会统一决定，中国的代码为 690～695；接着的四位数字表示制造厂商代码；其后的五位数字表示商品项目代码，是用以标识商品的代码，代码由制造厂商自行编码；最后一位数字用于防止发生误读错误。

（2）交叉二五码

交叉二五码是 1972 年美国易腾迈（Intermec）公司发明的一种条、空均表示信息的连续型、非定长、具有自校验功能的双向条码。交叉二五码可用在定量储运单元的包装上，也可用在变量储运单元的包装上，因此在物流管理中被广泛采用。条码符号从左到右，表示奇数位数字符的条码数据符由条组成，表示偶数位数字符的条码数据符由空组成。组成条码符号的字符数个数为偶数。当条码字符所表示的字符个数为奇数时，应在字符串左端添加"0"。起始符包括两个窄条和两个窄空，终止符包括两个条（一个宽条、一个窄条）和一个窄空。

（3）Code 128 码

Code 128 码是较为复杂的条码系统，其所能支持的字符相对于其他一维条码来说也较多，同时它又有不同的编码方式可供交互运用，因此 Code 码的应用弹性较大。Code 128 码的内容大致包括起始码、资料码、终止码、检验码四部分，其中检验码可有可无。

Code 128 码被广泛用于制造业的生产流程控制，批发物流业或运输业的仓储管理、车辆调配、货物追踪，医院血液样本管理，政府对管制药品的控制追踪等领域。

目前我国所推行的 128 码是 EAN-128 码，EAN-128 码是根据 EAN/UCC-128 码的定义标准将材料转变为条码符号，并采用 128 码逻辑，具有完整性、紧密性、连接性及高可靠性等特点，辨识范围涵盖生产过程中一些补充性质及易变动资讯，如生产日期、批号、计量等，可用在货运栈板标签、携带式资料库、连续性资料段及流通配送标签等运输包装上。

2. 二维码

随着条码应用领域的不断扩展，传统的一维条码逐渐表现出它的局限性。首先，必须在连接数据库情况下提取信息才能明确一维条码所表达的信息含义，而在没有数据库或无法联网的情况下，一维条码的使用将受到限制。其次，一维条码只能表达字母和数字，无法表达汉字和图像。最后，由于一维标签尺寸限制，使得一维条码无法蕴含大容量信息。正是由于一维条码存在以上不足，二维码技术才应运而生。它相较于传统的一维条码而言能存更多的信息，也能表示更多的数据类型。

二维码是用某种特定的几何图形按一定规律在平面（二维空间）上分布的黑白相间的图形记录数据符号信息的；在代码编制上巧妙地利用构成计算机内部逻辑基础的"0""1"比特流的概念，使用若干个与二进制相对应的几何形体来表示文字数值信息，通过图像输入设备或光电扫描设备自动识读以实现信息自动处理。它具有条码技术的一些共性，每种码制有其特定的字符集，每个字符占有一定的宽度，具有一定的校验功能等。同时它还具有信息容量大、容错能力强、编码范围广、译码可靠性高、加密等特点。虽然，现如今二维码技术在物流领域的应用还不够广泛，但其在手机扫描、身份识别、电子商务等方面已普遍使用。下面介绍一种常用的二维码，即 QR 码。

QR 码的"QR"是 Quick Response 的缩写。它是一种矩阵式二维码，能够被快速读取。与之前的一维条码相比，QR 码能存储更丰富的信息，包括对文字、URL 地址和其他类型的数据加密。QR 码的符号共有 40 种规格，分别为版本 1、版本 2……版本 40。版本 1 的规格为 21 模块 ×21 模块，版本 2 的规格为 25 模块 ×25 模块，以此类推，每个版本符号比前一版本每边增加 4 个模块，直到版本 40。QR 码呈正方形，只有黑白两色。在 4 个角落的其中 3 个，印有较小、像"回"字的正方形图案。这 3 个图案是帮助解码软件定位的，使用者不需要对准，无论以任何角度扫描，资料都可被正确读取。QR 码可以用来表示数字、字母、8 位字节型数据，日文双字和中文汉字字符等内容，其容量密度大，可放入 1817 个汉字、7089 个数字或 4296 个英文字母。QR 码具有 L、M、Q、H 四个等级的纠错能力，即使破损也能够被正确识读，其相较于其他二维码而言，具有识读速度快、数据密度大、占用空间小等优点。

3. 复合码

1999 年，国际物品编码协会（EAN International）和美国统一代码委员会（UCC）联合推出了一种全新的适用于各个行业的物流条码标准——复合码。复合码是由一维条码和二维码有机地叠加在一起而构成的一种新的码制，它可以实现同时读取商品的识别信息和更多描述商品物流特征的信息。复合码很好地保持了国际物品编码体系（EAN／UCC 系统）的完整性及兼容性，被主要应用于物流及仓储管理领域。

复合码中的一维条码可以是任何形式的 RSS 条码，也可以是普通的 EAN-128 码。其作用在于：一是单品标识；二是作为二维码的定位符，用于成像仪识别时的定位。复合码中的二维码部分由 PDF417 码构成，用于表示附加的应用标识符（Application Identifier）的数据串，诸如产品的批号、保质期等商品的描述性信息。在设计复合码时，应使一维条码数据内容与二维码 PDF417 的数据内容相连，以免扫描条码时造成张冠李戴的错误。由于用户有时需要既扫描一维条码，即录入商品或包装箱的单品标识信息，又扫描二维码，即录入商品或包装箱的描述性信息。因此，在一维条码的数据与二维码的数据之间建立一种绝对的联系是多年来编码工作者一直考虑的问题。

长期以来，随着计算机技术在商业及物流领域的成功运用，人们已经认识到，现有的商品条码因受其信息容量的限制，已无法满足商业物流管理的需要。复合码的出现，解决了人们标识微小物品及表述附加商品信息的问题。目前，复合码的应用主要集中在标识散装商品（随机称重商品）、蔬菜水果、医疗保健品、非零售商品的运输与物流管理上。在零售业中，复合码的应用首先解决了微小物品的条码标识问题。利用原有的 EAN-8 码标识微小物品时，只能用 8 位的缩短码，所表述的信息仅为商品唯一编号（8 位数据）。这种缩短码由于信息容量小、占用面积大、号码资源紧张等，给商业用户带来了诸多不便。复合码有效地增大了单位面积条码的信息容量。复合码，不仅可以表示商品的单品编码，还可以将商品的包装日期、最佳食用日期等附加商品信息标识在商品上，这样既便于零售店采集，又便于零售店对保质期商品实施有效的计算机管理和监控。

目前，在物流系统中越来越多的应用证明，采集和传递更多的运输单元信息是非常必要的。而目前现有的 EAN-128 码受信息容量的限制，无法提供满意的解决方案。物流管理所需要的信息可分为两类：运输信息和货物信息。运输信息包括交易信息，诸如采购订单编号、装箱单及运输途径等。而复合码中包含这些信息的好处在于供应链的各个环节都可以随时采集所需信息，从而无须建立在线式数据库。将货物本身信息编在二维码中是为了给电子数据交换提供可靠的备份，从而减少对网络的依赖性。货物信息包括包装箱、物品名、数量及保质期等，掌握这些信息对混装托盘的运输及管理尤其重要。采用复合码以后，这种以 EAN-128 码及 PDF417 二维码构成的复合码可将 2300 个字符编入条码中，从而解决了物流管理中条码信息容量不足的问题，极大地提高了物流及供应链管理系统的效率和质量。

（二）射频识别技术

1. 射频识别技术的概念

射频识别技术（Radio Frequency Identification，RFID），又称无线射频识别，最早起源于英国，最初应用于第二次世界大战中敌我飞机身份的辨别，20世纪60年代开始商用。RFID技术是一种自动识别技术，可通过无线电信号识别特定目标并读写相关数据，而无须在识别系统与特定目标之间建立机械或光学接触。

2. 射频识别技术的原理

射频识别技术的原理具体如下：标签进入磁场后，接收解读器发出的射频信号，凭借感应电流所获得的能量发送存储在芯片中的产品信息（Passive Tag，无源标签或被动标签），或者由标签主动发送某一频率的信号（Active Tag，有源标签或主动标签），解读器读取信息并解码后，送至中央信息系统进行有关数据处理。主动射频标签与被动射频标签的区别如表6-1所示。

表6-1 主动射频标签与被动射频标签的区别

参数类别	主动射频标签	被动射频标签
标签电源	内置于标签内	读卡器通过无线电频率传输能量
标签电池	有	无
所需信号强度	低	高
范围	可达100 m	3～5 m
读取的标签	1000个	3米内几百个
数据存储	128字节可读可写	128字节可读可写

3. 射频识别系统的组成及工作流程

射频识别系统主要由三部分组成，分别为射频标签、射频识读器和计算机（信息）系统。射频标签中一般保存有约定格式的电子数据，在实际应用中，射频标签附着在待识别物品表面。射频识读器又称射频读出装置，可无接触地读取并识别射频标签中所保存的电子数据。计算机（信息）系统可以对物品识别信息进行进一步处理、程传递等。

射频识别系统的工作流程如下：

①射频识读器经过天线向外发射无线电波信号。

②当射频标签进入发射天线的工作区时，射频标签被激活并将自身信息经过天线发射出去。

③系统的接收天线收到射频标签发射出来的无线电波信号，经天线的调节器传给射频识读器。射频识读器对接收到的信号进行解调解码，送计算机系统。

④计算机系统根据逻辑运算判断射频标签的合法性，针对不同的设定做出相应的处理和控制，发出指令信号控制执行机构的动作。

⑤执行机构按计算机系统的指令动作。

⑥通过计算机通信网络将各个监控点连接起来，构成总控信息平台，根据不同的项目可以设计不同的软件来实现不同功能。

4.射频识别技术相较于传统条码识别技术所具有的优势

射频识别技术与传统条码识别技术相比具有一定优势，具体包括扫描识别速度快，体积小型化、形状多样化，抗污染能力强，使用寿命长，可重复使用，穿透性和无屏障阅读，识读距离远，信息存储容量大和安全性高等。

5.射频识别系统的分类

根据不同的分类标准，射频识别系统可分为多种不同类型。根据射频识别系统完成的功能不同，射频识别系统可以分为四种类型，分别为电子商品防盗系统、便携式数据采集系统、物流控制系统、定位系统。

（1）电子商品防盗系统

电子商品防盗系统是一种设置在需要控制物品出入的门口的 RFID 系统，是目前大型零售行业广泛采用的商品安全措施之一。电子商品防盗系统于 20 世纪 60 年代中期在美国问世，最初应用于服装行业，现在已经扩展到全世界 80 多个国家和地区，应用领域也涵盖了百货、超市、图书各种行业，尤其在大型超市（仓储）的应用得到了充分的开发。典型的电子商品防盗系统一般由三部分组成：附着在商品上的电子标签、电子传感器；电子标签灭活装置，以便授权商品正常出入；监视器，在出口形成一定区域的监控空间。

在应用电子商品防盗系统时，首先在物品上粘贴电子商品防盗标签，当物品被正常购买或者合法移出时，在结算处通过一定的装置使电子商品防盗标签失效，物品就可以被带走。物品经过装有电子商品防盗系统的门口时，电子商品防盗装置能自动检测标签的活动性，发现活动性标签，电子商品防盗系统会发出警告。电子商品防盗系统能够有效防止物品被盗。

（2）便捷式数据采集系统

便捷式数据采集系统是一种使用带有射频识读器的手持式数据采集器采集射频标签上数据的 RFID 系统。这种系统具有较强的灵活性，适用于不宜安装固定式 RFID 系统的应用环境。手持式的射频识读器可以在读取数据的同时，通过无线电波数据传输方式实时地向计算机系统传输数据，也可以暂时将数据存储在射频识读器中，之后成批地向计算机系统进行传输。

（3）物流控制系统

在物流控制系统中，射频识读器分散布置在特定区域，并且射频识读器直接与计算机系统相连；信号发射机（射频标签）是移动的，一般安装在移动的物体或者人体上；当物体或人经过射频识读器时，射频识读器会自动扫描射频标签上的信息，并把信息传输到计算机系统中进行存储、分析和处理，从而达到控制物流的目的。

（4）定位系统

定位系统一般用于自动化加工系统中的定位，或者用于对车辆、轮船等进行运动定位。射频识读器放在移动的车辆、轮船，或者自动化流水线上移动的物料、半成品、产成品上，而射频标签嵌入操作环境的地表下面。射频标签上存储有位置识别信息，射频识读器一般通过无线的方式或者有线的方式连接计算机系统。

二、物流信息存储与交换技术

（一）数据库技术

数据库技术是数据库（DB）、数据库管理系统（DBMS）和据库系统（DBS）的总称。

数据库是存放数据的仓库，它是以一定组织方式储存在一起，能与多个用户共享，具有尽可能小的冗余度，与应用程序彼此独立的数据集合。数据库的特点包括最少的冗余度、数据资源可共享、数据具有独立性等。

数据库管理系统是一种操纵和管理数据库的大型软件，主要用于建立、使用和维护数据库。它对数据库实行统一的管理和控制，可以保证数据库的安全性和完整性。人们通过它可以轻松地操作数据库，而不必了解数据库内部复杂的结构。数据库管理系统的产品主要有 Oracle、Sybase、DB2、SQL Server、Access 等。这些数据库管理系统提供了数据存储、查询、删除、更新、运算、统计、编辑、打印等多种功能，用户使用数据库管理系统所提供的命令和函数，不仅可以直接对数据库进行操作，而且可以利用这些命令和函数编制各种应用程序。这类系统的通用性强、容易掌握、功能强大，和高级语言相比，其程序编制要简单得多，编制速度也更快。

数据库系统是由计算机系统、数据库、数据库管理系统和有关人员组成的具有高度组织的总体。数据库系统是为适应数据处理的需要而发展起来的一种较为理想的数据处理系统，也是一个为实际可运行的存储、维护和应用系统提供数据的软件系统，是存储介质、处理对象和管理系统的集合体。它的应用使信息系统的水平提高到了一个新的阶段，数据库系统是现代物流信息系统中不可缺少的一部分。

（二）电子数据交换技术

电子数据交换（EDI）有多种定义。国际标准化组织（ISO）将 EDI 定义为"将商业或行政事务处理按照一个公认的标准，形成结构化的事务处理或信息数据格式，是一种从计算机到计算机的数据传输方法"。国际标准化组织电工委员会在 ISO/IEC 14662—2010 中将其定义为"在两个或两个以上的组织的信息系统之间，为实现业务目的而进行的预定义和结构化的数据的自动交换"和"为完成明确的共同业务目标而在多个自治组织之间，根据开放式 EDI 进行的电子数据交换"。国际电信联盟远程通信标准化组织（ITU-T）对 EDI 的描述为"计算机到计算机之间的结构的事务数据互换"。联合国标准化委员会及联合国贸发会给出的 EDI 最新定义为："EDI 是用户计算机系统之间对结构化的、标准化的商业信息进行自动传送和自动处理的过程。"

总的来说，EDI 是将贸易、运输、保险、银行和海关等行业的信息，用一种国际公认的标准格式，通过计算机通信网络，使各有关部门、公司与企业之间进行数据交换与处理，并完成以贸易为中心的全部业务的过程。

1. 使用 EDI 系统的优点

①降低了纸张文件的消费。

②减少了许多重复劳动，提高了工作效率。

③使得贸易双方能够以更迅速、有效的方式进行贸易，大大简化了订货过程或存货过程，使双方能及时地充分利用各自的人力和物力资源。

④可以改善贸易双方的关系。厂商可以准确地估计日后商品的需求量；货运代理商可以简化大量的出口文书工作；商业用户可以提高存货的效率，提高他们的竞争能力。

2. EDI 系统的工作原理

为了更好地理解 EDI 系统的工作原理，我们以订单与订单回复为例来简单说明 EDI 系统在订货过程中的应用。

①制作订单：购买方根据自己的需求在计算机上的订单系统中制作出一份订单，并将所有必要的信息以电子传输的格式存储下来，同时产生一份电子订单。

②发送订单：购买方将此电子订单通过 EDI 系统传送给供货商，此订单实际上是发向供货商的电子邮箱，它先存放在 EDI 交换中心，等待来自供货商的接收指令。

③接收订单：供货商使用邮箱接收指令，从 EDI 交换中心自己的电子邮箱中收取全部邮件，其中包括来自购买方的订单。

④签发回执：供货商在收妥订单后，使用自己计算机上的订单处理系统，为来自购买方的电子订单自动产生一份回执，经供货商确认后，此电子订单回执被发送到网络，再经由 EDI 交换中心存放到购买方的电子邮箱中。

⑤接收回执：购买方使用邮箱接收指令，从 EDI 交换中心自己的电子邮箱中收取全部邮件，其中包括供货商发送来的订单回执。整个订货过程至此完成，供货商收到了订单，而购买方也收到了订单回执。

3. EDI 系统在货物运输中的应用

下面我们通过一个实例来说明 EDI 系统在货物运输中的应用。EDI 系统在货物运输中的应用如图 6-1 所示。

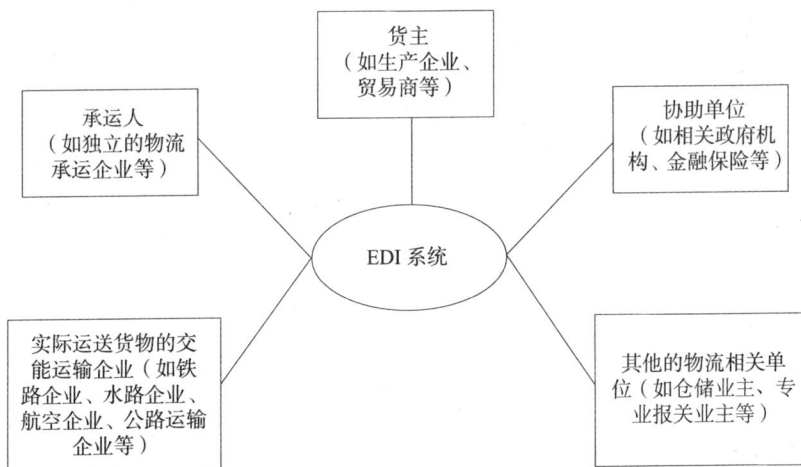

图 6-1　EDI 系统在货物运输中的应用

该实例是一个由货主、承运人、收货人所组成的物流模型。该物流模型的具体作业过程如下：

①货主（如产品制造商）在接到订货后制订货物运送计划，并把运送货物的清单及运送时间安排等信息通过 EDI 系统发送给承运人（如运输企业）和收货人（如分销商），以便承运人预先制订车辆调配计划，收货人预先制订货物接收计划。

②货主根据收货人的订货要求和货物运送计划下发发货指令，分拣配送，打印出带物流条码的货物标签并贴在货物包装箱上，同时把运送货物种类、数量、包装等信息通过 EDI 系统发送给承运人和收货人，依据请示下达车辆调配指令。

③承运人在向货主取货时，利用车载扫描设备读取货物标签的物流条码，并与先前收到的货物运输数据进行核对，确认运送货物。

④承运人在物流中心对货物进行整理、集装，做成送货清单并通过 EDI 系统向收货人发送发货信息。在货物运送的同时进行货物跟踪管理，并在货物交纳给收货人之后，通过 EDI 系统向货主发送完成运送业务信息和运费请示信息。

⑤收货人在货物送达后，利用扫描设备读取货物标签的物流条码，并与先前收到的货物运输数据进行核对确认，开具收货发票，货物入库。同时通过 EDI 系统向承运人和货主发送收货确认信息。

三、物流信息追踪技术

在物流运输行业中，如果车辆等动态信息的实时监控得不到很好的解决，信息反馈不及时、不准确等都将导致运力的大量浪费、运作成本的居高不下，因此物流运输企业必须采用物流信息追踪技术武装自己，从而提高自身的服务质量和服务水平。常见的物流信息追踪技术有全球定位系统技术、地理信息系统技术等。

（一）全球定位系统技术

全球定位系统（Global Positioning System，GPS），是由美国军方在 20 世纪 70 年代初研制的"子午仪卫星导航定位"技术的基础上发展起来的，是一种具有全球性、全能性（海陆空）、全天候性优势的导航定位、定时、测速系统。

1.GPS 系统的构成

GPS 系统由空间卫星系统、地面监控系统和用户设备三部分构成。

（1）空间卫星系统

空间卫星系统是由高度为 2 万千米、周期为 12 小时的 12 颗工作卫星和 3 颗备份卫星组成，主要任务是播发导航信息。卫星分布在 6 个升交点相隔 60° 的轨道面上，轨道倾角为 55°。每条轨道上分布 4 颗卫星，相邻两轨道上的卫星相隔 40°。这样，地球上的任何地方都可以同时看到 4 颗卫星，从而保证了良好的定位效果。

（2）地面监控系统

地面监控系统由 1 个主控站、3 个信息注入站和 5 个卫星监测站组成。5 个卫星监测站分别位于全球 5 个不同位置。地面监控系统的主要作用是对空间卫星系统进行监测、控制，并向每个卫星的数据存储器注入卫星导航数据。

（3）用户设备

用户设备是用户组织系统并根据要求安装的相应设备，其中心设备是 GPS 接收机。GPS 接收机是一种特制的无线电接收机，其主要功能是接收卫星发送的信号，并以此计算出定位数据。

2.GPS 系统的特点

（1）全球、全天候范围内连续覆盖

GPS 系统卫星数量较多，其空间分布和运行周期经过了精心设计，因此使得地球上（包括水面和空中）任何地点在任何时候都能观测到至少 4 颗卫星，从而保证全球范围内连续三维定位。此外，GPS 系统可以在一天 24 小时内的任何时间进行观测，不受阴天黑夜、起雾刮风、下雪等气候的影响，可以实现全天候连续定位。

（2）定位精度高

利用 GPS 系统可以获得动态目标的高精度坐标、速度和时间信息，在较大空间尺度上对静态目标获得 $10^{-7} \sim 10^{-6}$ 的相对定位精度。定位精度还在不断提升。

（3）实现实时定位

GPS 系统可以实时确定运动载体的三维坐标和速度矢量，从而实时地监控和修正载体的运动方向和位置，避开各种不利环境，选择最佳路线。

（4）静态定位观测效率高。根据精度要求的不同，GPS 系统静态观测时间从数分钟到数十天不等，从数据采集到数据处理都能自动完成。

（5）抗干扰性能好、保密性强

GPS 系统采用扩频技术和伪码技术，用户不发射信号，因而卫星所发送的信号具有很强的抗干扰性和保密性。

（6）操作简单

随着 GPS 接收机的不断改进，自动化程度也越来越高，有的已经达到"傻瓜化"程度；接收机的体积和重量越来越小，极大地减轻了测量工作者的工作强度。

（二）地理信息系统技术

地理信息系统（Geographic Information System，GIS），是结合地理学与地图学及遥感和计算机科学等多学科交叉的产物，是一种特定的十分重要的空间信息系统。它以地理空间数据为基础，采用地理模型分析方法，适时地提供多种空间和动态的地理信息，是一种为地理研究和地理决策服务的计算机技术系统。GIS 系统作为获取、存储、分析和管理地理空间数据的重要工具、技术和学科，近年来得到了广泛的关注和迅猛发展。

1. GIS 系统的作用

面向具体的应用领域，GIS 系统可以帮助分析解决以下问题：

①定位：研究的对象位于何处？周围环境如何？研究对象相互之间的地理位置关系如何？

②条件：哪些地方符合某项事务（或业务）发生（或进行）所设定的特定经济地理条件？

③趋势：研究对象或环境从何时起发生了什么样的变化？今后的演变趋势如何？

④模式：研究对象的分布存在哪些空间模式？

⑤模拟：如果发生假定条件，研究对象会发生何种变化？

2. GIS 系统在物流中的应用

（1）对物流进行实时监控

通过与 GPS 技术、无线通信技术结合，GIS 系统可以对车辆、船舶、人员、货物的位置及工作状态进行监测，对运输工具的在途运输情况进行跟踪，实现运输工具和人员的实时调度。此外，GIS 系统还可对特种车辆进行安全监控，保证其安全运输。

（2）对物流进行科学规划

应用 GIS 系统的空间分析功能，物流企业可以对物流设施选址、物流网络布局、物流行业趋势、各类运力、线路经营情况等进行分析，实现科学规划。

（3）对物流进行模拟与优化

GIS 系统既可以实现对各类配送活动中货物的配送时间、配送数量和配送路径的优化部署，又可以实现物流园区货物集散流程模拟、集装箱码头作业流程模拟、多式联运方案设计与比较等模拟与优化功能，为物流管理决策提供科学依据。

（4）对物流信息进行图形化查询和统计

在大量数据支撑下，GIS 系统既可以实现物流信息的图形化查询、汇总和统计，又可以实现物流企业在不同地域上各网点之间的交流与协作，如在库存管理中，可以实现分布在不同地理位置的仓库的当前库存的图形化查询，从而科学地制订配送方案。

四、物流信息处理技术

（一）销售时点系统

销售时点（Point of Sales，POS）系统是指利用自动读取设备（如收银机），在销售商品时直接读取商品信息（如商品名、单价、销售数量、销售时间、销售店铺、购买顾客等），并通过通信网络和计算机系统传送至有关部门进行分析加工，以便于有关部门可以根据各自的目的有效地利用上述信息以提高经营效率的系统。该系统在销售的同时，采集每一种商品的销售信息并传送给计算机，计算机通过对销售、库存、进货和配送等信息的处理和加工，为企业进、销、存提供决策依据。

POS 系统最早应用于零售行业，之后逐渐扩展到金融、旅馆、图书馆等其他服务行业。系统的应用范围也从企业内部扩展到整个供应链，成为信息共享、提高供应链物流效率的重要信息手段。现代 POS 系统不仅局限于收款技术，而且要考虑将计算机技术、网络技术、电子数据交换技术、条码技术、电子监控技术、电子收款技术、电子信息处理技术、远程通信技术、电子广告技术、自动仓储配送技术、自动售货、备货技术等融为一体，从而形成一个综合性的信息资源管理系统。

在物流领域中，物流中心和店铺可利用 POS 系统来预测销售，掌握消费者的购买动向，找出畅销商品和直销商品，并以此为基础进行库存调整、配送管理、商品订货、价格设置，以及商品陈列等作业。在零售上与供应链的上游企业（如批发商、制造商等）结成合作伙伴时，零售商可以将通信网络（VAN 或互联网）和终端设备以在线联结的方式将销售时点信息即时传送给上游企业，这样上游企业便可利用这些销售现场的最及时准确的销售信息制订经营计划。此外，POS 系统也能提高仓库管理效率。由于仓库管理是动态的，每卖出一件商品，POS系统数据库中就会相应减少该商品的库存记录，这样免去了盘点之苦，节约了大量人力、物力。企业的经营报告、财务报告、销售信息等也可及时提供给经营决策者，辅助其进行决策，使得企业能够快速反应。POS系统可以使库存商品的销售情况一目了然，这不仅可以避免出现缺货现象，还可以使经营决策者将商品的进货量始终保持在一个合理水平，提高了有效库存，优化了库存管理。

（二）电子订货系统

电子订货系统（Electronic Ordering System，EOS），是指将批发、零售商场所发生的订货数据输入计算机，在计算机上通过网络系统将资料传送至总公司、批发商、商品供货商或制造商处，完成从订货、接单、处理、供货、结算等全过程在计算机上处理的系统。因此，EOS能处理从新商品资料的说明直到会计结算等所有商品交易过程中的作业，可以说EOS涵盖了整个物流。在寸土寸金的情况下，零售业已没有许多空间用于存放货物，在要求供货商及时补足售出商品的数量且不能有缺货的前提下，更必须采用EOS。EOS因包括了许多先进的管理手段，在国际上使用非常广泛，并且越来越受到商业界的青睐。

1. EOS 的组成

EOS采用电子手段完成供应链上从零售商到供应商的产品交易过程，因此，一个EOS必须有：

①供应商。商品的制造者或供应者（生产商、批发商）。

②零售商。商品的销售者或需求者。

③网络。用于传输订货信息（订单、发货单、收货单、发票等）。

④计算机系统。用于产生和处理订货信息。

2. EOS 的特点

①商业企业内部计算机网络应用功能完善，能及时产生订货信息。

② POS 系统与 EOS 高度结合，产生高质量的信息。

③满足零售商和供应商之间的信息传递。

④通过网络传输订货信息。

⑤信息传递及时、准确。

⑥ EOS 是许多零售商和供应商之间的整体运作系统，而不是单个零售商和单个供应商之间的系统。EOS 在零售商和供应商之间建立起了一条高速通道，使

双方的信息能够及时得到沟通，大大缩短了订货周期，既保障了商品的及时供应，又加速了资金的周转，实现了零库存战略。

第二节　物流信息系统

随着物流供应链管理的不断发展及各种物流信息的复杂化，各企业迫切要求物流信息化。物流信息化不仅可以提高物流效率、降低物流成本，还可以保证物流安全、提升物流服务质量。此外，计算机网络技术、物流信息技术不断发展，又给物流信息化提供了技术支持。因此，物流信息系统就在企业中扎下了根，并且为企业带来了更高的效益。

一、物流信息系统的定义

物流信息系统（Logistics Information System，LIS）是指为了实现物流目的而与物流作业系统同步运行的信息管理系统，它是以现代管理理论为指导，以计算机、网络等现代信息技术为基础，由人员、计算机硬件、软件、网络通信设备及其他办公设备组成的人机交互系统，其主要功能是进行物流信息的收集、存储、传输、加工整理、维护和输出，为物流管理者执行计划、实施、控制等职能提供信息及决策支持，以增强组织的战略竞争优势，提高物流运作的效率和效益。

所谓物流信息系统，实际上是物流管理软件和信息网络结合的产物，小到一个具体的物流管理软件，大到利用覆盖全球的互联网将所有相关的合作伙伴、供应链成员连接在一起提供物流信息服务的系统，都叫作物流信息系统。对一个企业而言，物流信息系统并非独立存在，而是企业信息系统的一个组成部分，或者说是企业信息系统的一个子系统，即使对一个专门从事物流服务的企业也是如此。例如，在一个企业的 ERP 系统中，物流管理信息系统就是其中一个子系统。

二、物流信息系统应具备的特征

物流活动本身具有时空上的特点，这使得物流信息系统应具有如下特征。

（一）开放性

物流信息系统应具备与企业其他系统如财务、人事等系统相连接的性能，这样才能实现企业管理的一体化和资源共享。同时物流信息系统不仅要与企业内部系统进行整合，还应具备与企业外部供应链各个环节进行数据交换的能力。目前，物流信息系统还应具备与国际通行的标准接轨的开放性特征。

（二）协同性

物流信息系统的协同性表现在四个方面：一是与客户的协同。物流信息系统应能与客户的 ERP 系统、库存管理系统等实现连接，可定期给客户发送库存、货物到达、催款提示等各种物流信息。二是与企业内部各部门之间的协同，如业务人员可将客户、货物等数据输入物流信息系统，财务人员可根据业务人员输入的数据进行记账、控制等处理。三是与供应链上其他环节的协同，如与仓储、铁路、公路等企业通过网络实现信息传输等。四是与社会各部门的协同，即通过网络与银行、海关、税务机关等实现信息即时传输，如与银行联网实现网上支付和网上结算，与海关、税务机关联网实现网上报关、报税。

（三）动态性

物流信息系统所反映的数据应该是动态的，可随着物流的变化而变化，能实时反映物流的各种状况，支持客户、公司员工等用户的在线动态查询。

（四）快速反应性

物流信息系统应能对用户、客户的在线查询、修改、输入等操作做出快速反应。物流信息系统是物流企业的数字神经末梢系统，系统的每个神经元渗入供应链的每个末梢，每个末梢受到刺激都能引起系统的快速、及时的反应。

（五）信息集成性

物流过程所涉及的环节多，节点分布广，信息随着物流在供应链上的流动而流动，信息在地理空间上往往具有分散性、广泛性、量大等特点，信息的管理应该高度集成，同样的信息只需一次输入，以实现资源共享、减少重复操作、减少差错与冗余。

（六）对环境变化的适应性

物流信息系统应该能够适应环境变化。在物流信息系统建立时就应考虑到企业未来的管理及业务发展需要，以便在原有系统上建立更高层次的模块，以适应企业环境变化。

（七）支持远程处理

物流过程涉及的范围广，涉及不同部门和地域，因此物流信息系统应支持远程业务处理。

（八）安全性

安全性是每个信息系统的要求，物流信息系统也不例外。在网络时代，随着网络的接入，物流企业的触角伸得更远、数据更集中，但安全问题也随之而来，因此物流信息系统的建设过程中应重视安全问题。

三、物流信息系统的分类

（一）按照管理决策的层次分类

一般的企业组织管理均是分层次的，常分为作业管理层、管理控制层和战略管理层。为它们服务的信息系统也相应地分为三层，即面向作业管理层的物流信息系统、面向管理控制层的物流信息系统和面向战略管理层的物流信息系统。

1. 面向作业管理层的物流信息系统

这类信息系统主要实现各物流业务环节的基本数据输入、处理和输出。例如，客户向物流企业发出委托信息，物流企业将委托企业输入系统，并通过作业管理系统发出相应的业务指令（如搬运、装货、存储、交货、签发运输单证、打印和传送付款发票），记录作业情况和结果。

2. 面向管理控制层的物流信息系统

这类信息系统主要是为企业的中间管理层提供信息服务。例如，收到客户货物入库的操作指令后，系统可根据货主的指令内容、货物属性、仓储要求、货位情况及当时的设备状态、作业能力、人员情况等，按照一定的优化模型进行货位指定和作业调度，指导整个验收入库业务的进行。

3. 面向战略管理层的物流信息系统

这类信息系统主要为企业的高层管理人员提供信息服务，它通过对业务数据进行提炼，综合外部信息，运用多种决策模型对各类物流方案进行分析、设计和评价，从而为管理者提供有效的决策支持。

（二）按照系统的结构分类

按照系统的结构进行分类，物流信息系统可分为单功能系统和多功能系统。

1. 单功能系统

单功能系统只能完成一种职能，如物流财务系统、物资分配系统、库存控制系统等。

2. 多功能系统

多功能系统能够完成一个部门或一个企业所包括的多种物流管理职能，如仓库管理系统、经营管理决策系统等。

（三）按照系统的应用对象分类

供应链上不同的环节、部门所实现的物流功能不尽相同。按照系统的应用对象进行分类，物流信息系统可分为面向生产企业的物流信息系统、面向流通企业的物流信息系统和面向第三方物流企业的物流信息系统。

1. 面向生产企业的物流信息系统

生产企业是供应链中的重要环节，是产品流通的源头。生产企业从原材料或者半成品生产厂家购买原材料或者半成品，运用技术和设备生产出产品，然后投放市场，获取产品的销售利润。这个过程，既包括购入原材料、物料和日常耗用品等的供应物流，也包括产成品供货的销售物流，同时，还包括在生产过程中的包装、搬运和存储等生产物流。当企业的生产管理系统将生成的生产计划、采购计划和销售计划转入物流信息系统后，物流信息系统将采购计划和销售计划分解，设计成物流计划，然后再对物流计划进行执行、监督，直至产品生产、销售完成，这样的过程循环往复、互相衔接。

2. 面向流通企业的物流信息系统

流通企业本身不生产商品，但他们为客户提供商品，为生产企业提供销售渠道，是客户与生产企业的中介环节。它的主要生产方式是向生产企业采购产品，通过适当的销售渠道销售给顾客，赚取进销的差价利润。在这种生产过程中，针对销售企业不同的销售模式，可能会存在以下物流过程，即订货采购、仓储与配货（含配送店面及仓库存储）及销售送货（包括退货、补货，销售送货等）等。面向流通企业的物流信息系统是对不同商品的进、销、存进行管理的物流配送系统。

3. 面向第三方物流企业的物流信息系统

第三方物流企业服务于生产企业与流通企业及消费者，以提供第三方物流服务为主业。这些企业提供的都是无形产品，如仓储、运输等专业服务，以及一些相关的增值服务。由于第三方物流企业的商业模式不同，其物流信息系统也有差别，如有的系统侧重于仓储管理、有的系统侧重于运输管理等。

（四）按照所采用的技术分类

按照所采用的技术和设备不同，物流信息系统可分为单机系统、内部网络系统，以及与合作伙伴和客户互联的系统。

1. 单机系统

单机系统只使用一台计算机，电脑没有联网，处于单机运行状态。这时，物流信息系统的作用比较有限，内部数据往往难以实现共享，存在大量的重复劳动和信息孤岛。

2. 内部网络系统

随着计算机技术的发展和应用，物流信息系统常常采用大型数据库技术及网络技术，将分布在不同地理区域的物流管理部门以及分支机构有机地连接在一起，形成物流管理的企业内部网络系统。物流管理各部门间的信息流动基本已实现无纸化，可以比较好地实现内部数据共享。

3. 与合作伙伴和客户互联的系统

在这种系统中，企业内部网络系统可以与外部的其他合作伙伴及客户的信息管理系统（如 ERP）实现互联，通过专门的通道进行数据互换，并可以充分利用互联网技术，为公司的管理层、协作伙伴及客户提供各种可交换的信息，实现供应链整体竞争能力的提升。

四、物流信息系统的功能

（一）数据的收集与录入

物流信息系统首先要做的是通过信息收集子系统从系统内部或者外部将数据收集到预处理系统中，并整理成为系统要求的格式和形式，然后再通过信息收集子系统输入物流信息系统中。数据的收集和录入离不开 EDI 技术、条码技术和数据库技术。这一过程是其他功能发挥作用的前提和基础，必须保证收集和输入的信息正确，否则在接下来的过程中得到的结果就可能与实际情况完全相左，这将会导致严重的后果。

（二）信息的存储

数据进入系统之后，经过整理和加工，成为支持物流系统运行的物流信息，这些信息需要暂时存储或永久保存以供使用,管理数据的目的是获得决策的知识。物流信息系统的存储功能就是要保证已得到的物流信息能够不丢失、不走样、不外泄、整理得当、随时可用。无论哪一种物流信息系统，在涉及信息的存储问题时，都要考虑存储量、信息格式、存储方式、使用方式、存储时间、安全保密等问题。此外，数据管理的目的是获得支持决策的知识。在物流活动中可以得到大量数据，但这些数据本身不能直接转换成决策的依据。因为无论是查询统计还是报表，其处理方式都是对指定的数据进行简单的数字处理，而不能对这些数据所包含的内在信息进行提取。应用数据挖掘技术可以从大量数据中提取可信、新颖、有效并能被人们理解的模式。人们希望通过高效的数据存储得到更高层次的数据分析功能，从而更好地对物流决策或物流管理工作提供支持。

（三）信息的传输

物流信息来自物流系统内外的有关单元，又为不同的物流职能所使用，因而要求物流信息系统具有克服空间障碍进行信息传输的功能。

（四）信息的处理

物流信息系统的最基本目的就是将输入的数据加工处理成物流信息。数据与信息不同，数据是信息的基础，信息是由数据加工而来的，只有得到了具有实际使用价值的物流信息，物流信息系统的功能才算发挥出来。信息处理能力的强弱是衡量物流信息系统能力的一个重要方面。

（五）信息的输出

物流信息系统的目的是为各级物流人员提供信息。为了便于人们的理解，系统输出的形式应力求易读、易懂、直观、醒目，这是评价物流信息系统的主要标准之一。目前，物流信息系统正在向数据采集的在线化、数据存储的大型化、信息传输的网络化、信息处理的智能化、信息输出的多媒体化方向发展。

五、物流信息系统的构成

从系统的观点来看，物流信息系统的主要构成要素有硬件、软件、数据资源、相关人员、物流企业管理制度与规范和物流管理理念与思想等。

（一）硬件

硬件是指物流信息系统对信息进行收集、存储、加工、使用和传输等处理过程中所使用的物理设备和装置，一般有输入设备、处理设备、输出设备、通信设备和存储设备五种类型。它是物流信息系统的物理设备、硬件资源，是实现物流信息系统的基础，也是构成物流信息系统运行的硬件平台。

（二）软件

软件是物流信息系统应用的核心，与物流活动相对应，各个活动都有软件的支持。物流信息系统依靠软件资源帮助终端用户使用计算机硬件，将数据转换成各类信息产品，软件用于完成数据的输入、处理、输出、存储及控制物流信息系统的活动。物流信息系统的软件一般包括系统软件、实用软件和应用软件。

系统软件是指计算机执行各类信息处理任务时使用的管理与支持计算机系统资源及操作的程序，如操作系统、网络系统等，是物流信息系统必不可少的软件。实用软件主要有数据库管理系统、计算机语言、各种开发工具等，主要用于开发应用软件、管理数据资源和实现通信等。应用软件是指那些用于综合用户信息处理需求的直接处理特定应用的程序，应用软件与物流企业业务运作相关，主要实现辅助企业管理的功能。

（三）数据资源

数据资源是物流信息系统的核心内容，是系统运行的物质基础。数据是信息的载体，在计算机的表示方法中，数据同信息本质上是一致的。物流信息系统依据用户的需求将需要处理的数据集中存放，从而形成物流信息系统的数据资源。在物流信息系统中，如何有效地组织和使用这些数据是一个十分关键的问题。数据库与数据仓库是目前比较流行的数据资源管理技术，数据库与数据仓库存放着与应用相关的大量数据，是实现辅助企业管理和支持决策的数据基础。

（四）相关人员

物流信息系统是为管理决策服务的人机交互系统。在物流信息系统开发、实施、使用、维护和评价各阶段，人的参与是必不可少的。与物流信息系统相关的有系统分析员、系统设计员、程序员、数据库管理员、计算机操作员（普通用户）和系统管理员。其中，系统分析员、系统设计员和程序员可划归为系统开发人员；而数据库管理员和系统管理员可划归为系统维护人员；计算机操作员则是系统的使用人员（包括各层管理者）。不同的人员在物流信息系统开发与使用过程中起着不同的作用。物流信息系统要能够应用得比较完善就必须重视各类人员在其中的作用。

（五）物流企业管理制度与规范和物流管理理念与思想

物流企业管理制度与规范通常包括组织机构、部门职责、业务规范和流程、岗位制度等，它既是物流信息系统成功开发和运行的管理基础和保障，又是构造物流信息系统的主要参考依据，制约着系统硬件平台的结构、系统计算模式、应用软件的功能等。此外，随着企业的发展和环境的变化，物流行业会不断地产生新的物流管理理念与思想，物流信息系统应更好地实现这些先进的物流管理理念与思想，从而促进企业物流管理效率的提升。

六、几种典型的物流信息系统

（一）仓储管理信息系统

仓储是物流系统的核心组成部分，仓库作为物流环节的重要枢纽，需要专业的信息系统来进行管理，避免出现无效或冗余物流。

仓储管理信息系统（Warehouse Management System，WMS）是用来管理仓库内部的人员、库存、工作时间、订单和设备的应用软件。它能够按照运作的业务规则和运算法则，对信息、资源、行为、存货和分销运作进行更完美的管理，使其最大化满足有效产出和精确性的要求。

仓储管理信息系统主要包括仓库资源管理、物品属性管理、入库管理、出库管理、库存管理、统计分析、费用结算等子系统。

（二）运输管理信息系统

运输是物流成本中最大的单项成本，是物流系统设计和管理的关键环节。运输企业要为货主提供合理的运输方式、低廉的运输成本和高度的运输安全保障。

运输管理信息系统（Transportation Management System，TMS）是基于运输作业业流的管理系统，它利用计算机网络等现代信息技术，对运输计划、运输工具、运送人员及运输过程进行跟踪、调度、指挥。它能通过多种方法和其他相关的操作一起提高物流的管理能力。

运输管理信息系统包括运输业务接单、运输资源管理、运输任务计划、运输过程的监控、费用管理等子系统。其中，运输任务计划涉及运输方式选择、配载等。运输过程的监控涉及运输任务状态监控与分析、实时调度等。

（三）配送管理信息系统

配送是较短距离、较高频次、较小规模的运输形式，一般以汽车为交通工具；而运输通常指干线运输，运输批量较大但频次较低，运输路线也比较单一。配送的最终节点多，配送路线多而复杂，因此配送中的车辆配装、路径优化、装车顺序等成为重点关注的问题。此外，理货、配货也是配送中的重要环节，是区别于运输的另一显著特点，因此人们有时也将上游货运到物流中心的过程称为运输，将物流中心向下游客户的过程称为配送。

配送管理信息系统（Distribution Management System，DMS）是以计算机和通信技术为基础，为企业各级管理人员提供配送辅助决策的信息系统。它是处理企业的现行配送业务，控制企业的物流管理活动，预测企业的购销趋势，为制定企业物流配送决策提供信息，为决策者提供一个分析问题、构造模型和模拟决策过程及效果的人机系统的集成。

配送管理信息系统包括集货、储存、分拣、配货、配装、配送和流通加工等子系统。

第三节　物流信息系统开发

建设开发一个物流信息系统有很多方法可供选择，若依照结构化系统开发方法，物流信息系统的开发过程大致分为四个阶段，即系统规划、系统分析、系统设计、系统实施与维护。

一、物流信息系统规划

（一）物流信息系统规划的原则

物流信息系统规划的目标就是制定与企业物流发展战略目标相一致的物流信息系统发展战略目标。企业发展的战略目标是物流信息系统规划目标制定的依据和参考标准，因此在进行物流信息系统规划时应遵循以下原则。

1.战略性原则

企业的物流战略目标是系统规划的出发点，物流信息系统的建设是为企业物流战略服务的。从企业物流系统建设目标出发，分析物流活动的信息需求，逐步导出物流信息系统的战略目标和总体结构。企业物流战略目标发生变化，物流信息系统也要随之进行重新规划。

2. 一致性原则

物流信息系统涵盖了由物流操作层面到管理决策层面的各项业务活动，最终是要为企业物流活动服务，从而对企业物流系统运行进行全局性优化，以提高企业整体管理水平。物流信息系统应着眼于整个供应链管理，提高对物流各环节的节点信息的一致性支持。

3. 独立性原则

随着越来越多的企业实行扁平化管理，传统依赖于企业组织结构进行的物流信息系统规划显然不能适应不断变化的业务流程。物流信息系统规划应从最基本的物流活动出发，不依赖于现行组织结构和业务流程，必要时还需进行物流业务流程重组。

4. 整体性原则

物流信息系统的规划和实现是一个"自顶向下规划，自底向上实现"的过程。采用自上而下的规划方法，可以保证系统结构的完整性和信息的一致性。一个企业或组织由不同部门构成，部门之间存在着信息交叉和共享。此外，企业还需与外部进行信息沟通，一个企业的物流信息系统需要与其他企业进行对接，如生产企业的物流信息系统需要与供应商的物流信息系统进行对接，因此物流信息系统规划应从整体角度出发，从而有效避免数据冗余和系统间不同通信的问题。

（二）物流信息系统规划的内容

物流信息系统规划一般包括三年或更长期的计划，也包括一年的短期计划。规划的内容包括：

1. 物流信息系统的目标、约束及总体结构

物流信息系统的目标确定了物流信息系统应实现的功能；物流信息系统的约束包括物流信息系统实现的环境、条件（如管理的规章制度、人力物力等）；物流信息系统的总体结构指明了物流信息的主要类型和主要的子系统。

2. 组织（企业、部门）的现状

组织（企业、部门）的现状包括计算机软硬件情况、产业人员的配备情况及开发费用的投入情况等。

3. 对影响规划的信息技术发展的预测

这里涉及的信息技术主要包括计算机硬件技术、网络技术及数据处理技术等。这些技术的推陈出新将在相当程度上给物流信息系统的开发带来影响（如处理效率、响应时间等），并决定将来物流信息系统性能的优劣，因此，及时吸取相关的新技术有可能使开发出的物流信息系统具有更强的生命力。

（三）物流信息系统规划的步骤

1. 确定问题

确定规划的基本问题，包括物流信息系统规划的年限、具体的方法，以及规划要求等。

2. 收集相关信息

从企业内外部收集需要的各种相关信息。

3. 进行战略分析

对物流信息系统的目标、开发方法、功能结构、计划活动、信息部门的情况、财务情况、风险度和政策等进行分析。

4. 定义约束条件

根据单位（企业）部门的财务资源、人力及物力等方面的限制定义物流信息系统的约束条件和政策。

5. 明确战略目标

根据步骤3、4的结果，确定物流信息系统的开发目标，明确物流信息系统应具有的功能、服务范围和质量等。

6. 提出未来的略图

给出物流信息系统的初步框架（包括各子系统的划分等）。

7. 选择开发方案

选定优先开发的项目，确定总体开发顺序、开发策略和开发方法。

8. 提出实施进度

估计项目成本和人员需求，并列出开发进度表。

9. 通过战略规划

将系统战略规划形成文档，经单位领导批准后生效。

（四）物流信息系统规划的常用方法

用于物流信息系统规划的方法很多，常用的方法有关键成功因素法、战略目标集转化法和企业系统规划法。

（1）关键成功因素法（Critical Success Factors，CSF）

在现行系统中，总存在着多个变量影响系统目标的实现，其中若干个因素是关键的和主要的（成功变量）。关键成功因素指的是对企业成功起关键作用的因素。关键成功因素法就是通过分析找出使得企业成功的关键因素，然后再围绕这些关键因素来确定系统的需求，并进行规划的一种方法。

（2）战略目标集转移法（Strategy Set Transformation，SST）

战略目标集转移法是威廉·金（William King）教授于1978年提出的，他把整个战略目标看成"信息集合"，由使命、目标、战略和其他战略变量，如管理的复杂性、组织发展趋向、变革习惯，以及重要的环境约束因素等组成。

（3）企业系统规划法（Business System Planning，BSP）

企业系统规划法是国际商业机器公司（IBM）在20世纪70年代提出的，旨在帮助企业制订信息系统的规划，以满足企业近期和长期的信息需求。它较早运用面向过程的管理思想，是现阶段影响最广的方法。企业系统规划法通常从企业目标入手，逐步将企业目标转化为管理信息系统的目标和结构，从而更好地支持企业目标的实现。

二、物流信息系统分析

物流信息系统分析的主要任务是根据信息系统规划阶段确定的系统总体建设方案和计划，对现行系统进行详细调查，描述现行系统的业务流程，指出现行系统的局限性和不足之处，确定新系统的基本目标和逻辑功能要求，提出新系统的逻辑模型。

物流信息系统的规模越大，其系统分析过程越复杂。通常，物流信息系统分析包括以下内容。

（一）需求分析

需求分析是物流信息系统开发的前提，实事求是地全面调查是分析与设计的基础。物流活动涉及范围广、信息量大、实时性强，因此系统分析的工作量较大，涉及的业务、数据、信息、管理部门也较多。需求分析是通过详细了解企业的组织结构、组织目标、组织的业务流程及数据流程，分析和理解用户与管理业务对系统开发的实际需求，包括对系统功能、性能等方面的需求，对开发周期、开发方式及软硬件配置等方面的意向及打算。在通常情况下，这部分工作要求用户配合系统分析人员完成，先由用户提出初步的要求，然后经由系统分析人员对系统进行详细调查，进一步完善用户对系统的要求，最终以系统需求说明书的形式将系统需求定义下来。

（二）组织结构和功能分析

调查和了解组织内部各级机构、业务功能和组织机构与物流之间的关系，有利于系统分析人员对组织的全面、系统和正确了解，有利于系统分析人员进行下一步的工作。

组织结构与功能分析主要有三部分内容：组织结构分析、业务过程与组织结构之间的联系分析、业务功能一览表。其中，组织结构分析，是通过组织结构图来实现的，它通常将调查中所了解的组织结构用图的形式具体地描绘出来，作为后续分析和设计的参考；业务过程与组织结构联系分析，是通过业务与组织关系图来实现的，它通常利用系统调查中所掌握的资料着重反映管理业务过程与组织结构之间的关系，是后续分析和设计新系统的基础；业务功能一览表可把组织内部各项管理业务功能都用一张表的方式罗列出来，它是今后进行功能／数据分析、确定新系统拟实现的管理功能和分析建立管理数据指标体系的基础。

（三）业务流程分析

在对物流企业的组织结构和功能进行分析时，我们已经得知各个职能部门及其相应的业务，为了更好地弄清这些业务之间的关系，需从一个实际业务流程的角度将系统调查中有关该业务的资料都串起来做进一步的分析。业务流程分析可以帮助我们了解该业务的具体处理过程，同时帮助系统分析员发现和处理系统调查工作中的错误和疏漏，修改和删除原系统的不合理部分，在新系统的基础上优化业务处理流程。

在组织结构和功能分析过程中，我们已经将业务功能一一理出，而业务流程分析则是在业务功能的基础上将其细化，利用系统调查的资料将业务处理过程中的每一个步骤用一个完整的图形将其串起来，这个图形工具就是业务流程图。在绘制业务流程图的过程中发现问题，分析不足，优化企业的业务流程。可见绘制业务流程图是业务流程分析的重要步骤。

（四）数据流程分析

数据流程分析就是把数据在现行系统内部的流动情况抽象出来，舍去具体组织机构、信息载体、处理工作等物理组成，单纯从数据流动过程来考察实际业务的一种数据处理模式。数据流程分析主要包括对信息的流动、变换、存储等的分析。其目的是要发现和解决数据流动中的问题。现有的数据流程分析多是通过分层的数据流程图（Data Flow Diagram，DFD）来实现的。

（五）数据字典

数据流程图仅仅描述了数据的流向，没有具体地描述清楚数据本身的情况，因此在数据流程图的基础上，还需要编写数据字典。数据字典可对数据的数据项、数据结构、数据流、数据存储、处理逻辑等进行定义和描述，其目的是对数据流程图中的各个元素做出详细的说明，使用数据字典为简单的建模项目。简而言之，数据字典是描述数据的信息集合，是对系统中使用的所有数据元素的定义集合。

三、物流信息系统设计

物流信息系统设计是物流信息系统开发的另一个重要阶段。物流信息系统设计的目的就是赋予物流信息系统在系统分析阶段所确定的系统功能一种具体的实现方法和技术，从而为下一个阶段的系统实现制定蓝图。

（一）物流信息系统设计应遵循的原则

1. 简单性

在达到预定的目标、具备所需要功能的前提下，系统应尽量简单，这样可减少处理费用，提高系统效益，便于实现和管理。

2. 灵活性和适应性

一个可变性好的系统，各个部分独立性强，容易进行变动，从而可提高系统的性能，不断满足对系统目标的变化要求。

3. 一致性和完整性

一致性是指系统中信息编码、信息采集、信息通信要具备一致性设计规范标准；完整性是指系统作为一个统一的整体而存在，系统功能应尽量完整。

4. 可靠性

可靠性是指系统硬件和软件在运行过程中抵抗异常情况的干扰及保证系统

正常工作的能力。只有可靠的系统，才能保证系统的质量并得到用户的信任，否则就没有使用价值。

（二）物流信息系统设计的主要工作

1.总体设计

将系统划分成模块，确定每个模块的功能，明确模块的调用关系及确定模块的界面，即模块间信息的传递。总体设计是系统开发过程中关键的一步，系统的质量及一些整体特性基本上是由这一步决定的。

2.详细设计

在总体设计的基础上，第二步进行的是详细设计，主要有处理过程设计以确定每个模块内部的详细执行过程，包括局部数据组织、控制流、每一步的具体加工要求等。也就是说，为各个具体任务选择适当的技术手段和处理方法，包括代码设计、数据库设计、输入设计、输出设计、图形用户界面设计和模块详细设计等。另外，在进行详细设计时，还要进行计算机物理系统的具体配置方案的设计，要解决计算机软硬件系统的配置、通信网络系统的配置、机房设备的配置等问题。

3.编写系统设计说明书

系统设计阶段的结果是系统设计说明书，它主要包括模块结构图、代码设计、数据库设计等总体设计和详细设计内容，以及相应的实施方案说明。俗话说"条条大路通罗马"，在系统设计阶段，可以提出多个系统设计方案或结果，而且不同人员设计出来的方案也不尽相同。

四、物流信息系统实施与维护

物流信息系统实施是物流信息系统开发的最后一个阶段。这个阶段的任务是实现系统设计阶段提出的物理模型，按实施方案完成一个可以实际运行的物流信息系统，交付用户使用。系统设计说明书详细规定了系统的结构，规定了各个模块的功能、输入和输出，规定了数据库的物理结构。这是系统实施的出发点。也就是说，在系统实施阶段，工作重点将从分析、设计和创造性思考转入实践阶段。系统实施阶段既是成功地实现新系统的关键阶段，又是取得用户对新系统信任的关键阶段。在此期间，企业将投入大量的人力、物力及占用较长的时间进行程序设计、程序和系统调试、人员培训、系统转换、系统管理等一系列工作。

一般来说，系统实施与维护的主要工作包括如下几个部分：

（一）物流信息系统的建立

首先，要根据计算机物流信息系统配置方案来购买和安装计算机硬、软件系统和通信网络系统（如果购买的时间太早会带来经济上的损失），还包括计算机机房的准备和设备安装调试等一系列活动，要熟悉计算机物流信息系统的性能和使用方法。

（二）程序设计

除了系统软件、数据库管理系统以及一些应用程序购买之外，其他软件都需要组织人力编写，这也需要相当多的人力、物力和时间。这时候，程序设计人员必须严格按照系统设计说明书的要求，采用某种程序设计语言来实现每个功能模块的程序编制工作。

（三）系统测试

编写完程序之后，需要进行细致的调试工作，这是整个系统能够正常运行的必要条件。

（四）新旧系统切换

新旧系统切换主要包括数据和文档的准备工作、人员培训以及系统切换。

（五）系统运行与维护

系统运行管理在系统切换后可开始投入运行，系统运行包括系统的日常操作、管理等。系统维护是指在物流信息系统交付使用后，为了改正错误或满足新的需要而对系统进行修改。

（六）系统评价

对于一个物流信息系统来说，大致可以从系统的技术、获得的效益等方面对系统进行评价，从而为系统的下一次升级换代提供依据。

总之，与系统分析和设计阶段相比，系统实施阶段的特点是工作量大，投入的人力、物力多。因此，这一阶段的组织管理工作也很繁重。对于这样一个多工种、多任务的综合项目，合理的调度安排就变得十分重要。

第七章 生产物流

第一节 生产物流的概念

一、生产物流的定义

生产物流是指原料、燃料、外购件投入生产后，经过下料、发料，运送到各个加工点和储存点，以在制品的形态，从一个生产单位流入另一个生产单位，按照规定的生产工艺进行加工、储存的全部生产过程。生产物流的形式和规模取决于生产的类型、规模、方式和生产的专业化、协作化程度。

生产物流是企业物流的关键环节，其概念可以从以下几个方面来理解：

（一）从物流属性方面分析

生产物流是指生产所需物料在时间和空间上的运动全过程，是生产系统的动态表现。换言之，物料经历生产系统各个生产阶段或工序的全部运动过程就是生产物流。

（二）从生产工艺角度分析

生产物流是指企业在生产工艺中的物流活动，即物料不断地离开上一工序，进入下一工序，不断发生搬上搬下、向前运动、暂时停滞等活动。这种物流活动是与整个生产工艺过程伴生的，实际上已构成了生产工艺过程的一部分。

（三）从物流的范围分析

生产系统中物流的边界起于原材料、外购件的投入，止于成品仓库。它贯穿生产全过程，横跨整个企业，其流经的范围是全厂性的、全过程的。物料投入生产后即形成物流，并随着时间进程不断改变自己的实物形态和场所位置。因此，生产物流是企业生产活动与物流活动的有机结合，对生产物流流程的优化设计离不开对企业生产因素的考虑，二者是不可分割的。

生产物流的优化设计主要从三个方面入手：

第一，生产流程对物流线路的影响；第二，生产能力对物流设施配备的要求；第三，生产节拍对物流量的影响。

二、生产物流的特点

生产物流的特点可以从以下几个方面来看：

（一）生产物流主要功能要素的特点

生产物流的主要功能要素也不同于社会物流。一般物流的主要功能要素是运输和储存，其他是作为辅助性或次要功能或强化性功能要素出现的。生产物流的主要功能要素则是搬运活动。

具体体现在：许多生产企业的生产过程，实际上是物料不停搬运的过程，在搬运过程中，物料得到了加工，改变了形态；即使是配送企业和批发企业的企业内部物流，实际也是不断搬运的过程；通过搬运，商品完成了分货、拣选、配货工作，完成了大改小、小集大的换装工作，从而形成了可配送或可批发的形态。

（二）生产物流实现价值的特点

生产物流和社会物流的一个最本质的不同之处，也是生产物流最本质的特点，生产物流不是实现时间价值和空间价值的经济活动，而是实现加工附加价值的经济活动。

具体体现在：生产物流空间距离的变化不大，在企业内部储存和社会储存的目的也不相同，这种储存是对生产的保证，而不是一种追求利润的独立功能。因此，时间价值和空间价值不高。生产物流伴随加工活动而发生，实现加工附加价值，也即实现企业主要目的。综上，虽然物流空间、时间价值潜力不高，但加工附加价值却很高。

（三）生产物流运行的特点

生产物流的运行具有极强的伴生性，往往是生产过程中的一个组成部分或一个伴生部分，这决定了生产物流很难与生产过程分开而形成独立的系统。在总体伴生的同时，生产物流中也确有与生产工艺过程分开的局部物流活动，这些局部物流活动有本身的界限和运动规律，当前企业物流的研究大多针对这些局部物流活动而言。这些局部物流活动主要包括：

第一，仓库的储存活动；

第二，接货物流活动；

第三，车间或分厂之间的运输活动。

（四）生产物流过程的特点

生产物流是一种工艺过程性物流，一旦生产工艺、生产装备及生产流程确定，生产物流也就成为一种稳定性的物流，物流便成为工艺流程的重要组成部分。由于这种稳定性，生产物流的可控性、计划性便很强，一旦进入这一物流过程，选择性及可变性便很小。对物流的改进只能通过对工艺流程的优化，这方面和随机性很强的社会物流也有很大的不同。

三、生产物流的分类

在通常情况下，企业的产量越大，产品的品种数量越少，生产的专业化程度就越高，物流过程的稳定性和重复性也就越大。生产物流类型与决定生产类型的产品产量、品种和专业化程度有内在联系。因此，划分生产物流类型与划分生产类型可以看成一个问题的两个方面。

（一）从物料流向的角度分类

根据物料在生产工艺过程中流动的特点，可把生产物流分为项目型生产物流、连续型生产物流、离散型生产物流三种类型。

1. 项目型生产物流

项目型生产物流是指固定式生产中的凝固型物流，即当生产系统需要的物料进入生产场地后，几乎处于停止的凝固状态，或者说在生产过程中物料流动性不强。可分两种状态：一是物料进入生产场地后就被凝固在场地中，和生产场地一起形成最终产品，如住宅、厂房、公路、铁路、机场、水库大坝等；二是物料在流入生产场地后，"滞留"很长时间后才形成最终产品流出去，如大型的水电设备、冶金设备、轮船、飞机等。项目型生产物流管理的重点是按照项目的生命周期对每阶段所需的物料在质量、费用及时间进度等方面进行严格的计划和控制。

2. 连续型生产物流

连续型生产物流是指在流程式生产中物料均匀、连续地流动，不能中断的生产物流。其特点是生产出的产品和使用的设备、工艺流程都是固定且标准化的，工序之间几乎没有在制品储存。其管理的重点是要保证连续供应物料和确保每一生产环节的正常运行。

3. 离散型生产物流

离散型生产物流是指在加工装配式生产中，产品生产的投入要素由许多可分离的零部件构成，各个零部件的加工过程彼此独立的生产物流。其特点是制成的零部件通过部件装配和总装配最后成为产品，整个产品的生产工艺是离散的，各个生产环节之间要求有一定的在制品储备。其管理的重点是在保证及时供料和零部件加工质量的基础上，准确控制零部件的生产进度，缩短生命周期，既要避免在制品积压，又要保证生产的成套性。

为了尽量压缩工序间物流在生产过程中的时间，从管理的角度考虑，重点是进行仓库合理布局，确定合理的库存量，配置设备与人员，建立搬运作业流程、储存制度和适当的搬运路线，正确选定储存、搬运项目的信息搜集、汇总、统计、使用方法，实现适时、适量、高效、低耗的生产目标。

由于工序间物流实际上主要与两种物流状态——储存和搬运有关，所以对储存与搬运这两个物流环节而言，先要讲究合理性原则，然后才是具体形式的选择。

（二）从物料流经的区域和功能角度分类

从物料流经的区域和功能角度分类，可以把生产过程中的物流细分为两部分：工厂间物流和工序间物流。

1. 工厂间物流

工厂间物流是指在大型企业各专业厂之间的物流或独立工厂与材料、配件供应厂之间的物流。工厂间物流的内容包括各工厂内原料、零部件的储存，加工过程中通用零部件的集中储存，工厂所需材料、燃料的集中运输，产成品的集中储存和搬运等。为了合理规划生产过程中的工厂间物流，从管理角度考虑，重点是进行企业内部的供应链管理，合理布局生产单位，确定合理的协作计划，运用信息技术建立数据库，实现信息共享。

2. 工序间物流

工序间物流也称工位间物流、车间物流，指生产过程中车间内部和车间、仓库之间各个工序、工位上的物流。工序间物流的内容包括原料、零部件接收后的储存，加工过程中在制品的储存，产成品出厂前的储存，材料、零部件由仓库向生产车间的运送，各种物料在车间、工序之间的搬运。

四、生产物流的主要影响因素

不同的生产过程形成了不同的生产物流，生产物流的构成与下列因素有关。

（一）生产工艺

不同的生产工艺和加工设备，对生产物流有不同的要求和限制，是影响生产物流构成的最基本因素。

（二）生产类型

不同的生产类型，产品品种、结构的复杂程度，加工设备不尽相同，都会影响生产物流的构成与比例关系。

（三）生产规模

生产规模是指单位时间内的产品产量。规模大，物流量就大；规模小，物流量就小。规模不同，相应的物流设施、设备就不同，组织管理也不同。

（四）专业化与协作化水平

社会生产力的高速发展与全球经济一体化，使企业的专业化与协作化水平不断提高。与此相适应，企业内部的生产趋于简化，物流流程缩短。例如，过去由企业生产的毛坯、零部件等，现在可以由企业的合作伙伴来提供。这些变化必然影响生产物流的构成与管理。

五、组织生产物流的基本条件

生产物流与其他物流明显的区别是它与生产过程密切联系在一起，只有合理组织生产物流过程，企业生产才能正常进行。在企业生产物流的组织过程中，应特别注意以下几个方面：

（一）物流过程的连续性

生产是一个工序接一个工序往下进行的，要求物料能够顺畅、最快、最省地走完各个工序，直至成为产品。任何工序的不正常停工、工序间的物料混乱等都会造成物流的阻塞，影响整个企业生产的进行。

（二）物流过程的平行性

一般企业通常生产多种产品，每种产品又包含多种零部件。在组织生产时，企业常将这些零部件安排在各个车间的各个工序上生产,要求各个支流平行流动,不管哪个支流发生延迟或停顿,整个物流都会受到影响。

(三)物流过程的节奏性

企业产品在生产过程的各个阶段,从投料到最后完工入库,都要保证按计划有节奏或均衡地进行,要求在相同的时间间隔内生产数量大致相同,均衡地完成生产任务。

(四)物流过程的比例性

产品的零部件组成是固定的,考虑到各个工序内的质量合格率,以及装卸搬运过程中可能造成的损失,零部件数量必然在各个工序间有一定的比例关系。当然,这种比例关系随着生产工艺的变化、设备水平和操作水平的提高也会发生变化。

(五)物流过程的应变性

企业的生产组织正在向多品种、小批量的管理模式发展,这要求生产过程具有较强的应变性,即可以在较短的时间内,由生产一种产品迅速变为生产另一种产品的能力。因此,物流过程应同时具备相应的应变性。

六、生产物流的类型及装备

(一)具有物流能力的专业技术装备

具有物流能力的专业技术装备通常以实现加工、制造、反应等技术手段为主要目的。

装备本身虽有物流能力,可以使物料在运动过程中接受各个固定位置的技术加工措施,但是它却完全不同于通用的物流机具,不能将其看成物流设备。下面列举两个典型的方式:

1. 水泥回转窑

水泥回转窑的具体运作方式:一定倾斜角度的水泥筒状转炉,从窑尾投入配合料,在窑炉不停转运中,配合料逐渐向低端运动,经过干燥预热、煅烧、放热反应、烧成、冷却各个区域,完成几十米甚至上百米的运动,从窑头输出熟料。回转窑则不仅是水泥工艺专用设备,也具有输送物料的功能。

2.高炉

高炉是炼铁用装备，具体运作方式是将各种物料由上部投入，物料在高炉中，依靠本身重力从上往下运动，在运动过程中，经过了预热、升温、软化、熔融，成为铁水从炉下部流出，在炉内完成了物流过程，也完成了熔制过程。

（二）利用输送机的生产物流

输送机是生产物流采用的主要通用物流机具，甚至成为一种生产方式的代表。输送机在生产工艺中的作用，主要表现在两方面：

一是作为物料输送用，例如矿石、煤炭原材料的运输；

二是用作装配中的主要机具。

工人固定在装配线上某一位置，每个工人完成一种标准的作业，随输送机不停运行，从输送机一端进入的半成品在输送机前进的过程中，不断安装各个组件、零件，在输送机另一端输出制成品。

采用输送机作为装配线或生产工艺的生产领域主要有汽车工业、家用电器工业、电子工业、仪表工业、机械制造工业等。

在生产流水线采用的主要输送机种类有皮带输送机、辊道输送机、链式输送机、悬挂输送机、板式输送机等。

（三）利用升降台车的物流

利用升降台车可以实现等高水平的装卸搬运，减少搬上搬下的劳动操作，这样可以防止反复搬上搬下对人力的消耗和造成工人的疲劳，有利于加快衔接速度，减少损耗、因而可提高生产效率。

（四）作业车

以作业车为放置被加工物的物流载体，随作业车沿既定工序运动，不断完成装配或加工。

第二节　生产物流的组织形式

企业生产系统的组织工作内容是对企业的人力、设备、物料等各项资源在空间上和时间上进行科学的组织与安排，其目标是最大限度地提高企业的综合生产效率。

一、生产物流的空间组织

空间组织是指企业内部各生产单位组织的布局，即车间、班组及设备的安排。生产物流空间组织的原则是产品从投入生产到完工，物料所经历的过程环保、路线最短、消耗的时间最少和经济效益最佳。生产物流空间组织的基本形式有工艺专业化形式、对象专业化形式及成组工艺形式三种。

（一）按工艺专业化形式组织生产物流

工艺专业化形式是指以工艺为中心，按工艺特征组建运营单位的一种运营组织形式。在工艺专业化的生产单位内，集中着同种类的生产设备和同工种的工人，对企业的各种产品进行相同工艺的加工。这里的加工工艺方法是专门的，而加工对象是不同的，每一个生产单位只完成产品生产过程中的一部分加工任务。这种组织方式有较高的柔性，但由于只能完成局部生产过程，因此会使得产品的生产路线较长，增加在制品数量，同时也会增加运输量和运输费用，适合加工对象是多品种、小批量生产的情形。

（二）按对象专业化形式组织生产物流

对象专业化形式又称流水线形式，是以产品为中心，按产品生产工艺流程组建运营单位的一种运营组织形式。在对象专业化的生产单位内，集中着不同类型的生产设备和不同工种的工人，对同类加工对象进行不同工艺的加工。这里的加工工艺是多样的，而加工对象是不变的。每一个生产单位基本上都能独立完成产品的全部或大部分工艺加工过程。这种组织方式的优越性主要体现在能减少在制品运输次数，缩短运输路线。另外，工序之间的生产协作关系也相对简单，但是其对品种变化的应变性较差，工艺及设备管理也比较复杂，适合大批量生产的情形。

（三）按成组工艺形式组织生产物流

成组工艺形式结合了上述两种形式的特点，其含义是把具有相似性的零件分成一个成组生产单元，并根据其加工路线布置设备。其优势是可以大大简化零件的加工流程，减少物流迂回路线，并且能够实现在满足品种变化需求的基础上有一定的批量生产。

二、生产物流的时间组织

生产物流的时间组织就是加工对象在车间之间、生产单位之间的移动在时间上紧密衔接，以实现有节奏的、连续的生产。时间组织方式的不同是产品生命周期长短的主要影响因素，时间组织的基本方式有顺序移动方式、平行移动方式和平行顺序移动方式。

（一）顺序移动方式

顺序移动方式是指一批物料在上道工序全部加工完毕后才整批地转移到下道工序继续加工，即零件在工序间是整批地移动的。该方式下物料在工序内可以实现连续加工，设备不停顿，但是工序与工序之间没有平行，也就是不同的物料之间等待加工和运输的时间很长，导致生产周期较长。

（二）平行移动方式

平行移动方式是指一批物料在前道工序加工完成一件后，立即送到后道工序继续加工，形成前后交叉作业，即零件在工序间一件一件地移动。该方式下不会出现物料成批等待的现象，整批物料的生产周期最短。但是当物料在各道工序的加工时间不相等时，会出现人力和设备停工的现象，即资源的浪费比较严重。

（三）平行顺序移动方式

平行顺序移动方式是指每批物料在每一道工序上连续加工没有停顿，并且物料在各道工序的加工尽可能做到平行。平行顺序移动方式既要求每道工序的设备连续加工，又要求各道工序尽可能平行地加工。这样可以保证设备和人员充分负荷，无浪费，不过平行顺序移动方式的生产周期比平行移动方式下的生产周期要长。

第三节　物流供应链的管理

一、物流供应链概述

（一）物流供应链的含义

物流供应链目前尚未形成统一的定义，许多学者从不同的角度给出了许多不同的定义。

1. 早期的观点

早期一般认为物流供应链是制造企业中的一个内部过程，它是指把从企业外部采购的原材料和零部件，通过生产转换和销售等活动，再传递到零售商和用户的一个过程。传统的物流供应链概念局限于企业的内部操作层上，注重企业自身的资源利用。

2. 后来的观点

经过后期发展，物流供应链的概念注重了与其他企业的联系，注重了物流供应链的外部环境，此时的观点认为它应是一个"通过链中不同企业的制造、组装、分销、零售等过程将原材料转换成产品，再到最终用户的转换过程"，这是更大范围、更为系统的概念。例如，美国经济学家史蒂文斯认为"通过增值过程和分销渠道控制从供应商到用户的流就是供应链，它开始于供应的源点，结束于消费的终点"。

3. 最近的观点

当今供应链的概念更加注重围绕核心企业的网链关系，如核心企业与供应商、供应商的供应商乃至与一切前向的关系，与用户、用户的用户及一切后向的关系。此时对供应链的认识形成了一个网链的概念，像丰田、耐克、尼桑、麦当劳和苹果等公司的供应链管理都从网链的角度来实施。英国学者哈里森进而将供应链定义为"是执行采购原材料、将它们转换为中间产品和成品、并且将成品销售到用户的功能网"。这些概念同时强调供应链的战略伙伴关系问题。国外学者菲利浦和温德尔认为供应链中战略伙伴关系是很重要的，通过建立战略伙伴关系，可以与重要的供应商和用户更有效地开展工作。在此基础上，我们给出一个供应链的定义：供应链是指产品生产和流通过程中所涉及的原材料供应商、生产商、分销商、零售商及最终消费者等成员通过与上游、下游成员的连接组成的网络结构，也即由物料获取、物料加工、并将成品送到用户手中这一过程所涉及的企业和企业部门组成的一个网络。

（二）物流供应链的基本构成要素

一般来说，物流供应链的基本构成要素包括：

1. 供应商

供应商是给生产厂家提供原材料或零、部件的企业。

2. 厂家

厂家即产品制造业，它是产品生产的最重要环节，负责产品生产、开发和售后服务等。

3. 分销企业

分销企业是为实现将产品送到经营地理范围每一角落而设的产品流通代理企业。

4. 零售企业

零售企业是将产品销售给消费者的企业。

5. 物流企业

物流企业即上述企业之外专门提供物流服务的企业。其中批发、零售、物流业也可以统称为流通业。

（三）物流供应链的分类

物流供应链主要可以分为内部供应链和外部供应链，具体如下：

1. 内部供应链

内部供应链是由指企业内部产品生产和流通过程中所涉及的采购部门、生产部门、仓储部门、销售部门等组成的供需网络。

2. 外部供应链

外部供应链则是由指企业外部与企业相关的产品生产和流通过程中涉及的原材料供应商、生产厂商、储运商、零售商及最终消费者组成的供需网络。

3. 两者之间的关系

内部供应链和外部供应链的关系：二者共同组成了企业产品从原材料到成品再到消费者的供应链；内部供应链是外部供应链的缩小化。如对于制造厂商，其采购部门就可看作外部供应链中的供应商；它们的区别只在于外部供应链范围大，涉及企业众多，企业间的协调更困难。

（四）物流供应链的流程

物流供应链一般包括物资流通、商业流通、信息流通、资金流通四个流程，具体情况如下：

1. 物资流通流程

物资流通流程主要是指物资的流通过程，这是一个发送货物的程序。该流程的方向是由供货商经由厂家、批发与物流、零售商等指向消费者。

2. 商业流通流程

商业流通流程主要是指买卖的流通过程，这是接受订货、签订合同等的商业流程。该流程的方向是在供货商与消费者之间双向流动的。目前商业流通形式趋于多元化：既有传统的店铺销售、上门销售、邮购的方式，又有通过互联网等新兴媒体进行购物的电子商务形式。

3. 信息流通流程

信息流通流程是指商品及交易信息的通过流程。该流程的方向也是在供货商与消费者之间双向流动的。过去人们往往把重点放在看得到的实物上，因而信息流通一直被忽视。

4. 资金流通流程

资金流通流程是指货币的流通过程。为了保障企业的正常运作，必须确保资金的及时回收，否则企业就无法建立完善的经营体系。

该流程的方向是由消费者经由零售商、批发与物流、厂家等指向供货商。

二、物流供应链管理概述

（一）物流供应链管理的概念

1. 提出背景

计算机网络的发展进一步推动了制造业的全球化、网络化过程。虚拟制造、动态联盟等制造模式的出现，更加迫切需要有新的管理模式与之相适应。

传统的企业组织中的采购、加工制造、销售等看似整体，但却是缺乏系统性和综合性的企业运作模式，已经无法适应新的制造模式发展的需要，而那种大而全、小而全的企业自我封闭的管理体制，更无法适应网络化竞争的社会发展需要。

因此，供应链的概念和传统的销售链是不同的，它已跨越了企业界限，从建立合作制造或战略伙伴关系的新思维出发，从产品生命线的源头开始，到产品消费市场，从全局和整体的角度考虑产品的竞争力，使供应链从一种运作性的竞争工具上升为一种管理性的方法体系，这就是物流供应链管理提出的实际背景。

2. 含义

对于物流供应链管理，有许多不同的定义和称呼，如有效用户反应、快速反应、虚拟物流或连续补充等。这些称呼由于考虑的层次、角度不同而不同，但都通过计划和控制实现企业内部和外部之间的合作，实质上它们在一定程度上都集成了供应链和增值链两个方面的内容。

早期人们把物流供应链管理的重点放在管理库存上，把物流供应链管理作为平衡有限的生产能力和适应用户需求变化的缓冲手段，通过各种协调手段，寻求把产品迅速、可靠地送到用户手中所需要的费用与生产、库存管理费用之间的平衡点，从而确定最佳库存投资额。因此，早期物流供应链管理的主要工作任务是管理库存和运输。

现在的物流供应链管理则把供应链上的各个企业作为一个不可分割的整体，使供应链上各企业分担的采购、生产、分销和销售的职能成为一个协调发展的有机体。

因此，物流供应链管理是一种集成的管理思想和方法，执行供应链中从供应商到最终用户的物流的计划和控制等职能。

（二）物流供应链管理的内容

1. 涉及领域

物流供应链管理主要涉及四个主要领域：供应、生产计划、物流、需求。

物流供应链管理是以同步化、集成化生产计划为指导，以各种技术为支持，尤其以互联网为依托，围绕供应、生产作业、物流、满足需求来实施的。

物流供应链管理主要包括计划、合作、控制从供应商到用户的物料和信息。物流供应链管理的目标在于提高用户服务水平和降低总的交易成本，并且寻求两个目标之间的平衡。

在以上四个领域的基础上，可以将物流供应链管理细分为职能领域和辅助领域。职能领域主要包括产品工程、产品技术保证、采购、生产控制、库存控制、仓储管理、分销管理；而辅助领域主要包括客户服务、制造、设计工程、会计核算、人力资源、市场营销。

2. 主要内容

物流供应链管理关心的不仅是物料实体在供应链中的流动，除了企业内部与企业之间的运输问题和实物分销以外，物流供应链管理还包括以下主要内容：

①战略性供应商和用户合作伙伴关系管理。

②供应链产品需求预测和计划，供应链的设计。

③企业内部与企业之间物料供应与需求管理。

④基于供应链管理的产品设计与制造管理、生产集成化计划、跟踪和控制。

⑤基于供应链的用户服务和物流。

⑥基于互联网的物流供应链交互信息管理。

物流供应链管理注重总的物流成本与用户服务水平之间的关系，为此要把物流供应链上各个职能部门有机地结合在一起，从而最大限度地发挥出物流供应链整体的力量，达到物流供应链企业群体获益的目的。

三、绿色供应链管理

（一）绿色供应链管理的概念

1. 含义

绿色供应链管理又称环境意识供应链管理，它考虑了供应链中各个环节的环境问题，注重对环境的保护，促进经济与环境的协调发展。

关于绿色供应链管理的确切定义，目前理论界对此还没有一个统一的表述，但总的观点是在供应链管理的基础上，增加环境保护意识，把"无废无污"和"无任何不良成分"及"无任何副作用"贯穿于整个供应链中，这就是绿色供应链管理。

2. 基本特征

绿色供应链是在供应链管理的基础上综合考虑环境的影响、资源利用效率及企业收益的先进管理方式，相比于传统供应链管理具有更高的管理复杂性和网络化特点绿色供应链管理具有如下特征：

（1）绿色供应链管理强调供应商之间的数据共享

绿色供应链共享的数据包含绿色材料的选取、产品设计、对供应商的评估和挑选、绿色生产、运输和分销、包装、销售和废物的回收等过程的数据。

供应商、制造商和回收商及执法部门和用户之间的联系都是通过互联网来实现的。因此，绿色供应链管理的信息数据流动是双向互动的，并通过网络来支撑。

（2）绿色供应链管理充分考虑环境问题

传统的供应链管理仅仅局限于供应链内部资源的充分利用，没有充分考虑在供应过程中所选择的方案会对周围环境和人员产生何种影响、是否合理利用资源、是否节约能源、废弃物和排放物如何处理与回收、对环境影响是否做出评价等，而这些正是绿色供应链管理所应具备的新功能。

（3）绿色供应链管理充分应用现代网络技术

网络技术的发展和应用，加速了全球经济一体化的进程，也为绿色供应链的发展提供了机遇。企业利用网络完成产品设计、制造，寻找合适的产品生产合作伙伴，以实现企业间的资源共享和优化组合利用，同时通过网络技术进行集中资源配送，以减少运输对环境的影响。

（4）绿色供应链管理是闭环运作

绿色供应链中流动的物流不仅是普通的原材料、中间产品和最终产品，更是一种"绿色的物流"。

在生产过程中产生的废品、废料和在运输、仓储、销售过程中产生的损坏件及被用户淘汰的产品均应回收处理。

（二）绿色供应链管理的基本内容

绿色供应链管理的内容十分丰富，它涉及从产品设计到最终回收的全过程，具体是指：

1. 绿色设计

绿色设计主要从零件设计的标准化、模块化、可拆卸和可回收设计上进行研究，具体体现在：

①标准化设计使零件的结构形式相对固定，减少加工难度和能量的消耗，减少工艺装备和拆卸的种类和复杂性。

②模块化设计满足绿色产品的快速开发要求，按模块化设计开发的产品结构便于装配，易于拆卸、维护，有利于回收及重新使用等。

③可拆卸设计就是零件结构设计布局合理，易于接近并分离的联结结构，便于毫无损伤地拆下目标零件和回收再利用及处理，减少环境污染。

④可回收设计是指回收设计的产品在其整个生命周期内达到最大的零部件重复利用率、尽可能大的材料回收量，减少最终处理量。

2. 绿色材料

原材料供应是整条绿色供应链的源头，必须严格控制源头的污染。下面是绿色材料的循环过程：

①从大自然提取的原材料，经过各种手段加工形成零部件，同时产生废脚料

和各种污染，这些副产品一部分被回收处理，一部分回到大自然中。

②零部件装配后成为产品，进入流通领域，被销售给消费者，消费者在使用的过程中，要经过多次维修再使用，直至其生命周期终止而将其报废。

③产品报废后经过拆卸，一部分零部件被回收直接用于产品的装配，一部分零部件经过加工形成新的零部件，剩下部分废物经过处理，一部分形成原材料，一部分返回到大自然，经过大自然的降解、再生，形成新的资源，通过开采再形成原材料。

从绿色材料的循环生命周期可以看出，整个循环过程需要大量的能量，同时产生许多环境污染，这就要求生产者在生产的各个环节中，充分利用能源和节约资源，减少环境污染。

3. 绿色生产

生产过程是为了获得所要求的零部件形状而在原材料上施加机械、物理、化学等作用的过程。这一过程通常包括毛坯制造、表面成形加工、检验等环节，需综合考虑零部件制造过程的输入、输出和资源消耗以及对环境的影响，具体体现在：

（1）生产资源

随着加工水平的提高，应尽量减少加工余量，以减少材料的浪费和下脚料的处理。应考虑切削下脚料的回收、分类、处理和再利用。

（2）生产设备

生产设备是指直接或间接参加生产过程的设备，选择生产设备时需要考虑其在实际运行过程中的能源、资源消耗及环境污染情况。

（3）绿色工艺

在工艺方案选择的过程中，要对环境影响比较大的因素加以分析，尽量根据车间资源信息，生成具有可选择的多工艺路线，提高工艺选择简捷化程度，达到节约能源、减少消耗、降低工艺成本和污染处理费用等的。

（4）环境保护

绿色生产要求在产品整个生产过程中的各个环节上都不产生或很少产生对环境有害的污染物。

（5）人性化生产

企业通过改善生产环境，调整工作时间及减轻劳动强度等措施，可提高员工的劳动积极性和创造性，提高生产效率。

4. 绿色包装、销售、运输和使用

（1）绿色包装

绿色包装主要从以下几个方面进行考虑：

第一，实施绿色包装设计；

第二，优化包装结构；

第三，减少包装材料；

第四，考虑包装材料的回收、处理和循环使用。

（2）绿色销售

绿色销售是指企业对销售环节进行生态管理，主要从分销渠道、中间商的选择、网上销售和促销方式等方面进行考虑，具体如下：

①企业根据产品和自身特点，尽量缩短分销渠道，减少分销过程中的污染和社会资源的损失。

②选用中间商时应注意考察其绿色形象。

③开展网上销售，作为新的商务方式，电子商务是很符合环保原则的，发展前景广阔。

④在促销方式上，企业一方面要选择最有经济效益和环保效益的方式，另一方面要大力宣传企业和产品的绿色特征。

（3）绿色流通

物流量的急剧增加带来车流量的大量增加，大气环境因此受到严重污染。绿色流通主要从集中配送、资源消耗和合理规划运输路径等方面进行考虑，具体体现在：

①在集中配送方面，要在更宽的范围内考虑物流合理化问题，减少运输次数；

②在资源消耗方面，要在货物运输中控制运输工具的能量消耗；

③在合理规划运输路径方面，要以最短的路径完成运输过程。

（4）绿色使用

在产品的使用阶段，主要考虑的是产品的使用寿命和再循环利用。在使用寿命方面，要延长产品寿命，增强产品的可维护性，减少产品报废后的处置工作。

在再循环利用方面，要根据"生态效率"的思想，通过少制造和再制造方式，使得废弃产品得到再循环，从而节约原材料和能源。

5. 产品废弃阶段的处理

工业技术的改进使得产品的功能越来越全面，同时产品的生命周期也越来越短，造成了越来越多的废弃物消费品。产品废弃阶段的绿色性主要是指产品的回收、产品的循环再用和产品的报废处理，具体如下：

（1）产品的回收

产品的回收需经过收集、再加工、再生产品的销售三步完成，具体是指：

第一，通过收集可重用零部件，它又分为可直接重用的零部件和修理、整修、再制造、零件拆用、材料回收等，生产出多种再生产品；

第二，可再生零部件，即零部件本身完全报废，但对其材料可进行再加工处理；

第三，可将废旧产品运输到回收加工工厂处理，最后把再生产品运输到销售地点进行销售。

（2）产品的循环再用

产品的循环再用是指本代产品在报废或停止使用后，产品或其有关零部件在多代产品中的循环使用和循环利用。

（3）产品的报废处理

在初步处理和再加工过程中产生的废弃物需进行填埋、焚烧等处理。

（三）绿色物流的发展现状

绿色物流逐渐引起了人们的关注，被认为是未来我国物流业发展的一个必然趋势，但我国绿色物流起步较晚，与发达国家尚有较大差距。由于我国经济已经成为全球经济的一部分，发展绿色物流是我国参与全球物流业竞争的重要基础。

1. 绿色物流在国外的发展状况

企业物流的绿色化已经成为欧美发达国家物流发展的重要趋势之一。目前，世界上发达国家都在尽力把绿色物流的推广作为物流业发展的重点，积极开展绿色物流的专项技术研究，促进新材料的广泛应用和开发，进行回收物流的理论和实践研讨，以及积极出台相应的绿色物流政策和法规，努力为物流的绿色化和可持续发展奠定基础。

（1）美国

美国政府在《国家运输科技发展战略》中对其交通业的结构及发展制定的总目标要求是运输系统要安全、高效、充足、可靠，范围要国际化，形式要体现综合化，特点要突出智能化，性质要保证与环境友善。

美国的环境分析专家一直以"使环境影响最小化"作为制定环境政策的目标。为此他们非常推崇诸如资源消耗最小化、废弃物减量化、改善环境质量等方面的政策和策略，以保证能够同时实现多个环境目标。越来越多的企业建立了逆向物流管理体系，针对产品的退货、维修和废弃回收，主动延伸自己的责任，从而增强竞争能力。

20 世纪 60 年代，美国的一些州掀起了一场"保护美国的美丽"的生态环保运动，并通过法律措施和手段加以推进，强制回收包装废弃物。到 1988 年，已有 21 个州颁布了限制和禁止使用某些塑料包装制品的相关法令，有 36 个州通过联合立法实行了环境标识制度，其主要做法是在一些塑料制品或包装容器上推广使用"绿色标志"或"再生标志"，告诉消费者哪些是可以重复回收的，哪些是可以再生使用的。这些做法使美国关于绿色包装的法律调控取得了显著成绩。由美国百分之百再生纸板联盟进行的一项市场调查显示，人们的消费习惯由于受绿色包装的影响正在悄然发生着改变。越来越多的消费者希望能有更多的纸质包装或再生纸板包装，希望有更多的包装能够打上 100% 再生的符号。人们普遍认为，用再生包装材料有利于环境保护和子孙后代的未来，使用和购买再生纸板包装的产品是为环保做贡献。

（2）欧洲

欧洲采取了一系列协调政策与措施，来提高欧洲各国之间频繁的物流活动的效率。欧洲企业的逆向物流活动主要是由法律条文驱动的。欧洲制定了《标准回收法》，在此法中明确规定回收的产品包括多个行业的多种产品，如家电、IT 类产品、汽车及零部件、电池等。

在绿色包装立法方面，欧洲一直走在世界前列，德国在 20 世纪 90 年代初颁布了《包装废弃物管理法》等相关法令，针对当时饮料界普遍应用的 PVC 盛装瓶，通过采取一系列措施配合颁布的法律法令，使其改为 PET 环保瓶，并且要求将其中的 80% 再回收利用。之后，荷兰的《包装盟约》、奥地利的《包装法规》和《包装法实施细则》、法国的《包装法》和《包装废弃物运输法》、比利时的《国家生态法》、德国的《循环经济和废物管理法》、英国的《包装废弃物条例》等各种法律法规相继问世。德国在 1996 年颁布实施了循环经济法，提出了"谁污染谁付费"的经济治理原则，对那些使用难降解塑料包装的生产者和提供者不同程度地征收环境税，以促使他们能够在短期内加以改进。自绿色包装法规实施以来，消费的包装材料和回收的包装材料均逐年减少，约 80% 的商品不再采用展示包装，一次性包装大大减少。法国包装工业也积极推广使用可降解包装袋，以减少包装垃圾。据统计，1997 ～ 2003 年，法国的包装消费增长了 100%，而包装垃圾却减少了 3%。

（3）日本

日本政府在发展逆向物流方面的具体做法是利用法规的强制性要求家电生产企业负责回收空调、电视机、电冰箱和洗衣机等常用电器，并于 2001 年制定实施了《家电再生利用法》，以法律形式加以规定和执行，其目的就是鼓励资源利用效率的提高并减少浪费。

日本政府 1992 年起草的《能源保护和促进回收法》于 1993 年正式生效。该法强调必须生产可回收的包装产品并有选择地收集可回收的包装废弃物。回收法实施以来，97% 的玻璃啤酒瓶和 81% 的米酒瓶被回收利用，并兴建了 5 个对回收塑料进行再生循环加工的工厂。1995 年，日本政府以"污染者付费"原则为基础提出，由消费者负责将包装废弃物分类，市政府负责收集已分类的包装废弃物，私有企业获政府批准后对包装废弃物进行再处理。近年来，日本又相继规定了《容器包装再生利用法》《再生资源利用促进法》等一系列法律规范。

2. 绿色物流在中国的发展状况

（1）我国政府对绿色物流理念的推进

我国正处于国民经济快速增长的发展时期。一方面，我国面临着提高社会生产力、增强综合国力和提高人民生活水平的发展任务；另一方面，我国面临着相当严峻的环境问题。长期以来，技术水平不高，加上粗放型经济增长方式，造成了资源利用效率较低，对资源的开发强度不断加大。同时，人口的持续增长和人民日益增长的物质文化需求，对经济建设及资源、环境造成了巨大的压力。为此，我国政府提出将可持续发展战略定为我国的基本国策。在国家总体战略的指导下，各级地方政府纷纷提出实施绿色工程的具体方案，促进了企业对有关绿色管理策略的实施。

此外，还有一些城市也在国际化城市目标中引入了绿色物流的概念。但是，我们应该看到，绿色物流的理念才刚刚传入我国，对政府和企业而言都还是一个全新的话题；政府如何从政策、法规方面推进企业绿色物流的全面实施，还是一个有待深入研究的课题。

（2）企业实施绿色物流的现状

在国家可持续发展原则引导下，许多企业的社会责任意识已开始形成。不少企业已具有环保意识，并将生产绿色产品作为企业经营的宗旨和竞争的法宝。

在物流方面，由于我国物流业的起步较晚，企业对现代物流重要性的认识才刚刚开始，企业物流系统的构建主要还是以降低成本、提高效益和效率为目标。

虽然一些企业已开始认识到物流中的环境问题，但对绿色物流的认识还非常有限。国内在绿色物流的服务水平和研究方面还处于起步阶段，尤其是缺乏对资源环境的价值分析和成本估算，对于环境污染、交通拥挤的代价尚未以成本的形式引入企业的成本核算体系中，因此，实施绿色物流还未成为大多数企业的主动选择。

（四）实现绿色供应链管理的基本途径

绿色供应链管理作为当今经济可持续发展的重要组成部分，对经济的发展和人民生活质量的改善具有重要的意义，无论政府有关部门还是企业界，都应强化绿色供应链管理，共同构筑绿色物流发展的框架。实现绿色供应链管理的基本途径主要有：

1. 加强供应商的环境管理

绿色供应过程对供应商提出了更高的要求，具体体现在以下四个方面：

第一，要根据制造商本身的资源与能力、战略目标对评价指标加以适当调整，设置的指标要能充分反映制造商的战略意图；

第二，强调供应商与制造商在企业文化与经营理念上对环境保护的认同，这是实现供应链成员间战略伙伴关系形成的基础；

第三，供应链成员具有可持续的竞争力与创新能力；

第四，在供应商之间具有可比性，这样有利于在多个潜在的供应商之间择优比较。

2. 加强用户环境消费意识

发展绿色消费可以从以下两方面努力：

第一，发展绿色消费可以从消费终端减少消费行为对环境的破坏，遏制生产者粗放式的经营，从而有利于实现我国社会经济可持续发展目标；

第二，发展绿色消费不仅可以利用优质无污染的消费对象来改善人们的消费质量和身体健康，而且可以在消费过程中通过观念的转化、行为的转变，提高广大群众对环保、绿色消费与可持续发展的认识。

3. 加强企业内部管理

加强企业内部管理，一方面应重新思考、设计和改变在旧的环境下形成的按职能部门进行运作和考核的机制，有效地建立跨越职能部门的业务流程，减少生产过程中的资源浪费、节约能源和减少环境污染；另一方面应根据企业的需求，采购原材料和零部件，减少原材料和零部件库存量，对有害材料，尽量寻找替代物，对企业的多余设备和材料要充分利用。

4. 加强管理部门的环境执法

由于一个企业的技术水平和资金是相对有限的，企业在生产过程中是否最节约资源、能源及是否减少环境污染很难确定。这时就需要全社会的力量参与进行。执法部门应广泛深入地宣传环保，既向各企业决策者宣传绿色市场营销观念，又向广大消费者宣传生态环境的重要意义，针对不同对象，应采取不同方式进行教育培训。

第八章　电子商务与国际物流管理

第一节　电子商务概念分析

在世界范围内，电子商务早已如火如荼开展起来并取得了显著成效。通过结合物流管理技术，现代电子商务以其方便性、快捷性为人们提供了一个低成本的交易环境，赢得了越来越多的商贸企业的青睐。

电子商务的优势想要在经济活动中得到体现，就必须建立一个有别于传统仓储、运输模式的现代物流管理系统，这就需要对原有的物流要素进行升级。企业在建立电子商务系统的工作中，需要把物流管理涉及的仓储、采购、运输、企业物流标准等要素与电子商务系统实现和谐对接，物流管理系统不能脱离电子商务环境单独建设。

电子商务和物流管理技术的运用也成为中国企业在未来市场竞争中取胜的必然选择。

一、电子商务的概念

电子商务是利用计算机技术、网络技术和远程通信技术，实现电子化、数字化和网络化的整个商务过程。

人们不再是面对面看着实实在在的货物、靠纸介质单据进行买卖交易，而是通过网络，通过网上琳琅满目的商品信息、完善的物流配送系统和方便安全的资金结算系统进行交易。

事实上，整个交易的过程可以分为三个阶段：

（一）信息交流阶段

对于商家来说，信息交流阶段为发布信息的阶段。商家在此阶段的主要是选择自己的优秀商品，精心组织自己的商品信息，建立自己的网页，然后加入名气较大、影响力较强、点击率较高的著名网站中，让尽可能多的人了解和认识。

对于买方来说，信息交流阶段是去网上寻找商品以及商品信息的阶段。买家在此阶段主要是根据自己的需要，上网查找自己所需的信息和商品，并选择信誉好、服务好、价格低廉的商家。

（二）签订商品合同阶段

对商家来说，签订商品合同阶段是签订合同、完成必需的商贸票据交换的过程。要注意的是，数据的准确性、可靠性、不可更改性等复杂的问题。

对个人客户来说，签订商品合同阶段是完成购物过程的订单签订过程，顾客要将已选好的商品、自己的联系信息、送货的方式、付款的方法等在网上签好后提交给商家，商家在收到订单后应核实上述内容。

（三）按照合同进行商品交接、资金结算阶段

按照合同进行商品交接、资金结算的阶段是整个商品交易最关键的阶段，不仅涉及资金在网上的正确、安全到位，同时也涉及商品配送的准确、按时到位。在这个阶段有银行、配送系统的介入，在技术、法律、标准等方面有更高的要求，网上交易的成功与否就取决于这个阶段。

二、电子商务的功能与特性

（一）电子商务的功能

电子商务可提供网上交易和管理等全过程的服务，主要具有以下功能：

1. 网上订购

电子商务可借助电子邮件的交互传送实现网上订购，系统通常会在产品介绍的页面上提供十分友好的订购提示信息和订购交互格式框。当客户填完订购单后，系统通常会回复确认信息单来保证订购信息的收悉。订购信息也可采用加密的方式使客户和商家的商业信息不会泄漏。

2. 广告宣传

电子商务可凭借企业的 Web 服务器和客户的浏览器，在互联网上发布各类商业信息。客户可借助网上的检索工具迅速地找到所需商品信息，而商家可利用网站主页和电子邮件在全球范围内做广告宣传。

与以往的各类广告相比，网上的广告成本最为低廉，而给顾客的信息量却最为丰富。

3. 咨询洽谈

电子商务可借助非实时的电子邮件、新闻组和实时的讨论组来了解市场和商品信息、洽谈交易事务，如有进一步的需求，还可用网上的白板会议来交流即时的图形信息。

网上的咨询和洽谈能超越人们面对面洽谈的限制、提供多种方便的异地交谈形式。

4. 网上支付

电子商务要成为一个完整的过程，网上支付是重要的环节。客户和商家之间可采用信用卡账号实施支付。

在网上直接采用电子支付手段可省略交易中很多人员的开销。网上支付将需要更为可靠的信息传输安全性控制，以防止欺骗、窃听、冒用等非法行为。

5. 服务传递

对于已付款的客户，商家应将其订购的货物尽快地传递到他们手中。而有些货物在本地，有些货物在异地，电子邮件将在网络中进行物流的调配。最适合在网上直接传递的货物是信息产品，如软件、电子读物、信息服务等，它能直接从电子仓库中将货物发到用户端。

6. 电子账户

网上的支付必须有电子金融来支持，即银行或信用卡公司及保险公司等金融单位要为金融服务提供网上操作的服务。电子账户管理是电子商务基本的组成部分。信用卡号或银行账号都是电子账户的一种标志，其可信度需配以必要技术措施来保证，如数字凭证、数字签名、加密等手段的应用保证了电子账户操作的安全性。

7. 交易管理

整个交易管理涉及人、财、物多个方面，以及企业和企业、企业和客户及企业内部等各方面的协调和管理。因此，交易管理是涉及商务活动全过程的管理。电子商务的发展，将会提供一个良好的交易管理的网络环境及多种多样的应用服务系统。

8. 意见征询

电子商务能十分方便地采用网页上的"选择""填空"等格式文件来收集用户对销售服务的反馈意见。这样使企业的市场运营能形成一个封闭的回路。客户的反馈意见不仅能提高售后服务的水平，而且能使企业获得改进产品、发现市场的商业机会。

（二）电子商务的特性

电子商务的主要特性如下：

1. 整体性

电子商务能够规范事务处理的工作流程，将人工操作和电子信息处理集成为一个不可分割的整体，这样不仅能提高人力和物力的利用率，也能提高系统运行的严密性。

2. 普遍性

电子商务作为一种新型的交易方式，可将生产企业、流通企业及消费者和政府带入一个网络经济、数字化生存的新天地。

3. 方便性

在电子商务环境中，人们不再受地域的限制，客户能以非常简捷的方式完成过去较为繁杂的商务活动，如通过网络银行能够全天候地存取资金、查询账户信息等，同时也能使企业对客户的服务质量大大提高。

4. 协调性

商务活动本身是一种协调过程，它强调客户与公司内部、生产商、批发商、零售商间的协调。在电子商务环境中，它更要求银行、配送中心、通信部门、技术服务等多个部门通力协作，电子商务的全过程往往是一气呵成的。

5. 安全性

在电子商务中，安全性是一个至关重要的核心问题，它要求网络能提供一种端到端的安全解决方案，如加密机制、签名机制、安全管理、存取控制、防火墙、防病毒保护等，这与传统的商务活动有着很大的不同。

三、电子商务的模式

电子商务主要有五类模式，即 B2B、B2C、C2C、B2M、M2C，具体如下。

（一）B2B 模式——企业对企业模式

B2B 模式的电子商务，即企业与企业之间通过互联网进行产品、服务及信息的交换。

通俗的说法是进行电子商务交易的供需双方都是企业，它们使用了互联网的技术或各种商务网络平台，完成商务交易的过程。这些过程包括：

第一，发布供求信息；

第二，订货及确认订货；

第三，支付过程及票据的签发、传送和接收；

第四，确定配送方案并监控配送过程等。

（二）B2C 模式——企业对消费者模式

B2C 模式是我国最早产生的电子商务模式，以 8848 网上商城正式运营为标志。B2C 模式即企业通过互联网为消费者提供一个新型的购物环境——网上商店，消费者通过网络在网上购物、在网上支付等。

由于这种模式节省了消费者和企业的时间和空间，大大提高了交易效率，特别是对于工作忙碌的上班族，这种模式可以为其节省宝贵的时间。

（三）C2C 模式——消费者对消费者模式

C2C 模式同 B2B、B2C 模式一样，都是电子商务的几种模式之一。不同的是 C2C 模式是消费者对消费者的模式，C2C 商务平台就是通过为买卖双方提供一个在线交易平台，使卖方可以主动提供商品上网拍卖，而买方可以自行选择商品进行竞价。C2C 模式的典型案例如淘宝网等。

（四）B2M 模式——企业对市场营销模式

B2M 模式相对 B2B、B2C、C2C 模式而言，是一种全新的电子商务模式。它与以上三种电子商务模式有着本质的不同，其根本的区别在于目标客户群的性质不同。B2B、B2C、C2C 模式的目标客户群都是作为一种消费者的身份出现的，而 B2M 模式所针对的客户群是该企业或者该产品的销售者，而不是最终消费者。

（五）M2C 模式——生产厂家对消费者模式

M2C 模式是 B2M 模式的延伸概念。在 B2M 环节中，企业通过网络平台发布该企业的产品或者服务，职业经理人通过网络获取该企业的产品或者服务信息，并且为该企业提供产品销售服务或者提供企业服务，企业通过经理人的服务达到销售产品或者获得服务的目的。在 M2C 环节中，经理人将面对 Consumer，即最终消费者。

要实现完整的电子商务还会涉及很多方面，除了买家、卖家外，还要有银行或金融机构、政府机构、认证机构、配送中心等机构的加入才行。

由于参与电子商务的各方在物理上是互不谋面的，因此整个电子商务过程并不是物理世界商务活动的翻版，网上银行、在线电子支付等条件和数据加密、电子签名等技术在电子商务中均发挥着重要的不可忽视的作用。

第二节　电子商务与现代物流

一、电子商务下物流管理的特点

（一）全面性特点

从管理的范围上看，它依托电子商务企业，不仅沟通买卖双方，实现所有权的转接，而且还囊括了物流供应链上的各个环节；从其覆盖的领域上看，它涉及生产、消费、服务、营销、信息和技术等众多领域的管理；从管理的方式方法上看，它兼容传统的管理方法和新兴网络商务的过程管理及虚拟管理。

（二）技术性特点

电子商务下的物流体现了新经济的特征，它以物流信息为其管理的出发点和立足点。电子商务活动本身就是信息高度发达的产物，对信息活动的管理是一项全新的技术性挑战，也是对传统物流管理的优化和提升。如物流要不断适应因电子商务而改变的人际交往、交易方式，因此需要不断实现物流服务的移动化、终端化、实时化等。

（三）智能型特点

电子商务下物流的实物位移自动化、半自动化程度高，物流供应链的过程处于实时监控之中，而物流系统中的传统管理内容，如人事、财务、计划和物流控制等全过程都是智能化的，因此电子商务下物流管理的重点是这些自动化、智能化的设计创造过程。一个智能化的电子商务物流管理系统可以模拟现实，可以发出指令、实施决策，根据物流过程的特点采用对应管理手段，真正实现电子商务下物流管理的柔性化和智能化。

二、电子商务下物流管理的内容

电子商务下的物流管理，主要涉及电子商务物流系统、电子商务物流过程、电子商务物流技术、电子商务物流费用等内容，具体如下：

（一）电子商务物流系统

1. 含义

电子商务物流系统是指在实现电子商务特定过程的时间和空间范围内，由所需位移的商品、包装设备、装卸搬运机械、运输工具、仓储设施、人员和通信设备等若干相互制约的动态要素所构成的具有特定功能的有机整体。

2. 目的

电子商务物流系统的目的是实现电子商务过程中商品的空间效益和时间效益，在保证商品满足供给需求的前提下，实现各种物流环节的合理衔接，并取得最佳经济效益。电子商务物流系统既是电子商务系统中的一个子系统或组成部分，也是社会经济大系统的一个子系统。

3. 功能

电子商务物流系统与一般系统一样，具有输入、转换和输出三大功能，主要体现在：

第一，通过输入和输出使物流系统与电子商务系统及社会环境进行交换，并相互依存；

第二，输入包括人、财、物和信息；

第三，输出可以包括效益、服务、环境的影响及信息等；

第四，实现输入到输出转换的则是电子商务物流的各项管理活动、技术措施、设备设施和信息处理等。

（二）电子商务物流流程

电子商务物流流程一般包括进货、进货检验、分拣、储存、拣选、包装、分类、组配、装车及送货等。

（三）电子商务物流技术

电子商务物流技术是指在电子商务物流活动中把商品进行移送和储存，为社会提供无形服务的技术。

它的作用是把通过电子商务方式提供的各种商品从生产者一方转移给消费者。

电子商务物流技术水平的高低直接关系到电子商务物流活动各项功能的完善和有效实现。

电子商务物流技术包括硬技术和软技术两个方面。硬技术包括运输、生产加工、包装等专业技术；软技术包括规划、管理、运营等专业技术。

（四）电子商务物流费用

电子商务物流在将商品由生产者手中移送至消费者的过程中，必然产生大量物流费用，因此，控制和降低物流费用将成为电子商务物流管理中最为关键的环节之一，也是人们利用电子商务的一个主要目的。

实现电子商务物流现代管理，要做到以下两点：

第一，要全面、准确地把握包括电子商务系统内外发生的各项物流成本在内的整体物流成本，也就是说，要降低物流成本必须以系统整体成本为对象；

第二，在努力消减物流成本的同时，还应当注意不能因为降低物流成本而影响对用户物流服务的质量水准。

三、电子商务对物流的影响

（一）电子商务助推了现代物流技术的革新

现代物流技术包括各种规划技巧、管理技能与操作方法等，如物品包装技术、物品标识技术、物品流通加工技术、物品实时跟踪技术等。同时，现代物流技术也包括物流规划、物流设计、物流评价及物流策略等。随着电子商务的飞速发展，现代物流技术中又整合了更多新兴的技术，如全球卫星定位系统技术、地理信息系统技术、条码技术、电子数据交换技术等。现代物流技术水平的提高，迅速提升了物流系统的快速反应能力。

（二）电子商务丰富了物流企业的服务内容

电子商务打破了传统经营方式中的地理范围限制，使物流企业的服务范围迅速扩展。物流企业只有不断地完善自己的物流网络和配送渠道，形成反应灵敏、步调一致、信息沟通快捷的物流运作体系，才能适应电子商务提出的"三准原则"，即在准确的时间，将准确的货物送到准确的地点，并以尽可能低的成本和尽可能短的时间为客户提供优质、高效的物流服务。

（三）电子商务推进物流标准化的进程

物流标准化是指以物流为一个大系统，制定系统内部设施、专用工具、机械装备等的技术标准和包装、装卸、运输、配送等各类作业的作业标准和管理标准，以及作为现代物流突出特征的物流信息标准，并形成全国及至与国际接轨的标准化体系，推动物流业的发展。

（四）电子商务贯穿现代物流的全过程

传统的物流是把物流分割成运输、仓储、包装、装卸等若干个环节，以商流为中心，从属于商流活动。现代物流的运作则是以信息为中心，为企业提供运输、仓储、装卸和包装服务，同时还提供加工、分发和配货等服务，使物流成为连接生产企业和用户的重要环节。在现代物流运作的整个过程中，电子商务将物流的各个环节作为一个完整的系统进行统筹协调、合理规划，使物流服务的功能多样化，可以更好地满足客户的要求。

四、物流对电子商务的作用

（一）物流的畅通是完成电子商务活动的保证

在电子商务过程中，消费者通过网络平台购物，完成了商品所有权的交割过程及商流过程。但电子商务活动并未结束，只有商品和服务真正转移到消费者手中，电子商务活动才告以终结。在整个电子商务过程中，物流实际上是以电子商务活动的后续者和服务者姿态出现的，没有现代化的物流，任何电子商务活动都将成为一纸空文，而"以顾客为中心"的理念也将无法得到保证。

（二）物流配送制约着电子商务的推进

用"成也配送，败也配送"来形容电子商务与物流的关系是再恰当不过的了。当人们庆幸终于可以实现网上订货、网上支付的同时，也无可奈何地抱怨网上订了货、账单也被划走，可是货却迟迟不来。为了送货，有的网站动用了 EMS，有的网站动用了快递公司，有的网站甚至打起了居委会大妈的主意。而这只是电子商务在网上购物过程中遭遇的尴尬。众所周知的世界直销大王——戴尔公司在进入中国时，面临的最大问题也是物流方面的问题，在收到顾客的要货订单后，如何及时采购到电脑的各种零配件，电脑组装好了以后如何及时送到顾客手中，这些都需要一个完整的物流系统来支持。

（三）物流是电子商务的重要组成部分

在电子商务中，一些电子出版物，如软件、CD 等可以通过网络以电子信息的方式送达客户手中，但绝大多数商品仍要通过其他各种方式送到购买者手中。

消费者在网上浏览后，通过轻松点击完成网上购物，但所购买物品有时却迟迟不能送到客户手中，电子商务的跨地域及时效优势就一点也没有了，其结果可想而知，消费者势必会放弃电子商务，选择更为安全可靠的传统购物方式。

因此，物流与电子商务相互依赖、相互促进。物流是电子商务运作的前提和保障，而电子商务的发展又进一步促进了物流的发展，使物流走向信息化、网络化、现代化和集成化。

在电子商务飞速发展的环境中，有些物流企业逐步集成了管理咨询和现代物流的能力，通过优秀的现代物流企业、技术专家和管理顾问的联盟，融入企业电子商务管理之中，包括和企业商务活动深层次的协调集成，了解企业客户的专业技术和专业知识，为客户提供一整套完善的供应链解决方案，管理企业电子商务的整个供应链，满足最终消费者的独特需求，与企业共同分享电子商务里供应链管理的利益和风险等，物流与电子商务形成相互依赖、相互促进的良性循环。

五、电子商务下物流发展的问题、对策与前景

（一）问题

1. 观念和服务模式落后

我国的电子商务还处在初级发展阶段，其功能主要局限于信息交流，电子商务与现代物流之间相互依赖、相互促进的关系还没有得到普遍的认识。现代物流与电子商务脱节，重电子商务轻物流，导致配送效率低下，经常出现拖延交货期、出错等现象，无法满足现代社会人们对快速、准确、及时的现代物流服务的要求。

2. 电子商务和现代物流发展相关的制度和政策法规尚未完善

与企业发展息息相关的融资制度、产权转让制度、税收制度等方面的改革还远不能适应企业发展的需要。现代物流企业跨区域开展物流业务时常常受地方保

护主义困扰，发生经济纠纷时，有关的金融法规及行业标准对当事人之间的经济责任难以确认。

3. 基础设施落后，电子化、信息化程度较低

电子商务要求相对均衡的运行环境，要求企业有足够的后台支持系统来响应对方的即时服务请求。目前，市场达不到应有的经济网络规模，网络基础薄弱，网速慢、出口带宽不足、资费过高，而现代物流配送基础设施和配送管理手段更是落后，道路的建设、配送中心的规划与管理、仓储设施的现代化配置、配送运输工具的更新换代、物流管理模式和经营方式的优化等问题都亟须解决。

4. 物流领域人才的不足

国外电子商务和现代物流的发展实践表明，从业人员是否具有较高的电子商务和现代物流知识和操作经验，会直接影响企业的生存与发展。国外的物流经过多年发展，已形成了一定规模的物流教育系统，许多高校设置了与物流相关的课程，为物流行业培养并输送了大批实用人才。相比之下，我国在这方面的教育还相当落后，人才严重缺乏，无法为电子商务与现代物流的协同发展提供足够的智力支持。

（二）对策

在电子商务条件下物流的发展可以采取如下对策：

1. 必须提高全社会对电子商务物流的认识

要把电子商务与电子商务物流放在一起进行宣传，电子商务是商业领域内的一次革命，而电子商务物流则是物流领域内的一次革命。

要改变过去那种重商流、轻物流的思想，把物流提升到竞争战略的地位，把发展社会电子化物流系统安排到日程上来。

2. 加强电子商务物流人才的培养

电子商务物流人才是一种复合型的高级人才，这种人才要既懂电子商务又懂物流，既懂技术又懂管理。因此，电子商务物流企业要注重自身物流人才的培养，在引进电子商务物流人才的同时；也可以把有潜力的人才派出去学习。

3. 国家与企业共同参与，共建电子化物流系统

要形成全社会的电子化物流系统，需要政府和企业共同出资，政府要在高速公路、铁路、航空、信息网络等方面投入大量资金，以保证交通流和信息流的通

畅，形成一个覆盖全社会的交通网络和信息网络，为发展电子商务物流提供良好的社会环境。

4. 结合我国的实际情况，多方面吸取经验

我们可以吸取别国物流管理的研究成果，向电子商务物流发达的国家学习，鼓励理论界和实务界研究电子商务物流中的难题，少走弯路，加快我国电子商务物流的发展步伐。

（三）前景

电子商务将是一场商务大革命，它打破了区域和国界，开辟了巨大的网上商业市场，作为保证电子商务运作的电子商务物流将有大的发展。发展电子商务物流是我国企业参与国际竞争的需要，是缩短与发达国家物流业差距的一次机遇，具有良好的前景，具体体现在：

1. 电子商务物流在我国具有广阔的发展空间

尽管我国电子商务起步较晚，但发展势态很好，国家和企业都十分重视发展电子商务，并在电子商务方面也取得了巨大的成绩。

电子商务的大发展必然带动我国电子商务物流的大发展。另外，电子商务贸易无国界，互联网可以在瞬间使处于全球任何范围内的双方达成交易，但买物的交易速度还得依赖于电子商务物流的发展。

2. 信息技术与物流技术的发展为电子商务物流提供了基础

第一，近年来，我国的交通状况得到了很大的改观。高速公路网、铁路网、海运网络、航空网络的发展保证了物流的快速运输；

第二，我国的"金桥""金卡""金关"等"金字工程"为发展电子商务物流提供了良好的基础；

第三，大量涌现的物流企业以及先进的物流理论和现代物流技术将推动电子商务物流系统的发展。

3. 大力发展第三方物流的增值服务

随着社会分工的不断细化和专业化程度的不断提高，第三方物流服务将借助电子商务的发展，在发展的形式、速度和范围上有更大的突破。

作为一种战略概念，供应链也是一种产品，而且是可增值的产品，其目的不仅是降低成本，更重要的是提供用户期望以外的增值服务，如配货、配送和各类

提高附加值的流通加工服务项目，以及其他按客户的需求提供的服务。

电子商务涉及企业流程的再造和资源的重新配置，因此在进行物流信息系统需求分析时，需综合考虑合同、保险、单证、语言等诸多因素。

具体来说，电子商务环境下的第三方物流企业应做好以下工作：

第一，综合应用电子信息技术，从顾客需求出发，开展第三方物流流程重新设计。

第二，注重综合集成管理，重视联运代理的组织功能，为"全能"型企业提供电子商务环境下的物流流程再造，为供应商、消费者提供灵活高效的物流服务。

4. 发挥大规模数字化定制经济，必须发展电子商务物流

随着买方市场的逐步形成，以及电子信息技术的高速发展及电子信息技术在商务领域的广泛应用，大规模数字化定制经济正在迅猛发展。

大规模数字化定制经济是以满足顾客需求为目的的全新的产业组织形式，它从根本上改变了企业的组织管理形式、厂商与消费者的关系、竞争者之间的竞争方式以及企业之间的分工协作方式，是 21 世纪产业组织形式的主流。

在大规模数字化定制经济中，企业之间的竞争焦点在于速度，企业能否取得竞争优势的关键在于能否缩短向顾客提供产品和服务的时间，因此，企业必须保持其物流的通畅，这就要求企业内部及企业与其供应链伙伴之间通过信息传输系统和电子化物流网络系统来保证企业对其物流的控制。

因此，电子商务物流不仅可为网络交易进行配送服务，而且也是未来企业竞争战略的核心内容。

第三节　国际物流

由于国际化分工的日益细化和专业化，任何国家都不可能包揽一切专业分工，必须有国际的合作与交流，以获得所需的资源。随之而来的国际之间商品、物资的流动便构成了国际物流。相对国内物流而言，国际物流是国内物流的延伸和进一步扩展，国际物流是不同国家之间的物流，是国际贸易的一个必然组成部分，国际物流伴随着国际贸易和跨国经营业务而产生，各国之间的相互贸易最终必须通过国际物流来实现。

一、国际物流的特点

（一）物流环境存在差异

国际物流的一个非常重要的特点是各国物流环境的差异，尤其是物流软环境的差异，迫使一个国际物流系统需要在几种不同法律、人文、习俗、语言、科技、设施的环境下运行，无疑会大大增加物流的难度和系统的复杂性。

（二）物流系统范围更加广泛

物流本身的系统与外界沟通其实是很复杂的，国际物流要在传统复杂的物流系统基础上增加不同国家的要素，这不仅是地域和空间广阔的问题，而且所涉及的内外因素更多，所需的时间更长，广阔的范围带来的直接后果是难度和复杂性增加，风险增大。

（三）国际物流的流量结构正在发生重大调整和转移

国际物流的流量结构正在由密集型升华到技术知识密集型。这种演变规律使得各国进出口商品的结构不断发生变化，国际物流的流量结构也必须随之进行调整与转移。

（四）国际物流的运输形式主要以海运为主

由于距离远、运量大，考虑输送成本，国际物流主要以海上运输为主。此外国际物流对物流基础设施有特殊要求，如在货物运输中以集装箱运输为主。

（五）国际物流要求有高效率的信息系统

由于国际市场瞬息万变，如果没有高效率的信息传递渠道，就会影响物流功能的正常发挥。因此，国际物流对信息的要求很高，必须建立高效率的信息系统。

（六）国际物流客观上要求缩短物流中转过程

由于国际物流是两个不同国家的物流公司或企业相互提供的不同服务，客观上要求缩短物流的中转过程，于是直达运输便成为货物运输的一种有效途径。

（七）国际物流的标准化要求极高

要使国际物流畅通起来，统一标准是非常重要的。可以说，如果没有统一的标准，国际物流水平是无法提高的。

二、国际物流的基本业务

国际物流是跨国间进行的物流活动，它主要包括发货、国内货物运输、出口国报送、国际货物运输、进口国报关、送货等业务环节，主要涉及的单证有设备交换单、装箱单、站场收据、提单等。下面介绍一些与国际物流业务相关的概念：

1. 国际货物运输

国际货物运输是国际物流的核心业务环节。整个物流过程可以委托一家国际物流提供商完成，也可以分包给各仓储企业、运输企业和货代企业来完成。

2. 商品检验

商品检验是指根据商品标准规定的各项指标，运用一定的检验方法和技术，综合评定商品质量优劣，确定商品品级的活动。

3. 报关

报送是指商品进出境时，由出口货物的收发货人或其代理人，按照海关规定格式对进出口货物的真实情况做电子或书面申明，随附海关规定应交验的单证，请求海关办理货物进出口手续的行为。

4. 国际货物储存

从商品流通规律来看，商品流通过程是一个不断由分散到集中，再由集中到分散的过程，因而暂时的停滞是必需的。如跨国交易的商品从生产地集中运到装运港后有时需储存一段时间，等待装船入舱。国际货物储存一般是在保税区或报税仓库中进行。

5. 国际货运业务代理

国际货运代理是指根据客户的指示，为客户的利益而揽取货物的人，其本人并非承运人。国际货运代理也可以从事与运输合同有关的活动，如储货、报关、验收、收款等。

6. 理货

理货是指船方或货主根据运输合同在装运港和卸货港收受或交付商品时，委托港口的理货机构代理完成的在港口对商品进行计数、检查商品残损、指导装舱积载、制作有关单证等工作的总称。

三、国际物流的运营方式

国际物流的运营方式包括货主企业的国际化物流运营和物流企业的国际化物流运营。

（一）货主企业的国际化物流运营

货主企业的国际化物流运营主要是随其国际物流活动需要而产生的。国际物流活动主要表现为跨国采购、跨国生产和跨国销售。跨国采购、跨国生产和跨国销售，使跨国企业迫切需要发展国际性物流系统来实现产品的顺利跨国流动。目前，物流已经成为众多跨国企业的战略性工具，有效的国际物流运营方式已成为跨国企业降低经营成本、扩大销售市场、增加市场份额的有效手段。

（二）物流企业的国际化物流运营

中国物流企业的国际化物流运营策略主要体现在以下几个方面：

1. 树立现代物流经营理念

首先，要增强现代物流企业的市场意识，以用户需求为己任，紧贴市场，准确确立物流企业的市场定位，根据需求并结合自身的情况，对企业进行资产、人员、业务的充实，形成与市场需求相适应的服务系统；其次，要增强现代物流企业的开放意识，与发达国家相比，我国的物流企业既要看到自己的特色，更要看到差距。加强国际物流合作，积极引进国外的资金、技术、经验是实现国际化战略的捷径。

2. 立足核心主业，拓展全程物流服务

物流供应链服务是跨地区、跨部门、跨行业的一项庞大的系统工程，物流企业的系统能为客户做更多的事情，进入更多的物流服务环节，但各家企业的资源毕竟是有限的。我国的物流企业也只有在充分挖掘自己核心能力的基础上，利用信息网络等技术，与供应链上的各节点企业进行合作，向综合物流拓展，才能形成逐步发展、以点带面的发展战略。只有做好一环再进入多环，才能在与国际、国内同行竞争中保持优势。

3. 强化国际业务能力，建立和完善国际网络

物流企业在战略制定上，必须突破地域、行业的限制，以全球为着眼点，只有这样，才能最大限度地抓住机遇、规避风险。在具体战略的选择上，首先应以我国市场为主要拓展市场，获得本地竞争优势，再由近至远，争取全球竞争优势。

物流企业可以依托多年来在国内发展形成的相当规模的网络优势，以及在国内市场享有较高知名度和品牌效应的优势，通过与实力雄厚的国外物流公司合作，引进资金、先进的物流技术和管理经验，达到提高国内物流市场占有率，并快速跻身国际物流市场的目的。

4. 开展虚拟经营，实施战略联盟，争做联盟中心

物流企业要想发挥自身的优势，弥补自身的不足，就只有结成联盟与其他企业合作进行虚拟经营，实现物流供应链全过程的有机融合，只有通过多家企业的共同努力来形成一股强大的力量，才有可能立于不败之地。战略联盟能够在组织上突破有形的界限，实现企业的精简与高效，从而增强企业的竞争能力和生存能力。在缔结联盟的过程中，物流企业要争做联盟中心掌握主动避免成为附庸。

5. 建立全球性的物流信息网络

目前，国外许多大型物流企业都建立了全球性的物流信息网络，并取得了良好的效果。全球性的物流信息网络可以系统、有效、快速地组织管理好物流的各个环节。我国物流企业要参与国际物流服务市场的竞争，首先也必须逐步建立和完善自身的全球性物流信息网络，并努力提高全员的物流信息网络化意识，使自身的物流信息网络不断向世界先进水平迈进。

6. 培养物流管理人才，建立富有创新机制的企业文化

物流企业能否向现代物流提升与转型，物流专业人才是关键。物流管理者应对每一个物流环节都有足够的了解，不仅要做一个运输专家，还应熟知财务、市场营销和采购工作，必须具备对物流诸环节进行协调的能力。物流市场的国际化不仅要求物流管理者能够管理现有系统，更要求物流管理者具有创新意识，包括知识创新和服务创新，用创新为企业提供技术支持，保证物流企业在本行业的领先地位同时用创新来产生良好的用人机制，确保物流企业在激烈的竞争中立于不败之地。

四、国际物流的主要运输方式

国际物流运输是指将进出口货物从进口国运送到出口国的国际物流活动。我国常用的国际物流运输方式有海洋运输、铁路运输、公路运输、航空运输、国际多式联运、集装箱运输、陆桥运输等多种方式。

（一）海洋运输

海洋运输是利用天然海洋航道进行的一种现代化运输方式。它是国际物流运输中使用最广泛的一种运输方式。国际物流运输总量的 80% 以上、中国进出口货运量的 90% 左右，都是通过海洋运输完成的。

1. 海洋运输的基本要素

海洋运输包括船舶、航线及港口三要素。

2. 海洋运输的运作流程

货物先集中到出口港口，按积载图装上已订船舱位，按航线运至进口港，按港口的高度指令将货物运至指定位置，完成海洋运输。

3. 海洋运输的主要参与者

海洋运输的主要参与者包括国际航运企业、港口服务企业、国际船舶理货企业、国际货运代理企业和国际航运经纪人等。

4. 海洋运输的方式

海洋运输的方式可分为班轮运输和租船运输两种。

（1）班轮运输

班轮运输是指在固定的航线上，以既定的港口顺序，按照事先规定的船期表航行的水上运输方式。它是在不定期船运输的基础上逐步发展起来的，是当今国际海洋运输中不可缺少的运输方式之一。

（2）租船运输

租船运输又称为不定期运输。是指根据协议，租船人向船舶所有人租赁船舶用于货物运输，并按商定运价向船舶所有人支付运费或租金的水上运输方式。它与班轮运输方式不同，没有预订的船期表，船舶经过的航线和停靠的港口也不固定，船舶航行的路线和停靠的港口、运输货物的种类及航行时间等，都按照承租人的要求，由船舶所有人确认，运费或租金也由双方根据租船市场在租船合同中的内容加以约定。租船运输的方式主要有定程租船、定期租船、光船租赁和包运租船四种。

（二）铁路运输

我国的铁路运输主要包括国际铁路联运、内地铁路运输和专门针对港澳地区货物的铁路运输三个组成部分，另外，还涉及铁路运输进口货物交接与核放、铁路进口货物单据周转程序。

1. 国际铁路联运

国际铁路联运是指使用一份统一的国际铁路联运票据，由跨国铁路联运人办理两国或两国以上铁路的全程运输，并承担运输责任的一种连贯运输方式。

目前，我国对朝鲜和俄罗斯的大部分进出口货物，以及对东欧一些国家的小部分进出口货物都是采用国际铁路联运方式运送的。

2. 内地铁路运输

对外贸易货物的内地铁路运输是指海运进口货物，由港口经铁路转运到各地用货部门，或者海运出口货物，由产地经铁路集运到港口装船，以及各省、市、自治区之间外贸物资的调拨供应运输。它们都是按我国内地铁路运输的相关规定执行的。

3. 对港澳地区货物的铁路运输

根据"一国两制"政策，针对港澳地区货物的铁路运输，需遵照港澳地区铁路运输政策执行。

4. 铁路运输进口货物交接与核放

①依据相关国际铁路货物联运规章，进口货物的交接工作在交付站和接收站之间进行。

②运至本国的联运货物由口岸代理人办理。

③代理人将有问题的货物在口岸进行处理。

5. 铁路进口货物单据周转程序

当进口物品抵达国境站后，由交付站和接收站双方交接人员到国境交接站内检查车辆，办理交接手续。由交付站将票据按交接单移交给接收站，由接收站人员填制"联运货物换装清单"，交接人员核对交接单所载运单批数、项目无误后，将票据交给铁路人员，由铁路人员直接持票据向海关申报。海关检查无误后，铁路人员登记并通知口岸代理人签领自己代理的票据。

（三）公路运输

公路运输是指货物借助一定的运输工具，沿着公路的某个方向做有目的的移动的过程。目前世界各国的公路运输一般以汽车作为运输工具，所以它实际上也就是汽车运输。公路运输既是一个独立的运输体系，也是车站、港口和机场集散物资的重要手段。

1. 公路运输的特点

运量少，机动灵活；直达性能好，可以实现"门到门"的运输；适应性较强，受气候条件影响较小且运行范围广，可以穿街巷、进山区、到工厂、下田间，直接把物资运到仓库、商店、工矿企业和乡村田头，可以广泛地参与到其他运输方式的联运中。

2. 当今世界公路运输服务贸易发展的主要经验

欧美各国和日本等工业发达国家，依靠公路运输的蓬勃发展极大地推动并促进了经济结构变化和国民经济的发展。归纳起来分析，当今世界公路运输服务贸易发展的主要经验有以下几点：

①各国对公路运输在经济发展中的重要性的认识不断深化；

②重视公路网的规划，增加对公路建设的投资；

③多渠道筹集公路建设资金；

④集中专用资金，强化国道主干线，发展调整公路。

（四）航空运输

航空运输是指在具有航空线路（简称"航线"）和飞机场的条件下，利用飞机作为运输工具进行货物运输的一种现代化运输方式。

1. 航空运输的组织方式

航空运输的组织方式主要有班机、包机和快件运输三种。

（1）班机运输

班机是指定期开航的定航线、定始发站、定目的站和途经站的飞机。一般航空公司都使用客货混合型飞机，既搭载旅客，又可以运送货物。一些较大的航空公司在一些货源较为充足的航线上开辟定期的货运航班，使用全货机运输。

班机固定航线和停靠站，定期开航，定点到达，因此国际之间货物流通采用班机方式，可以使收、发货人确切掌握货物起运和到达时间，保证货物安全、准时地成交。这对市场上急需的商品、鲜活易腐货物及贵重商品的运送是非常有利的。班机运输一般是客货混装，因此货舱舱位有限，不能满足大批货物的运输要求，只能分期分批运输。因此，大批货物的航空运输应采用其他方式。

（2）包机运输

包机运输可分为整架包机运输和部分包机运输两类。包机运输适用的范围比较狭窄，因为各国政府为了保护本国航空公司的利益，往往对别国航空公司的业务实行各种限制，如申请入境，通过领空和降落地点等，均必须得到有关国家的批准同意。随着区域经济合作的不断加强，包机运输这种运输方式将会得到越来越广泛的运用。

（3）快件运输

快件运输即航空快递，是指具有独立法人资格的企业将进出境货物或物品从发件人所在地通过自身或代理的网络运达收件人的一种快速运输方式。采用快件运输的进出境货物、物品称为快件。

快件运输主要的三种服务形式："门到门"服务、"门到机场"服务、专门派送。

2. 航空货物进出口运输代理程序

①进口运输代理业务程序包括代理委托、交接单证与货物、理货与仓储、到货通知、制单与报关、收费与发货、送货与转运仓储等环节。

②出口运输代理业务程序包括市场销售、委托运输、审核出口货物单证、预配舱与预订舱、接受单证、填制货运单、接受货物、对货物标记亏贴标签、配舱与订舱、出口报关、交接发运、航班跟踪、费用估算等环节。

（五）国际多式联运

国际多式联运又称国际联合一贯制运输，是在集装箱运输的基础上产生并发展起来的一种新型运输方式，一般以集装箱为媒介，把海、陆、空各种单一运输方式有机结合起来，组成国际间的连贯运输。

1. 国际多式联运的主要方式

目前，国际多式联运的方式非常多，事实上目前世界上几大物流运输技术的任意组合只要符合多式联运的规定，就可以被叫作国际多式联运。目前较为常见的组合有以下四种：

（1）海河联运

海河联运一般由船公司提供，虽然经由不同的船舶和不同的实际承运人，但是运输合同只有一份，运费标准统一，承运人即运输合同人。目前，世界上典型的海河联运有我国长江流域各港口对海外各港口的联合运输、欧洲莱茵河各港口对世界各港口的货物运输、美国密西西比河及五大湖地区对世界各港口的运输等。

（2）海铁联运

海铁联动是目前运用较多的又一种国际多式联运方式，又称际桥运输。目前较为成功的应用范例为北美大陆桥运输和北美小陆桥运输。人们一直期待的西伯利亚大陆桥目前因为政治、经济和技术等各方面的因素，没有得到充分的发展。

（3）海公联运

几乎所有的海运集装箱都涉及公路运输，从这一点出发，可以认为海公联运是目前国际多式联运中最普遍的一种运输方式。

（4）公空联运

空运一般无法将货物直接运往货主的仓库，总需要使用公路运输实现"门到门"服务。提供这种"门到门"服务的航空公司承运人就可以被认为是在开展公空联运。这也是目前得到广泛应用的多级多式联运的一种方式。

2. 国际多式联运的优越性

国际多式联运是国际物流运输的一种较高组织形式，它集中了各种运输方式的优点，扬长避短地融为一体，组成连贯运输，达到简化货运环节、加速国际货物周转、减少货损货差、降低运输成本、实现合理运输的目的。与传统的单一运输方式相比，国际多式联运具有以下优越性：

（1）责任统一、手续简便

与单一运输方式的分段托运和多头负责相比，国际多式联运不仅手续简便，而且责任明确。在全程运输过程中，不论距离多远，使用多少种运输工具，也不论途中要经过多少次转运，一切运输事宜都由国际多式联运经营人统一负责办理，而货主只要办理一次托运，签订一个合同，支付一笔全程单一运费，取得一份联运单据，国际多式联运经营人就履行全部责任。由于责任统一，一旦发生问题，只要找国际多式联运经营人便可解决问题。

（2）提高货物运输效率

在利益驱动下，国际多式联运经营人在接受货物以后，凭借自己在运输领域的专业知识，在集中多方货主的情况下，可以充分利用已有的运输资源，高效率地完成运输任务。国际多式联运经营人的优势就在于此。

（3）减少中间环节、降低运输成本

国际多式联运可有效地减少中间环节，缩短货运时间，降低货损货差，提高货运质量。同时，由于中间环节减少，也能有效地降低运输成本，节省运杂费，有利于对外贸易的开展。

（4）有效实现"门到门"运输

采取国际多式联运，可以把货物从发货人所在地仓库运至收货人所在地仓库，为实现"门到门"的直达连贯运输奠定基础。

（5）有效保证货运安全

根据《联合国国际货物多式联运公约》的规定，国际多式联运经营人将承担远远大于国际海运承运人的责任，因此国际多式联运经营人将比国际海运承运人更加关心运输途中的货物安全，关心的方法和途径也比货主更为专业，防范风险的手段也更加有效。

（六）集装箱运输

集装箱运输是 20 世纪货运技术的重要发展，也是一次运输革命，目前已成为国际上占有支配地位的一种运输方式。集装箱运输是以集装箱为运输单位进行货物运输的一种现代化运输方式，它适用于海洋运输、铁路运输及国际多式联运等。

1. 集装箱运输的方式

根据货物装箱的数量和方式，可以把集装箱运输分为整箱运输和拼箱运输两种。

（1）整箱运输

整箱运输是指以一个集装箱为单位的运输。一般的做法是由承运人将空箱运到货主指定的地点，在海关人员监督下，由货主把货物装入箱内，加箱封后交承运人并取得站场收据，最后凭站场收据换取提单。货到目的地后，承运人将集装箱直接运到收货人指定的地点，打开箱封，将货物交给持有提单的收货人，承运人收回提单，收货人将货物从集装箱内取出。

（2）拼箱运输

拼箱运输是指一票不足一整箱货物的运输。一般的做法是承运人或代理人在承运人指定的集装箱货运站接受货主托运的数量不足以装满整箱的小票货物后，直接签发代理提单或联运提单，然后根据货物性质和目的地进行分类、整理、集中，将来自不同货主的多票货物集中装在一个集装箱内进行运输。货物到达目的地后，承运人需要在指定的集装箱货运站进行拆箱，收货人凭代理提单或联运提单向承运人提取货物。

2. 集装箱空箱回运

收货人和集装箱货运站掏箱后，应及时将空箱运至集装箱码头空箱堆场。

3. 集装箱运输涉及的主要单证

（1）装箱单

装箱单是一种由装箱人填制，详细记载每一集装箱内所装货物的名称、数量、包装种类、标志等货运资料和积载情况的单证。装箱单的主要作用：是向承运人、收货人提供箱内货物的明细清单；是向海关申报的主要单证；是货方、港方船方之间货箱交接的凭证；是船方编制船舶积载计划的依据。

（2）站场收据

站场收据是一种由承运人发出、证明已收到托运货物并开始对货物负责的凭证。站场收据一般在托运人订舱、与船公司达成货物运输协议，船务代理确认订舱后由托运人或货代填制，在承运人委托集装箱货运站收到整箱或拼箱货后签发生效，托运人凭站场收据向船务代理换取已装船或待装船提单。

（3）集装箱提单

集装箱提单与普通船舶的货运提单不同，后者是在货物装船完毕后经船方在收货单上签署，表明货物已装船，发货人凭经船方签署的收货单要求船司或代理公司换取已装船提单。

4. 集装箱运输的优点

集装箱运输之所以能如此迅速的发展，是因为同传统海洋运输相比，它具有以下优点：

①提高装卸效率和港口的吞吐能力，加速了船舶的周转和港口的疏港。

②减少了货物装卸次数，有利于提高运输质量，减少货损货差。

③节省包装费、作业费等各项费用，降低货运成本。

④简化货运手续，便利货物运输。

⑤把传统单一运输串联成为连贯的成组运输，从而促进了国际多式联运的发展。

（七）陆桥运输

陆桥运输一般指国际集装箱过境运输，是国际集装箱多式联运的一种特殊形式。陆桥运输包括大陆桥运输、小陆桥运输和微型陆桥运输。陆桥运输是一种主要采用集装箱技术，由海洋运输、铁路运输、公路运输、航空运输组成的现代化多式联运方式，是一项系统工程。

1.陆桥运输的特点

与其他各种国际物流运输方式相比，陆桥运输主要具有以下特点：

①属大陆桥运输范畴，采用海陆联运方式，全程由海运段和陆运段组成。

②陆桥运输比全程海洋运输运程短，但需增加装卸次数，所以在某一区域陆桥运输能否存在和发展，主要取决于它与全程海洋运输相比是否有在运输费用和运输时间等方面的综合竞争力。

2.陆桥运输的优越性

①缩短了运输里程。

②降低了运输费用。

③加快了运输速度。

④简化了货物的包装及作业手续。

⑤保证了运输安全。

五、国际物流的新趋势

由于现代物流业对国家经济发展、国民生活提高和竞争实力增强有着重要的影响。因此，世界各国都十分重视物流业的现代化和国际化的发展，从而使国际物流发展呈现出一系列新的趋势。

（一）标准更加趋同化

国际物流的标准化是以国际物流作为一个大系统，制定机械装备、专用工具、系统内部设施等各个分系统的技术标准；制定各系统内分领域的包装、装卸、运输、配送等方面的工作标准；以系统为出发点，研究各分系统与分领域中技术标准与工作标准的配合性；按配合性要求，统一整个国际物流系统的标准；最后研究国际物流系统与其他相关系统的配合问题，谋求国际物流大系统标准的统一。

（二）配送更加精细化

在市场需求瞬息万变和竞争环境日益激烈的情况下，要求物流企业必须具有更快的响应速度和协同配合的能力。更快的响应速度，要求物流企业必须及时了解客户的需求信息，全面跟踪和监控需求的过程，及时、准确、优质地将产品和服务递交到客户手中。协同配合的能力，要求物流企业必须与供应商和客户实现实时的沟通与协同，使供应商对自己的供应能力有预见性，能够提供更好的产品、价格和服务，使客户对自己的需求有清晰的计划性，以满足自己生产和消费的需要。

（三）系统更加集成化

国际物流的集成化是将整个物流系统打造成一个高效、通畅、可控制的流通体系，以此来达到提高流通的效率和效益的目的，以适应在经济全球化背景下"物流无国界"的发展趋势。当前，国际物流向集成化方向发展主要表现在两个方面：一是大力建设物流园区；二是加快物流企业整合。物流园区建设有利于实现物流企业的专业化和规模化，发挥它们的整体优势和互补优势；物流企业整合，特别是一些大型物流企业跨越国境展开"横联纵合"式的并购，或形成物流企业间的合作并建立战略联盟，有利于拓展国际物流市场，争取更大的市场份额，加速该国物流业深度地向国际化方向发展。

（四）园区更加便利化

物流园区一般选择靠近大型港口和机场兴建，以便依托重要港口和机场，形成处理国际贸易的物流中心，并根据国际贸易的发展和要求，提供更多的物流服务。

（五）运输更加现代化

国际物流的支点离不开运输与仓储。而要适应当今国际竞争快节奏的特点，仓储和运输都要求现代化，要求通过实现高度的机械化、自动化、标准化来提高物流的速度和效率。为了提高物流的便捷化，当前世界各国都在采用先进的物流技术，开发新的运输和装卸机械，大力改进运输方式。总之，融合了信息技术与交通运输现代化手段的国际物流，对世界经济运行将继续产生积极的影响。

第九章　大数据与智慧物流

随着大数据时代的到来，云计算和大数据技术加快向物流业渗透，通过海量的物流数据挖掘新的商业价值。物流之争在一定程度上逐渐演变为大数据技术之争。在大数据技术的支持下，人与物流设备之间、设备与设备之间的结合更加密切，逐渐形成一个功能庞大的智慧物流系统，该系统可以实现物流管理与物流作业的自动化与智能化。可以说，大数据技术是构建智慧物流的基础。

第一节　智慧物流的发展现状

一、智慧物流发展概述

目前，以智慧物流为代表的现代物流产业在国外已经有了较大的发展，美国、欧洲和日本等已经成为智慧物流产业发展的领头羊，市场规模巨大，相关技术处于国际一流水平；智慧物流已经成为美国、欧洲和日本等国家发展现代物流产业，降低物流成本，推动产业升级的重要推动引擎和国民经济发展的一个重要支柱产业。

随着信息技术的不断发展和国家政策的推动，实现智慧物流，同时更好地提高资源利用率与经营管理水平成为我国发展现代物流的大方向。总的来说，我国很多先进的现代物流系统已经具备了信息化、数字化、网络化、集成化、智能化、柔性化、敏捷化、可视化、自动化等先进技术特征，并且我国已经拥有多家着手发展智慧物流的雏形企业，如中储股份、外运发展、中海发展、铁龙物流、武汉长江智能物流、上海三尔施智能物流、江苏双茂智能物流等，各地政府在智慧物流发展方式上也开展了大量研究。

二、国内智慧物流发展状况

（一）智慧技术应用现状

以物联网、云计算、大数据等为代表的智慧技术也已经开始在我国进行了广泛的应用，并已经显现成效。

但由于各种因素的影响，物流产业目前在我国仍然是智慧技术应用的"洼地"，我国物联网应用市场结构调查显示，物流应用仅占相关产业规模的3.4%。智慧技术在智慧物流领域的应用还有巨大的发展空间。智慧技术主要包括物联网技术、大数据技术等。

1.物联网技术应用现状

（1）感知技术应用状况

在物流信息化领域，我国应用最普遍的感知技术为RFID技术，约占45%，目前RFID技术在各大物流公司已经迈出了一大步；其次是GPS/GIS技术，约占35%；视频与图像技术居第三位，占10%；传感器技术居于第四位，约占5%；其他感知技术在物流领域也有应用，约占5%。

根据对相关资料的统计分析，多项感知技术集成应用的情况也较多，如RFID技术与传感器技术结合、GPS/GIS技术与RFID技术结合等。

（2）网络与通信技术应用状况

在面对大范围的物流作业时，由于货物分布在全国各地，并且货物在实时移动过程中，物流企业往往采用互联网与局域网相结合的方式进行物流信息管理，但也有企业全部采用局域网技术。在物流中心，物流网络往往基于局域网技术，也可采用无线局域网技术，组建物流信息网络系统。

在数据通信方面，新的物流信息系统还大量采用了5G通信技术等先进的技术手段。根据对物流信息化案例的不完全统计，采用互联网技术的占68%，采用局域网技术的占63%，采用无线局域网技术的占24%，有的系统采用了多种网络技术。

（3）智能管理技术应用状况

根据相关资料，目前物流信息系统能够实现对物流过程智能控制与管理的还不多。物流信息化还仅仅停留在对物品自动识别、自动感知、自动定位、过程追溯、在线追踪、在线调度等一般的应用，离数据挖掘、网络融合与信息共享优化、智能调度与线路自动化调整管理等智能管理技术的应用还有很大差距。

只是在企业物流信息管理系统中，部分物流信息管理系统可以做到与企业生产管理系统无缝结合，智能运作；部分全智能化和自动化的物流中心的物流信息系统，可以做到全自动化与智能化物流作业。

2. 大数据技术应用现状

大数据技术能够让物流企业做到有的放矢，甚至可以做到为每一个客户量身定制符合他们自身需求的服务，从而颠覆整个物流业的运作模式。但是大数据技术在国内智慧物流领域的应用还处在起步阶段，有更广阔的发展空间。

（二）智慧物流公共信息平台建设现状

1. 总体现状

我国学者对现代物流公共信息平台的研究起步较晚，但是随着各级政府对现代物流公共信息平台建设的重视，以及物流行业发展对现代物流公共信息平台建设的迫切需要，近年来，我国学者在平台研究上取得了一系列成果。

我国学者关于现代物流公共信息平台的研究多集中于平台功能、体系结构和技术应用方面，并简单研究了平台的层次级别和运营模式。但是有关研究多处于理论层面，成果缺乏转化能力，并且对具体的运营模式缺乏足够的关注和分析，不利于平台建设运营，影响了平台的运营效率和效益，不能体现出平台的支撑服务作用。

因此，针对现有研究的不足，我们有必要在认识平台功能需求的基础上研究平台的运营模式，以实现现代物流公共信息平台的可持续运营。

我国最具有代表性的现代物流公共信息平台案例主要包括：国家交通运输物流公共信息平台（LOGINK）、山东交通物流公共信息平台和阿里巴巴物流服务平台。

从功能设置上看，各地物流公共信息平台的功能设置呈多样化特征，但以电子商务和数据交换作为核心功能的平台居多，均占平台总数的30%以上，各地物流市场对物流公共信息平台电子商务服务和数据交换服务的需求也最为集中；从服务对象上看，各地物流公共信息平台规划设计服务对象以物流企业为主，其中物流园区占比较高，但是平台的智慧性还是有很大提升空间的。

2. 代表企业发展现状

为满足企业、用户不同的物流信息化需求，代表性的智慧物流公共信息服务平台各具特色：有致力于打造第四方物流，专为中小物流企业提供会员服务与管理服务的平台，如上海"物流汇"；有致力于打造既可以为用户提供"一站式"集成化的物流信息与交易服务、增值服务及云服务的智慧物流平台，如成都物流公共信息平台；也有致力于为天猫、淘宝平台上的电商提供基础设施和数据云服务的电子商务平台，如"聚石塔"。

3. 不足与展望

目前，我国智慧物流公共信息服务平台初步实现了物流信息的发布、共享、及简单的增值服务，但就物流信息化水平而言，多数平台在技术及功能方面还远未达到智慧物流的水平，缺乏有效的产品和技术支撑，应用功能大多停留在信息发布，且发布的信息缺乏有效审核、监管等。平台作用发挥受限、落地难，平台"叫好不叫座"，因此我国的智慧物流公共信息服务平台建设仍然处在雏形阶段。先进的物联网及云计算技术还未充分应用，如何实现运输透明化、路径最优化、配送智能化及管理和决策的科学化等，仍是现代物流发展的短板。

第二节　大数据技术的发展现状与应用

一、大数据技术概述

大数据是一个较为抽象的概念，正如信息学领域的大多数新兴概念一样，不同的行业对于大数据的定义也是不尽相同。

本书对于大数据的定义为：大数据是在多样的或者大量数据中，迅速获取有价值信息的能力。大数据是指无法用现有的软件工具提取、存储、搜索、共享、分析和处理的海量的、复杂的数据集合。它不仅包含了海量数据和大规模数据，而且还包括更为复杂的数据类型。在数据处理方面，数据处理的响应速度由传统的周、天、小时降为分、秒的时间处理周期，需要借助云计算、物联网等技术降低处理成本，提高处理数据的效率。

大数据技术是基于云计算的数据处理与应用模式，是通过数据的集成共享、交叉复用形成的智力资源和知识服务能力，是可以应用合理的数学算法或工具从中找出有价值的信息，为人们带来利益的一门新技术。大数据核心问题的解决需要大数据技术。大数据领域已经涌现出了大量新技术，它们成为大数据采集、存储、处理和呈现的有力武器。

今后，大数据技术将在多个领域得到发展和应用，大数据技术在我国物流领域的应用，有利于整合物流企业，实现物流大数据的高效管理，从而降低物流成本，提升物流整体服务水平，满足客户个性化需求。

（一）大数据的基本特征

1.数据体量巨大

大数据最显著的特征是数据量巨大，一般关系型数据库处理的数据量在 TB级，大数据所处理的数据量通常在 PB 级以上。随着信息化技术的高速发展，数据呈现爆发性增长的趋势。导致数据规模激增的原因有很多，首先是随着互联网的广泛应用，使用网络的人、企业、机构增多，数据获取、分享变得相对容易；其次是随着各种传感器数据获取能力的大幅提高，使得人们获取的数据越来越接近原始事物本身，描述同一事物的数据量激增。社交网络〔微博、推特（Twitter）、脸书（Facebook）等〕、移动设备、车载设备等都将成为数据来源，数据来源的广泛必将带来巨大的数据量。

2.数据类型繁多

大数据所处理的计算机数据类型早已不是单一的文本形式或者结构化数据库中的表，它包括订单、日志、博客、微博、音频、视频等各种复杂结构的数据。大数据环境下的数据类型分为结构化数据、半结构化数据、非结构化数据。以最常见的 Word 文档为例，最简单的 Word 文档可能只有寥寥几行文字，但也可以混合编辑图片、音乐等内容，成为一份多媒体的文件，以此来增强文章的感染力。这类数据通常称为非结构化数据。与之相对应的另一类数据，就是结构化数据。结构化数据可以简单地理解成表格里的数据，每一条都和另外一条的结构相同。每个人的工资条依次排列到一起就形成了工资表。与传统的结构化数据相比，大数据环境下存储在数据库中的结构化数据仅占 20%，而互联网上的数据，如用户创造的数据、社交网络中人与人交互的数据、物联网中的物理感知数据等动态变化的非结构化数据约占 80%。数据类型繁多、复杂多变是大数据的重要特性。

3.数据价值密度低

大数据中有价值的数据所占比例很小，大数据的价值性体现在从大量不相关的各种类型的数据中，挖掘出对未来趋势与模式预测分析有价值的数据。数据价值密度低是大数据关注的非结构化数据的重要属性。大数据为了获取事物的全部细节，不对事物进行抽象、归纳等处理，直接采用原始的数据，保留了数据的原貌。由于减少了采样和抽象，呈现所有数据和全部细节信息，可以分析更多的信息，但也引入了大量没有意义的信息，甚至是错误的信息，因此相对于特定的应用，大数据关注的非结构化数据的价值密度偏低。

以当前广泛应用的视频监控为例，在连续不间断的视频监控过程中，大量的视频数据被存储下来，许多数据可能是无用的。但是大数据的数据价值密度低是指相对于特定的应用，有效的信息相对于数据整体是偏少的，信息有效与否也是相对的，对于某些应用是无效的信息而对于另外一些应用则可能是最关键的信息，数据的价值也是相对的。

4. 数据处理速度快

数据处理速度快是指数据处理的实时性要求高，支持交互式、准实时的数据分析。传统的数据仓库、商业智能等应用对处理的时延要求不高，但在大数据时代，数据价值随着时间的流逝而逐步降低，因此大数据对处理数据的响应速度有更严格的要求。实时分析而非批量分析，数据输入处理与丢弃要立刻见效，几乎无延迟。数据呈爆炸的形式快速增长，新数据不断涌现，快速增长的数据量要求数据处理的速度也要相应地提升，这样才能使得大量的数据得到有效的利用，否则不断激增的数据不但不能为解决问题带来优势，反而会成为快速解决问题的负担。数据的增长速度和处理速度是大数据高速性的重要体现。

5. 数据采集手段智能化

大数据的采集往往是通过传感器技术、条码技术、RFID 技术、GPS 技术、GIS 技术、等智能信息捕捉技术获得所需的数据，这体现了大数据采集手段智能化的特点，与传统的人工搜集数据相比更加快速，获取的数据更加完整真实。同时，智能信息捕捉技术可以实时、方便、准确地捕捉并且及时有效地进行信息传递，这将直接影响整个系统运作的效率。

6. 数据预测分析精准化

预测分析是大数据的核心所在，大数据时代下预测分析已在商业和社会中得到广泛应用，预测分析必定会成为所有领域的关键技术。物流企业通过智能数据采集手段获得与事物相关的所有数据，包括文字、数据、图片、音视频等类型多样的数据，利用大数据相关技术对数据进行预测分析，得到精准的预测结果，从而可以对事物的发展情况做出准确的判断，获得更大的价值。

（二）大数据技术数据处理的基本环节

大数据来源于互联网、企业、物联网等系统，用于支撑企业决策或业务的自动智能化运转。目前大数据已广泛应用于医疗、娱乐、金融业、商业服务、运输物流业、通信、工程建设等诸多领域。大数据的成功应用，要经过数据捕捉、数据存储管理、数据计算处理、数据挖掘分析、数据知识展现五个主要环节。

1. 数据捕捉环节

数据捕捉环节的主要任务是从本地数据库、互联网、物联网等数据源导入数据，包括数据的提取、转换和加载。大数据的来源多种多样，既包括企业 CRM/ERP 等内部数据库、网页索引库或 SNS 等公众互联网，又包括传感网或 M2M 等物联网，不仅数量庞大，而且更加参差不齐、杂乱无章。这就要求系统在数据捕捉环节能够对数据去粗取精，同时还能尽可能保留原有语义，以便后续分析时参考。

2. 数据存储管理环节

数据的存储、管理是数据处理的两个细分环节，这两个细分环节之间的关系极为紧密。数据管理的方式决定了数据的存储格式，而数据如何存储又限制了数据分析的广度和深度。系统除了对海量异构数据进行高效率的存储之外，还要适应多样化的非结构化数据管理需求，具备数据格式上的可扩展性并且能够提供快速读写和查询功能。

3. 数据计算处理环节

数据计算处理环节的主要任务是根据处理的数据类型和分析目标，采用适当的算法模型快速处理数据。海量数据处理要消耗大量的计算资源，就传统单机或并行计算技术来说，速度、可扩展性和成本上都适应不了大数据的新需求。分布式计算成为大数据的主流计算机构，但在实时性方面还需要大幅度提升。

由于数据的价值会随着时间的推移不断减少，实时性成为大数据处理的关键；而数据规模巨大、种类繁多、结构复杂，使得大数据的实时处理极富挑战性。数据的实时处理要求实时获取数据、实时分析数据、实时绘制数据，任何一个环节慢都会影响系统的实时性。

当前，互联网络及各种传感器快速普及，实时获取数据难度不大，而实时分析大规模复杂数据是系统的瓶颈，也是大数据领域亟待解决的核心问题。

4.数据挖掘分析环节

数据挖掘分析环节的主要任务是从纷繁复杂的数据中发现规律，提取新的知识，该环节是大数据体现价值的关键。传统数据挖掘对象多是结构化、单一对象的小数据集，挖掘更侧重根据先验知识预先人工建立模型，然后依据既定模型进行分析。对非结构化、多源异构的大数据集的分析，往往缺乏先验知识，很难建立数学模型，这就需要发展更加智能的数据挖掘技术。

5.数据知识展现环节

大数据技术的战略意义不在于掌握数量庞大的数据，而在于对这些含有意义的数据进行专业化处理，并将结果以可视化的方式展现出来。数据知识展现主要就是借助图形化手段，依据数据及其内在模式和关系，利用计算机生成的图像来获得深入认识和知识。数据知识展现环节主要是以直观的便于理解的方式将分析结果呈现给用户，进而通过对数据的分析和形象化，利用大数据推导出量化计算结论，同时应用到行业中去。

二、大数据技术的基本思想

大数据是继云计算之后抢占市场制高点的又一领地，它既是社会经济高度发展的结果，也是信息技术发展的必然。大数据开启了一次重大的时代转型，正在改变人们的生活及理解世界的方式，它是一场生活、工作与思维的大变革。大数据的出现，使得我们可以通过数据分析预测事物发展的未来趋势，探索得知事物发展的规律。大数据将逐渐成为现代社会基础设施不可或缺的一部分，在社会、经济等各个领域发挥越来越重要的作用。大数据时代，数据成为越来越有用的资源，大数据技术的基本思想主要体现在以下三个方面。

（一）由分析随机样本转变为分析全体数据

在小数据时代，由于记录、储存和分析数据的工具不够发达完善，只能收集少量数据进行分析，信息处理能力受到一定的限制，只能随机抽样进行分析，抽样的目的是用最少的数据获得最多的信息。

苹果公司的传奇总裁乔布斯在与癌症斗争的过程中采用了不同的方式，成为世界上第一个对自身所有 DNA 和肿瘤 DNA 进行排序的人。他得到的不是一个只有一系列标记的样本，而是包括整个基因密码的数据文档。乔布斯的医生们能够基于乔布斯的特定基因组成，按所需效果用药。如果癌症病变导致药物失效，医生可以及时更换另一种药。乔布斯曾说："我要么是第一个通过这种方式战胜癌症的人，要么就是最后一个因为这种方式死于癌症的人。"虽然他的愿望都没有实现，但是这种获得所有数据而不只是样本的方法还是将他的生命延长了好几年。

此外，谷歌流感趋势预测也不是依赖于对随机样本的分析，而是分析了整个美国几十亿条互联网检索记录。分析整个数据库，而不是对一个样本进行分析，能够提高微观层面分析的准确性，甚至能够推测出某个特定城市的流感状况，而不只是一个州或是整个国家的情况。因此在大数据时代，需要放弃样本分析这种方法，选择收集全面而完整的数据，同时需要足够的数据处理和存储能力，也需要最先进的分析技术。

在大数据时代，随着数据分析技术的不断提高，可处理的数据量大大增加，对事物理解的角度将比以前更大更全面，分析更多甚至所有的数据，不再依赖于随机抽样——大数据技术就是不采用随机分析方法而采用所有数据进行分析处理的方法。在大数据时代，数据分析由分析随机样本转变为分析全体数据。

（二）由追求数据精确性转变为接受数据混杂性

过度注重精确性是小数据时代的特点。对"小数据"而言，最基本、最重要的要求就是减少错误，保证质量。因为收集的信息量比较少，所以我们必须保证记录下来的数据尽量准确。而在大数据时代只有 5% 的数据是结构化且能适用于传统数据库的，如果不关注混杂的数据，95% 的非结构化数据都无法被利用，分析得到的结果也就不会精确。

小数据时代的数据分析，更多的是精确的样本、深度的数据挖掘。"精确"就是其代名词。不符合规格的样本会被过滤掉，然后再深度挖掘数据字段间的关系，得出几个精确无比的结果。但是大数据更多的是通过对各种数据分析得出某种趋势，这种趋势不必过于精确。

谷歌翻译系统开始利用一个更大更繁杂的数据库，也就是全球的互联网，而不再只利用两种语言之间的文本翻译：谷歌翻译系统为了训练计算机，会吸收它能找到的所有翻译。它会从各种各样语言的公司网站上寻找对译文档，还会去寻找联合国和欧盟这些国际组织发布的官方文件和报告的译本。它甚至会吸收速读项目中的书籍翻译。因此较其他翻译系统而言，谷歌翻译系统的翻译质量相对而言是最好的，而且翻译的内容更多。谷歌翻译系统之所以更好并不是因为它拥有一个更好的算法机制，和微软的班科和布里尔一样，这是因为谷歌翻译系统增加了很多各种各样的数据。

相比小数据，大数据因更强调数据的完整性和混杂性，使得事情的真相更加清晰。因此只有接受数据的不精确性和完整性，才能发现事物的真相。

（三）由注重因果关系转变为注重相关关系

在小数据时代，因果关系对事物的发展起着很关键的作用，但在大数据背景下，相关关系发挥的作用更大。人们通过应用相关关系，对事物的分析更容易、更快捷、更清楚。人们通过寻找相关关系，可以更好地捕捉现在的状态和预测未来的发展状况。如果 A 和 B 经常一起发生，我们只需要注意到 B 发生了，就可以预测 A 也发生了。这有助于我们捕捉可能和 A 一起发生的事情，即使我们不能直接测量或观察 A。更重要的是，它还可以帮助人们预测未来能发生什么。

三、大数据技术组成

根据大数据技术处理的五个主要环节，大数据的关键技术包括大数据捕捉技术、大数据存储管理技术、大数据处理技术、大数据预测分析技术、大数据可视化技术五类，其中大数据捕捉技术是其他技术应用的基础。

（一）大数据捕捉技术

大数据捕捉就是通过社交网站、搜索引擎、智能终端等方式获取普通文本、照片、视频、位置信息、链接信息等类型多样的海量数据。数据捕捉环节是大数据预测分析的根本，是大数据价值挖掘最重要的一环，其后的集成、分析、管理都构建于数据捕捉的基础之上。大数据捕捉技术包括条码技术、RFID 技术、GPS/GIS 技术、Web 搜索技术等。

（二）大数据存储管理技术

大数据存储管理就是用存储器把采集到的数据存储起来，建立相应的数据库，并进行管理和调用。大数据存储管理技术包括云存储技术、SQL/NoSQL 技术、分布式存储技术等。云存储技术是通过集群应用、网络技术或分布式文件系统等，将网络中大量各种不同存储设备集合起来协同工作，共同对外提供数据存储和业务访问功能的一种技术。

SQL/NoSQL 技术是通过不断增加服务器节点从而扩大数据存储容量的一种技术。分布式存储技术可以使用户更加容易访问和管理物理上跨网络分布的文件，可实现文件存储空间的扩展及支持跨网络的文件存储。

（三）大数据处理技术

大数据处理技术主要完成对已接收数据的辨析、抽取、清洗等操作。由于获取的数据可能具有多种结构和类型，数据抽取过程可以将复杂的数据转化为单一的或者便于处理的构型，以达到快速分析处理的目的。大数据处理技术包括批处理技术、流式处理技术、交互式处理技术。批处理技术适用于先存储后计算，实时性要求不高，同时数据的准确性和全面性更为重要的情况。流式处理技术是对实时数据进行快速处理的一种技术。交互式处理技术是操作人员和系统之间存在交互作用的信息处理方式，具有数据处理灵活、直观、便于控制的特点。

（四）大数据预测分析技术

大数据预测分析技术除了可以对数量庞大的结构化和半结构化数据进行高效率的深度分析、挖掘隐性知识外，还对非结构化数据进行分析，将海量复杂多元的语音、图像和视频数据转化为机器可识别的、具有明确语义的信息，进而从中提取有用的知识。

大数据预测分析技术包括关联预测分析技术、聚类预测分析技术及联机预测分析技术。关联预测分析技术是一种简单、实用的分析技术，用于发现存在于大量数据集中的关联性或相关性，从而描述事物中某些属性同时出现的规律和模式。聚类预测分析技术是一组将研究对象分为相对同质的群组的统计分析技术，是一种探索分析技术。联机预测分析技术是一种处理共享多维信息的、针对特定问题的联机数据访问和联机分析处理的快速软件技术。

（五）大数据可视化技术

数据可视化就是利用计算机图形学和图像处理技术，把数据转换为图形或图像在屏幕上显示出来，并进行交互处理的理论、方法和技术。通过可视化技术，大数据可以以图形、图像、曲线甚至动画的方式直观展现，使研究者观察和分析传统方法难以总结的规律。可视化技术主要分为文本可视化技术、网络（图）可视化技术、时空数据可视化技术、多维数据可视化技术等。

文本可视化技术能够将文本中蕴含的语义特征直观地展示出来。典型的文本可视化技术是标签云，将关键词根据词频或其他规则进行排序，按照一定规律进行布局排列，用大小、颜色、字体等图形属性对关键词进行可视化。网络（图）可视化技术能够将网络节点和连接的拓扑关系直观地展示出来，H状树、圆锥树、气球图等都属于网络可视化技术。时空数据是指带有地理位置与时间标签的数据。

时空数据可视化技术重点对时间与空间维度及与之相关的信息对象属性建立可视化表征，对与时间和空间密切相关的模式及规律进行展示，流式地图是一种典型的时空数据可视化技术。多维数据指的是具有多个维度属性的数据变量，常用的多维可视化技术有散点图、投影、平行坐标等。

四、大数据技术在物流领域的应用

大数据技术的应用指的是从多种渠道中收集电子信息并进行应用分析，从而识别发展模式、趋势及其他智能信息。这种分析会帮助行业识别那些已经发生但不易被察觉的信息，也会帮助行业预测未来将要发生的情况。大数据技术在物流领域中的应用需要依靠相关技术的进步和提升，同时还要有掌握相关技术的人才及相关的软件及硬件基础设施。

基于大数据技术在物流领域的应用流程，下面将从宏观层面智慧物流商物管控、中观层面智慧物流供应链管理、微观层面智慧物流业务管理三个方面，分析大数据技术在物流领域的应用情况，以使物流业可以提供更加优质高效的服务，实现物流业的一体化、智慧化、协同化发展。

（一）大数据技术在智慧物流商物管控中的应用

大数据背景下智慧物流商物数据包括智慧物流大宗商品数据和智慧物流零售商品数据。智慧物流大宗商品数据是指大宗商品在智慧物流过程中产生的相关物流数据。零售商品数据主要包括零售商品在运输、仓储、配送等物流环节产生的相关数据，如零售商品本身的数据、生产销售商的数据、客户需求数据等。

运用大数据技术采集捕捉商品的品类数量、流量流向、需求分配、生产厂商、供应商等数据，对这些数据加以分析挖掘，可以实现对商品货物在业务方面、管理控制方面及应用方面的服务。

在业务方面，根据商品的类型可为客户提供食品类物流服务、五金类物流服务、化工类物流服务等，根据货物的性质可以为客户提供针对普通货物和特殊货物的服务，根据产品的类型可以为客户提供工业商物物流服务和农业商物物流服务。

在管理控制方面，可以实现对商物核心节点及商物通道的管控，区分哪些节点是枢纽型节点，哪些节点是资源型节点，哪些节点是加工型节点及哪些节点是综合型节点，同时可以实现对涉及商物的基础设施网络、能力网络、信息网络、组织网络的管理控制。

在应用方面，可以通过对一系列数据的预测分析，进一步实现对货物的流量流向预测、流量调控、流向分布分析、线路优化选择及运输方式选择等方面的管控。

（二）大数据技术在智慧物流供应链管理中的应用

供应链管理是物流管理的扩展和延伸，智慧物流供应链管理主要涉及采购物流、销售物流、生产物流等物流环节，在各个环节会产生海量的数据。采购物流数据主要指在原材料等一切生产物资的采购、进货运输、仓储、库存管理、用料管理和供应管理过程中产生的数据，主要包括供应商基本数据、采购计划数据、原料运输数据、原料仓储数据、采购成本数据。销售物流数据是指生产企业、流通企业出售商品时，物品在供方与需方之间的实体流动的过程中所产生的数据，主要包括销售计划数据、包装数据、仓储数据、运输配送数据、装卸搬运数据、流通加工数据、订单数据、销售网络数据等生产物流数据是指由生产工艺中的物流活动所产生的数据，主要包括生产计划数据、生产成本数据、生产原料数据、生产状态数据。这些数据中既包括数据库、二维表等结构化数据和网页、文本文件等半结构化数据，也包括视频、音频等非结构化数据。

在大数据背景下，运用大数据技术对数据进行采集捕捉、存储管理、计算处理、分析挖掘，进而应用于智慧物流供应链管理中，可以为客户提供核心业务服务、辅助业务服务及增值业务服务等多样化的供应链物流服务。下面简要介绍核心业务服务、辅助业务服务和增值业务服务。

1. 核心业务服务

核心业务服务主要针对的是采购物流、生产物流、销售物流等物流环节。在采购物流环节，核心业务服务主要是根据系统平台已有信息，由大数据驱动选择合适的供应商并提出采购需求，供应商按照采购要求的时间和配送方式完成配送；在生产物流环节，核心业务服务主要是利用智慧物流关键技术，对生产过程的物料管理、物流作业、物流系统状态监控等物流活动和信息进行组织与控制等；销售物流是智慧物流供应链的最后一个环节，该环节的核心业务服务主要是在智慧物流情境下，货物的信息被自动感知设备感知，一旦销售出货品，货架就能够自动识别并向系统报告该货物的移动情况，使用者通过货物标签接入系统，也可以获得关于货物的所有信息。

2. 辅助业务服务

辅助业务服务主要针对的是加工和流通环节，大数据技术的应用可以对该业务服务实现全程控制，提供实时支持。

3. 增值业务服务

增值业务服务主要是根据大数据分析、为客户提供资源整合、物流供应链优化延伸、物流供应链集成等方面的服务。

（三）大数据技术在智慧物流业务管理中的应用

智慧物流业务包括运输业务、仓储业务、配送业务、包装业务、流通加工业务、装卸搬运业务等。

运输业务作为智慧物流的核心业务，其产生的数据较多。按照数据的作用的不同，运输业务数据分为运输基础数据、运输作业数据、运输协调控制数据和运输决策支持数据等。

仓储业务是智慧物流的静态业务，主要业务内容是将产品及相关信息在进行分类、挑选、整理、包装加工等生产活动后，集中到相应空间进行保存。仓储业务数据可以分为仓储基础数据、仓储作业数据、仓储协调控制数据和仓储决策支持数据。

配送业务是物流的最后一个环节，智慧物流可以实现动态配送，即利用物联网等先进技术及时获得交通信息、用户需求等因素的变化情况，制订动态的配送方案，完成高效率、高品质的配送。配送业务数据就是在这个过程中产生的，它可以分为配送基础数据、配送作业数据、配送协调控制数据和配送决策支持数据。

在智慧物流中，除了运输、仓储和配送这三大核心业务之外，还有包装、流通加工和装卸搬运这三个辅助业务。根据数据的作用不同，可以将这三个辅助业务产生的数据分成其他业务基础数据、其他业务作业数据、其他业务协调控制数据和其他业务决策支持数据。

在智慧物流业务管理过程中，系统可以采用 RFID、GPS/GIS、传感器等智能终端完成海量数据的采集捕捉，运用大数据存储管理技术实现大数据的管理，通过云计算、并行处理器、互联网技术对数据进行计算处理分析，得出最优的解决方案，从而实现智能运输、自动仓储、动态配送和智能信息控制。

智能运输可以实现实时运输路线追踪、货物在途状态控制和自动缴费等功能，大大提高货物运输的安全性和智能性；自动仓储能够对货物验收、入库、定期盘点和出库等环节实现自动化和智能化，并在提供货物保管服务的同时监控货物状态；动态配送可以根据及时获得的交通条件、价格因素、用户数量及分布和用户需求等因素的变化情况，对其考虑、制订动态的配送方案，在提高配送效率的同时提高服务品质；智能信息控制可进一步提高整个物流的反应速度和准确度。

除此之外，大数据背景下的智慧物流业务管理还要为客户提供增值的服务，如物流系统的设计与优化、物流决策支持、物流咨询等，最终达到一体化及信息化的管控目的。

通过分析大数据技术在智慧物流商物管控、智慧物流供应链管理、智慧物流业务管理不同层面的应用，可以明确大数据背景下物流发展的方向和提供的服务内容。大数据技术的应用可以实现商物管控在时间、空间上的智能化，实现物流供应链管理的一体化，实现物流业务在智能运输、自动仓储、动态配送等方面的科学管控。

第三节　大数据背景下智慧物流的运营与服务模式

一、大数据背景下智慧物流运营框架设计

（一）大数据背景下一般企业发展模式

大数据为传统行业带来巨大的挑战和机遇。在大数据时代，我们需要对传统行业概念进行重新审视。大数据不仅仅是一种技术，更多的是一种思维方式。大数据在企业中的发展，一般会经历三个阶段。

1. 数据原始积累

大数据的基础就是数据的积累。企业只有通过长期的日常运营，才能获得最原始、最真实的数据，完成原始积累——数据的积累符合"飞轮效益"，即在积累的初期往往较为困难，很容易被忽视，而随着数据增长速度越来越快，累积数据量剧增，数据将成为企业的财富，成为未来发展的基石——这些数据具有不同数据类型，以格式化或非格式化的形式体现。

2. 数据优化业务

（1）对数据进行整合

因为数据之和的价值远远大于数据的价值之和，分散的数据并不能产生价值，只有将这些数据进行整合，消除数据孤岛，才能用现有数据挖掘所在行业的潜力，真正展现数据的价值。

（2）数据完整呈现

在传统时代，企业的决策判断大部分基于经验。但在大数据时代，数据的积累和整合能将整个数据的场景完整地呈现出来，数据在整个行业里的流动过程、业务的衔接过程清晰透明。

（3）实现精准预测

根据数据的呈现，企业可以将传统业务进行整合，提高传统业务效率，实现对原有业务的优化，最终实现资源的最佳配置。

3. 数据整合产业链

数据不仅能够优化现有的业务，更大的价值在于数据能够成为新的生产要素，成为企业的核心资产。企业更加关注如何创造性地利用数据这一资产，挖掘出数据的最大价值，产生新的业务机会这一战略命题。企业一旦拥有了广泛的产业数据，就意味着企业不仅拥有了对本行业基本信息的掌握和洞察，更重要的是拥有了其他企业没有的生产资料。拥有了大数据的企业将成为该产业的主导者和规则的制定者。企业完全可以突破原有的行业疆域和边界，向行业以外扩展。从产业链的角度分析，企业可以实现向产业链上游的跃升，实现对产业链下游的控制，从而实现整条产业链的垂直整合。

（二）大数据背景下智慧物流运营流程

智慧物流的运营需要运用物流信息的捕捉技术、推送技术、处理技术、分析技术和预测技术等，在大数据背景下，智慧物流服务呈现出一体化、网络化、移动化、智能化等新特点。分析其运营的全过程，智慧物流的运营主要包括数据采集、数据存储、数据应用、客户服务等环节。智慧物流的运营流程：首先利用物流数据感知与采集工具，通过 RFID、GPS、GIS、红外传感器等技术采集物流现场数据，通过移动互联网、有线网络、卫星等与云计算中心进行即时的、分时的或离线的数据交流；然后通过网络将物流数据传递到数据中心，所传输的数据包括普通物流数据、物流管理数据、物流金融数据和物流设备数据，这些数据以格式化或非格式化的形式体现；通过虚拟化等技术实现物流数据的存储，运用数据分析、关联、挖掘等处理技术对数据进行计算、整合，对物流所需软件、设备、物资进行资源化管理、仓储管理、路径计算、运输管理、装卸管理甚至包括资金管理，并能够根据数据中心提供的数据整合掌握更加清晰的物流企业运营状态，为物流企业管理者掌握企业发展动态提供科学和翔实的数据。

企业能够通过客户端应用程序获取物流相关信息并发布对应的措施，物流客户能够通过 PC 浏览器、平板电脑、手机客户端查询物资流通的具体状态。

（三）大数据背景下智慧物流运营框架

传统物流体系具有成本高、效率低、决策缓等不足，早已不能满足现代物流的发展要求。

借助大数据技术，智慧物流能够分析过去的历史数据，检测现在的业务状况，预测未来趋势，为不同职责的人员提供更贴切的数据视图，为管理层的业务决策提供依据。智慧物流系统以为客户提供优质服务为最终目的，本节从宏观、中观、微观三个角度对智慧物流运营框架进行分析。

1. 宏观层面：智慧物流商物管控

智慧物流商物管控以达到供需平衡为目的。根据相关规定，对商品及物品进行分类，统计不同品类商品的流量和流向：针对需求构建指标体系，建立合适的模型，通过对大量数据的处理分析发掘潜在规律，为优化物流节点和通道布局提供参考依据。

物流网络由线路和节点构成，全部物流活动都是在线路和节点进行的。物流网络是智慧物流运营的基础，通过网络的设置实现对物流资源的优化配置。物流网络本身就代表对资源的布局进行管控，在大数据背景下，利用历史数据能够精准预测未来趋势，科学地规划节点的布局和线路的建设，还能够优化现有布局或路径选择，提升资源管控能力和资源利用水平。

2. 中观层面：智慧物流供应链管理

物流供应链是物流发展的必然趋势，是所有实业经济发展的必然趋势。智慧物流供应链是智慧物流的发展方向。所谓供应链就是从原材料采购开始，制成中间产品及最终产品，最后把产品送到消费者手中，将供应商、制造商、分销商、零售商，直到最终用户连成一个整体的功能网链结构。智慧物流供应链管理就是对整个智慧物流供应链系统进行计划、协调、操作、控制和优化的各种活动和过程。

智慧物流供应链体现了整合与协调的思想，是一种全过程的集成化管理模式，从消费者的角度，通过企业间的协作，谋求供应链整体最佳化。在大数据背景下，数据在整个供应链中的流动过程清晰呈现，有助于构建面向生产企业、流通企业和消费者的社会化共同物流体系，实施商流、物流、信息流、资金流的一体化运作。

3. 微观层面：智慧物流业务管理

物流业务包括库存、运输、包装、配送等多环节。传统的物流业务仅限于提供一项或数项独立的物流服务，而现代物流，特别是在大数据背景下的现代物流，更关注于物流服务的一体化。智慧物流业务管理就是通过对物流业务的再造和优化形成精简化、核心化、高效化的流程。

4.智慧物流服务

为客户提供更加高效便捷的物流服务是发展智慧物流的最终目的。一体化、网络化、移动化、可视化、虚拟化服务成为物流发展的新趋势和新特点。

一体化服务强调物流服务的便捷性和可延伸性；移动化服务基于移动互联网技术的发展，满足物流信息时效性要求；网络化服务强化分散资源的整合，以获得资源的高效、充分利用；可视化服务基于先进的信息采集捕捉技术，使整个物流过程完整呈现，增加物流活动的可控性；虚拟化服务侧重物流资源共享和优化配置。

二、智慧物流服务模式

服务模式选择是智慧物流为客户提供高效快捷服务的前提。

（一）按平台方式不同分类

智慧物流服务模式根据不同的分类方式可分为不同的类别，按照平台方式不同,可以分为一体化服务模式、网络化服务模式、虚拟化服务模式和移动化服务模式。

1.一体化服务模式

一体化服务模式是以信息平台为基础，根据客户需求，提供从原材料采购到产成品分销的整个物流供应链的流程方案，整合、协调和管理涉及整个流程的资源的一种服务模式一体化服务不是若干物流功能服务的简单汇总，而是提供综合物流服务整体解决方案，扮演物流参与者的角色；将多个物流功能服务进行整合，对物流运作进行总体设计和管理，扮演的是物流责任人角色。一体化服务的市场竞争，实际上是物流服务整体解决方案合理性的竞争。

一体化服务模式强调和客户之间的关系不是价格博弈的关系，而是双赢的合作伙伴关系。站在客户的立场上，为其提供合理化、差异化、个性化的物流服务解决方案，进而延伸物流增值业务服务，即由物流核心业务服务（通过运输、仓储、配送等功能实现物品时间与空间的转移）向物流增值业务服务延伸、由物流功能服务向物流管理服务延伸、由物流服务向信息流、资金流服务延伸。

2.网络化服务模式

网络化服务模式是以互联网和实体网络为支撑，并将分散的物流资源有效整合的一种服务模式。它使得原本呈现出分散态势的物流信息资源，通过网络信息平台实现了整合，使物流企业之间突破了地域的界限，在计算机网络这个空间相互交流、协作，并且实现了优势互补；每个智慧物流服务通过网络平台实现了相互衔接，最终实现了物流服务全过程的整合。

与此同时，为了能够使各种物流服务整体优化，网络化服务模式将服务功能建立在满足使用者需求的基础之上，做到了高效益、高精确度的服务，促使智慧物流服务由智慧物流服务的规模化、综合化逐渐向自动化和信息化迈进。

3. 虚拟化服务模式

虚拟化服务模式是以计算机网络技术进行物流运作与管理，实现企业间物流资源共享和优化配置的一种物流服务方式。该模式依靠物流及供应链信息集成平台，通过物流组织、交易、服务、管理方式的虚拟网络化，以获取物流领域的规模化效益为纽带，以先进的信息技术为基础，以达到供应链信息共享为目的，实现了物流的高速、安全、可靠、低费用。

虚拟化服务模式一般借助虚拟物流企业，它是由功能合理分配的、信息和运作一体化的、利益共享的，对于社会物流需求而言又是整合众多原先物流各环节承担者所组成的物流共同体。

由于智慧物流服务已不仅仅局限于运输与仓储领域，还包括上游的采购职能和下游的配送和销售职能及对反向物流的处理职能，因此，虚拟化服务不仅要处理供应链流程中的基本环节，还要实现对贸易职能的整合。虚拟化服务是前端服务与后端服务的集成，前端服务包括咨询服务（确认客户需求）、网站设计及管理、客户集成方案实施等，后端服务主要包括订单管理、仓储与分拨、运输与交付、退货管理、客户服务及数据管理与分析等。

4. 移动化服务模式

物流信息具有很强的时效性、动态性，信息价值衰减速度快，对物流信息的管理及时性要求高，如订单处理、配送管理和运输管理对信息的实效性要求很高。因此在进一步降低运作成本、提高工作与沟通效率、加强企业竞争力方面，移动信息化服务彰显出了自己的优势。

移动化服务模式充分运用信息化手段和现代化方式，以信息平台为依托，对物流市场做出快速反应，对物流资源进行全方位整合，实现了物流信息系统的移动化，提供了高品质、多功能、全方位的物流服务。

移动化服务模式可以有效地满足物流行业的服务特点与需求特征，使物流企业不受时空限制，实现信息共享，提高了运输过程的合理性与安全性，提高了企业精细化管理程度，从而真正满足了物流信息的时效性要求和物流服务的全方位多功能需求。

（二）按技术类型不同分类

智慧物流服务模式根据技术类型不同可分为基于 SOA 的物流服务模式、基于物联网的物流服务模式、基于大数据的物流服务模式和物流云服务模式四个典型模式。

1. 基于 SOA 的物流服务模式

基于 SOA 的物流服务模式是一种利用基于 SOA 构建的物流信息平台实现服务的模式。该模式以信息技术为依托，通过集成供应商、物流服务商、企业用户的资源信息，协调优化供应链上的物流资源，整合和升级物流服务的各个系统，完成"一站式"专业化的智慧物流综合服务，实现行业资源共享，发挥物流的整体优势，促进物流资源的整合。

基于 SOA 的物流信息平台以透明方式提供了物流管控功能服务，如物流信息发布、配载服务、车辆调度服务、货物跟踪及运输计划制订、物流企业业务管理等，也提供了一系列的增值服务和决策服务，如智能配载、物流配送车辆调度优化、虚拟仓库、物流方案设计、客户价值分析、决策支持、供应链物流解决方案等。

基于 SOA 的物流服务模式通过平台实现了信息共享、用户物流服务需求下达和系统与用户的交互，实现了对供应商、物流服务商、企业用户等物流信息的集成，同时运用物流数据、物流服务实现了对供应链上各种物流资源的优化。

2. 基于物联网的物流服务模式

基于物联网的物流服务模式是一种利用基于物联网构建的物流信息平台实现服务的模式。该模式通过将物联网技术应用到包括原材料采购、生产制造、包装再加工、出库入库、装卸搬运、仓储运输及物流配送等物流服务在内的物流业务运作过程和解决方案制订中，同时采取信息化的方案和手段进行综合优化和处理，从而提高智慧物流系统对各项物流资源的整合能力，并在上下游企业物流供应链范围内实现物流信息资源的共享和高效率运作，实现企业与政府之间、物流企业之间、企业与客户之间的物流信息和物流功能共享，以优化物流业务流程和实现物流运作过程的智能化和可视化，从而确保智慧物流服务的全面和高效。

3. 基于大数据的物流服务模式

基于大数据的物流服务模式以物流平台为依托，利用大数据和通信网络技术，提供物流信息、技术、设备等资源共享服务，依靠大数据处理能力、标准的作业流程、灵活的业务覆盖、精确的环节控制、智能的决策支持及深入的信息共享来完成物流行业各环节所需要的信息化要求和服务需求，面向社会用户提供信息服务、管理服务、技术服务和交易服务。

4. 物流云服务模式

物流云服务模式是指基于云计算等信息技术的一种面向供应链的物流服务模式。在网络技术支持下，该模式通过物流云服务平台整合物流资源和客户资源，并按照客户需求智能管理和调配物流资源（物流云），为客户定制和提供安全、高效、优质廉价、灵活可变的个性化物流服务。

物流云服务模式为物流服务系统全生命周期过程提供了可随时获取、按需使用的个性化物流服务。物流云服务模式包括以下三点鲜明特征。

一是为客户提供了个性化、专业化、便捷的物流服务，提升了客户服务价值。物流云服务平台能够根据客户的自身特点、独特需求和历史交易数据（如物流运输过程中对某条运输线路的偏好），为客户提供最适合的服务内容和服务方式，同时能够根据客户的需求变化快速调整服务方案。服务的实现对用户透明，提升了客户对服务的使用价值、享用价值和规模价值；同时对服务提供商而言，物流云服务平台将充分考虑其提供物流服务的个性化、便捷性和规模化。

二是整合物流服务提供商和客户各类资源形成了物流云。物流云服务平台可将物流服务提供商提供的大量分散物流资源进行整合并虚拟成各种物流云，根据客户需求在平台上进行统一、集中的管理和调配，按客户所需，为多个客户提供不同的物流服务。

三是物流云服务更加注重服务质量管理。物流云服务系统建立了物流服务的质量体系，定义了物流服务的质量指标体系及评价方法，加强了事前的主动定义和服务的参数设计，同时该系统通过 GPS、GIS、RFID 等技术实时监控物流服务的执行情况，在生命周期内跟踪评价服务质量，反馈实时数据并进行质量优化，并将以上数据作为服务双方历史信用的记录。

物流云服务提出了一种面向供应链的物流服务新模式，该模式将现有的物流服务模式、云计算、云安全、服务工程、物联网、RFID 等技术融于一体，为物流业中诸多需求提供了新的思路和解决方案。

参考文献

［1］靳伟．中国单元化物流全书［M］．北京：中国财富出版社．2017.

［2］李琰．区域物流产业发展策略分析［M］．北京：知识产权出版社，2017.

［3］陈志卷．区域物流园区规划方法研究：基于经济发展关联机制［M］．北京：首都经济贸易大学出版社，2017.

［4］周洁红，徐莹．农产品供应链与物流管理［M］．杭州：浙江大学出版社．2017.

［5］章竞，汝宜红．绿色物流［M］．2版．北京：北京交通大学出版社，2018.

［6］马歆，郭福利．循环经济理论与实践［M］．北京：中国经济出版社，2018.

［7］王西．循环经济视角下我国再制造产业发展评价分析与供应链关键流程优化［M］．长春：吉林大学出版社，2019.

［8］徐滨士．绿色再制造工程导论［M］．哈尔滨：哈尔滨工业大学出版社，2019.

［9］姚建明．战略管理：新思维、新架构、新方法［M］．北京：清华大学出版社，2019.

［10］汪鸣．加快大循环、双循环物流系统建设［J］．物流时代周刊，2020（9）：26.

［11］班娟娟．畅通"双循环"物流大通道将加速成型［J］．企业界，2020（9）：28-30.

［12］刘伟．加快构建大循环、双循环物流供应链体系对策建议［J］．中国经贸导刊，2020（18）：38-41.

［13］汪鸣．国家物流枢纽助力双循环发展［J］．中国航务周刊，2020（45）：35.

［14］宋兵.“双循环”激活冷链物流“快进”键［J］.中国远洋海运,2020(10)：48-52.

［15］潘永明,林威.基于绿色物流与循环经济中的污泥管理问题［J］.物流工程与管理,2020,42(9)：58-60.

［16］张丹,万迎峰,杨乐.循环经济视角下的我国共享物流发展对策研究［J］.物流工程与管理,2020,42(8)：44-46.

［17］孙堃,梁文馨.基于循环取货的汽车零部件物流仿真模型研究［J］.物流技术与应用,2020(5)：133-137.